社会の中で社会のためのサービス工学

～モノ・コト・ヒトづくりのための研究最前線～

独立行政法人
産業技術総合研究所

カナリア書房

社会の中で社会のためのサービス工学
～モノ・コト・ヒトづくりのための研究最前線～　目次

第二部　サービス工学研究の最前線

はじめに—サービス工学の世界

社会情勢や経済環境がめまぐるしく変化する中、さまざまな場面でこれまでとは違った考え方や、価値観の多様性などが求められている。モノづくりを中心に発展してきたわが国の産業構造も変革を迫られ、これまでの作り手中心の考え方から生活者中心の考え方へと、これからはシフトしていくともいわれる。そこで大切になってくるのは、モノづくりだけではなく、モノを生活者が使用した時に起きるコトづくりや、コトを起こすためにかかわるヒトの育成も含めた技術開発だ。日本が誇るモノづくりの強みを活かすためにも、モノを通じたコトの中で生まれる価値づくり、ヒトづくりを目指すことも重要だ。

こうした時代的背景の中、コトとしての社会課題に取り組み、価値づくりを達成する産業技術開発のために産業技術総合研究所（以下、産総研）が設置したのがサービス工学研究センターだ（第一部第一章を参照）。本書では、二〇〇八年に設立されたサービス工学研究センターの研究者を中心に、現在、産総研が取り組んでいる「サービス」に対する工学的アプローチであるサービス工学について紹介していく。

サービス工学はとても若い学問であり、コトづくりのための新しい考え方でもある。対象はサービス業だけにとどまらず、製造業や産業全体の付加価値向上にも役立つといわれる。

さらには、地域社会の活性化や生活価値向上の観点からも最近、注目されている。本書ではサービス工学に関する内外の取り組みと対応させながら、産総研が先導的な役割を果たしているサービス工学研究や、社会課題解決型のプロジェクトの事例を具体的に紹介していく。

本書は二部構成となっている。まず第一部ではサービス工学の概略、背景や動向について紹介していく。ここでは、背景やそれを取り巻く動向について、経緯をよく知る当事者の方々に直接語ってもらうことで、現場で実際に起きてきた事柄などを俯瞰的に把握できるように努めた。それにより、第一部第一章ではサービス工学の全体像や、その社会的意義をつかむことができるだろう。さらに第二章を読み進めることで、サービス工学に取り組む研究者の思いや動機、考え方にも触れることで研究の最前線の様子を知ってもらい、サービス工学の面白さをリアルに感じ取ってもらえれば幸いだ。

それらを受ける形で、第二部では産総研で行われているサービス工学の先端研究を具体的に紹介していく。具体的なフィールド、現場の中で、実際のサービス工学研究がどのように進められているのか、それを明らかにしていこう。

本書を読んでくださる読者の中には、まだ学生の方もいるかもしれない。もしそうなら、日本の産業が今後どのようになっていくのか、そしてその中で自分はどんな技術を身につけ、どんな仕事をすることになるのかを想像しながら読み進めてほしい。そのとき、サービス工学をどのように活用し、役立てることができるのかもあわせて考えてみてほしい。

また、企業や組織の中で日々仕事をする中で、これからの時代に生活者の価値を高め、競争力と魅力のある製品やサービスを世に出すためには、どうしたらよいかを考える社会人の読者の方もいるだろう。本書の具体事例を自分の仕事との関連性があるかどうか確認しながら読み進めていただければ、どこかに仕事へのヒントや、新たな方法・考え方、便利な技術が見つかるかもしれない。

さまざまな分野の研究者の方であれば、自分の専門分野とサービス工学との関係性に注目すると、新たな研究への応用や発展させる方向性に何か「気づき」が得られるかもしれない。なぜなら、サービス工学はとても幅広い多くの研究分野との関連性があるからだ。本書を読んで気に入ったテーマがあったという場合も、「自分ならこんなテーマで研究してみたい」という熱意を持っていただいた場合も、私たちにとってこれほど嬉しいことはない。新しく若々しい学問であるサービス工学は、広く門戸を開放して多くの人の英知が結集されることが期待されている。ぜひ多くの方々に、私たちの仲間に加わって一緒に研究を進めてほしい。サービス工学は飛躍のときを迎え、さらに大きく広がろうとしている。

ようこそ、サービス工学の世界へ！

第一部　サービス工学を取り巻く背景と状況

第一章　サービス工学とは

「サービス工学」…ワクワクする新しい研究がいま加速している

サービス工学という本書のテーマに、「耳なじみのない言葉だ」と感じた読者の方も多いだろう。それも当然、サービス工学はまだ若い学問領域かつ研究対象であり、新しい概念なのだから。

ここ数年、サービス工学を取り巻く環境は急速に変化しつつある。各大学や研究機関において、サービス工学関連のカリキュラムや研究センターが設置され、研究者の数も飛躍的に増加している。もちろん、まったくの白紙の状態でサービス工学に出会った人もいれば、「これまで自分がしてきた研究は、実はサービス工学だったんだ！」と改めて認識した研究者もいるという。

「モノの価値からコトの価値へ」や「サービスとは顧客との価値の共創」といった言葉が、サービス工学を語るときによく用いられる。とはいえ、これだけでは雲をつかむような話で、まったくイメージがわかないかもしれない。そもそも、「サービス工学」という言葉についても、冒頭のこの段階では明確な定義も意味づけもしていない、あるいは定義できるのかできないのかさえわからないのだから、イメージできなくて当然だ。

サービス工学がどんな学問領域であり、実際にはどのような研究がなされているのか、あるいは社会の役に立つことができるのか、それらについては順を追って説明していく。まず、この第一部では、サービス工学を取り巻く背景や社会的な意味、そして実際に研究開発されている技術や実証例の概略について紹介していこう。それを受ける形で、第二部では個々の研究者の取り組みを、研究者自身に詳細に紹介してもらうつもりだ。

サービス工学は日本国内で学会ができたのでさえ、二〇一二年というごく最近のことだ。何か新しいコトが始まるとき、そこには熱意ある人々が集まり、ワクワクするようなドライブ感の中で物事が進んでいく。今回はその中でも、もっとも先進的な研究拠点であり、サービス工学の中核ともいえる産業技術総合研究所を舞台に、話を始めることにしよう。

中核となる研究拠点「サービス工学研究センター」

産業技術総合研究所（以下、産総研）に「サービス工学研究センター」が設立されたのは、これも比較的最近のこととなる二〇〇八年四月一日だ。産総研では日本各地に研究拠点を設けているが、その中でも東京のお台場にある、臨海副都心センター内に設置されている。ここでは産学連携を通じた研究を進めながら、これまで未開拓といっていいサービス産業についての、科学的・工学的アプローチを行っている。

サービス産業についての研究というと、どうしても生産性の向上や経営の効率化など、これまでの製造業に見られた方法論に着目されがちだ。このため、サービス工学が目的とするものが、単に経済的な側面だけと見られる危険性もはらんでいる。この点についても順に紹介していくが、実際にはサービス工学はそのような冷たいものではない。研究の主題がモノではなく、あくまでも人でありコトであるところに、製造業の場合とは異なる特徴がある。研究者自身が人と相対することで、よりリアルな現場の空気を感じ、実社会と密接にリンクした研究が行える。また、特定のモノだけを対象にしていないということは、実際にはサービス産業のみならず、製造業も建設業も、あるいはロボット産業もコンピュータ産業もすべて含めて考えられるような幅広さが、サービス工学にはあるということにもなるだろう。

「サービス産業」というくくりにしても、実際にはそこにさまざまなビジネスがあり、従事する人々がいる。ホテルや飲食店もサービス業だし、教育や行政機関もサービス業に含めて考えることができる。

サービス工学研究センターで日々の活動に従事する研究者も、基礎技術の開発や実証実験など、それぞれの持つテーマでの研究に邁進している。今回はごく一部ではあるが、実際に研究者の声を聞く機会を得た。産総研内部だけではなく、外部で活動する研究者も含めて、サービス工学研究センターを接点とすることで、日本のサービス工学の最先端を知ることができる。世界レベルで見ても、日本がリードする部分も多く、今後の成長という点でも期待できる分野だ。

このことは国や自治体などの行政レベルでも認識されていて、すでに一〇年ほど前からさまざまな取り組みがなされてきている。最初に、日本でサービス工学が認知されだした頃から、産総研にサービス工学研究センターが設立され、サービス学会が盛り上がりを見せるまでの概略を振り返ってみよう。

広大な未開拓地があることに世界が気づいたとき

いま振り返ってみれば、過去の研究事例には「これは今ならサービス工学に関連する研究だね。」と言えるものが多くあるという。考えてみれば当たり前だが、当時は単に「サービス工学」という呼び方がなかっただけであり、名前こそ違ってもある日突然発生した技術でも方法論でもないからだ。

とはいえ、それが世間に「サービス工学」として認知されるためには、少なくとも研究者レベルでも統一の認識が必要になってくる。どこがサービス工学の始まりかという問題については、研究者が一〇〇人いれば一〇〇通りの答えがあるかもしれない。ただ、その中でもメルクマールとして記憶されるポイントがいくつかある。その一つが、二〇〇四年にアメリカで発表されたあるレポートだ。

これについて、現在「産業戦略研究所」というシンクタンクを主宰し、当時は株式会社野村総合研究所（以下、野村総研）で活動していた村上輝康氏が語ってくれた。氏はサービス工学に関して、産総研とも連携しながら幅広くかかわってきた一人だ。

「二〇〇四年という年は、サービス工学、つまりサービスに対する科学的・工学的アプローチにとって、重要な年だったと思います。米国競争力評議会という組織が出したレポートで、その時に議長を務めた当時のIBM会長であるパルミサーノ氏の名前を取って、通称〝パルミサーノ・レポート〟と呼ばれる報告書があります。このレポートの中で、政策ドキュメントとしてはおそらく初めてだと思いますが、〝サービス・サイエンス〟という用語が使われました。」という村上氏。

このレポートの中では、「経済活動において、サービス産業が大きな比重を占めるにもかかわらず、体系的な研究開発が不足していることを問題意識としてとらえる。」ということがまず述べられている。パルミサーノ・レポートによる定義では、「サービス・サイエンスはコンピュータ・サイエンス、オペレーションズ・リサーチ、数学、意思決定論、社会科学などの学際的学問」とされている。ちなみに、サービス・サイエンスはサービス科学と訳されるが、サービス工学と対立する概念ではない。パルミサーノ・レポートを受けて関連の研究が進展しているＩＢＭでは、これまでのサービス・サイエンスという用語に「マネジメント＆エンジニアリング」という言葉を付け加えてこの概念を用いている。さらに最近では、これに「デザイン」を付け加えることもあるという。厳密な定義で縛られるのではなく、用語自体が変化していくのが新しい分野であることの証しかもしれない。これらをひっくるめて「サービス科学」と訳されることがあるが、全体としてみると、日本でのサービス工学という言葉のニュアンスに近い。英語ではかなり説明的になるところが、日本語では「サービス工学」という一言でまとめられるともいえそうだ。これについては科学と工学という、以前からある定義づけの議論に関係することだが、状況あるいは研究者によって、使い分けられることもあるので注意

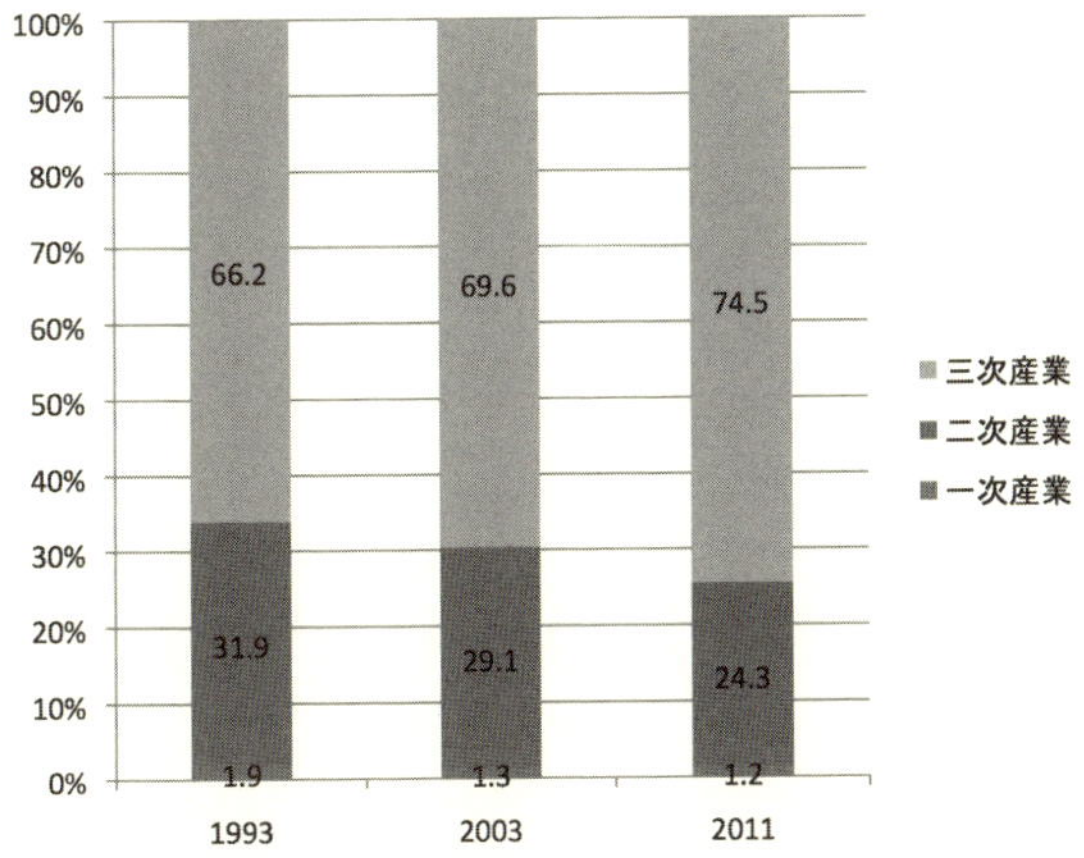

図１　縮小する第二次産業、拡大する第三次産業
出典：内閣府経済社会総合研究所「国民経済計算年報」等より作成

が必要だ。

村上氏は当時を振り返りながらこう語る。「考えてみれば、日本においてもサービス産業はGDPの中で大きな位置を占めています。これまで、経済的な成長の原動力とされてきた製造業などの第二次産業は、GDPの産業別構造でみれば一時は四割を超えることもありました。しかし現在では、全体の四分の一程度にまで縮小しています。ところがサービス産業についていえば、GDPに占める割合は七割以上にものぼり、全体の四分の三近くにまでなっているのです。これだけ大きな経済規模を持つ産業でありながら、サービス産業については体系的な科学的・工学的アプローチがされてこなかったということです。

もちろん、個々の事例については、経営者や従業員それぞれの立場での研究・調査が行われていることもありますが、経験や暗黙知に基づく部分も多く、誰の目にも見える形で成果を残すことが難しかったのです。当時はアメリカでもサービス・サイエンスに関するプログラムを持つ教育機関はほとんどありませんでした。ところが、最近ではアメリカでは急速にサービス・サイエンスをカバーする教育機関が増え、さらにその波はEUやアジア諸国など世界中にひろがりつつあり、すでに二〇〇九年には二五〇を越える機関で研究が行われ、二〇一三年には五〇〇を越える勢いだと聞いています。」

もちろん日本においても、パルミサーノ・レポートだけがきっかけではないにしても、サービス工学やサービス・サイエンスについての認知が広まり、文部科学省や経済産業省などの省庁での各種研究会や会議が設置され、成果が発表されていく。具体的には、経済産業省が二〇〇六年に設置した「サービス産業のイノベーションと生産性に関する研究会」（当時の座長の名前から、牛尾委員会といわれることもある）が二〇〇七年に出したレポートの「サービス産業におけるイノベーションと生産性向上に向けて」などが挙げられる。ここではサービス産業の持つ問題点を指摘し、「サービス分野への科学的・工学的アプローチを適用することの重要性」が語られている。認知工学等を活用しつつ、顧客の視点でより質の高いサービスを実現することも同時に提唱されている。村上氏はこの研究会のメンバーの一人として、さまざまな議論に参加している。これらの考え方の基礎となる概念が、パルミサーノ・レポートと同じ二〇〇四年に提唱されたと村上氏は語る。

中心は顧客！価値の共創が未来をつくる

その提唱された概念とは何か。それこそが、「サービス・ドミナント・ロジック（以下、ＳＤＬ）」と呼ばれる考え方だ。これはラッシュとヴァーゴという、二人の経営学者によって提唱されたもので、あくまでもサービスと顧客こそが経済や経営の主体であり、これまでのようにモノの提供から始まる「グッズ・ドミナント・ロジック（以下、ＧＤＬ）」とは一線を画す考え方だ。

「ＳＤＬは、サービスをどのようにとらえればよいかを教えてくれると思います。これまでの製造業でみられたＧＤＬは、提供者が自分で重要だと思うモノを市場に提供します。受け手はそれが良ければ購入するし、そうでなければ選びません。要するに提供者が価値を生産し、効率的で安価な商品を大量に提供することで、顧客の満足を得るという考え方です。あくまでも、提供するモノが中心になります。」村上氏はさらに続けてＳＤＬについて語る。

「しかし、ＳＤＬではそれと異なる考え方をとります。ここではサービスというものを、顧客との価値の共創ととらえます。サービスこそが経

サービスドミナント・ロジック（ＳＤＬ）とは

サービスを顧客との価値共創ととらえ、サービスこそが経済・企業活動の中心にあり、モノは、サービスの価値実現手段の一部と考えるマーケティング概念

Lusch, Robert & Vargo, Stephen,
Evolving to a New Dominant Logic for Marketing. 2004

Goods-dominant logic (GDL)	Service-dominant logic (SDL)
▪交換の基本単位は、モノである（ものに価値が体化される）。	▪交換の基本単位は、サービスである（専門的な知識・スキルが交換され、モノはそのための手段）。
▪価値は、生産されるもの。企業は、価値を生産し、顧客に流通させる。	▪価値は、顧客と共に生み出されるもの。企業は、価値を提案し、顧客と共創する。
▪顧客は、独立した実態であり、企業が生産した価値を消費する。	▪顧客は、企業の価値提案をうけて、自らの価値を実現する。
▪顧客は対象。	▪顧客は価値の源泉。
▪効率性優先。	▪効果を考慮した上での効率。

図２　SDLとGDLの対比
出典：村上輝康、サービス学会第1回国内大会特別講演1、いかにサービス学は日本産業に貢献するか、2013年4月11日

済・企業活動の中心にあり、モノはサービスの価値を実現するための手段の一部である、というパラダイムなのです。例えばホテルでのサービスを考えてみると、顧客の目的によっては求めるものが当然違います。出張で寝るだけの人と、休暇で遊びに来た人とでは最適なホテルのあり方も変わってきます。SDLの考え方では、ホテルというモノを提供するだけでは顧客の満足は得られません。顧客はホテル側の生産した価値を消費するのではなく、企業の価値提案を受けて、自らの価値を実現することが目的となります。両者が共創する、という考え方がここにはあるのです。」という村上氏。

このホテルの例であれば、ホテル側は顧客が何を求めているのかを正確に把握し、その顧客の目的を実現するために、蓄積している知識を選別し提案することでもある。中心にいるのはあくまでも顧客であり、サービスの提供者でも製造者でもない。これを実現するためには、経営者はもちろんだが、従業員の意識や行動にも変化が求められる。こういった具体的な事例については、第二部で実際の現場での研究事例を詳しく紹介しているので、そちらも参考にしてほしい。

「産総研を中心とした取り組みは、わが国の公的な研究開発をリードしていることは間違いありません。私自身は、サービス工学もサービス・サイエンスも、最終的にはサービス産業やサービス行政の生産性と付加価値を、抜本的に向上させるサービスイノベーションに貢献することで初めて意義があると確信しています。個人的な意見ですが、その時、サービス工学やサービス・サイエンスも一つになった、〝サービス・テクノロジー〟としてグローバル化させることもできると思います。」と村上氏は語ってくれた。

サービス工学の舞台装置は整ってきた

二〇〇四年のパルミサーノ・レポートやSDLといった概念の提唱、さらに日本国内での行政を交えた体制作りなど、サービス工学を取り巻く環境は急速に盛り上がりを見せている。
二〇〇六年の牛尾委員会に続いて、二〇〇七年には「サービス産業生産性協議会」が産学官の参画を得て発足し、さらには二〇〇八年のサービス工学研究センターの開設へと結びつく。矢継ぎ早の進展の中で、それぞれの研究者は大きな力を得ながらも、着実な研究活動を続けている。

精力的で実践的な研究活動を続けるキーパーソンの一人に、現在、公立はこだて未来大学の理事長・学長を務める中島秀之氏がいる。氏の略歴をうかがうと、常に先進的で「社会にかかわる」研究を続けてきたということがわかる。

「私は当時の通産省工業技術院の研究所の一つである、電子技術総合研究所（以下、電総研）で一九八三年から研究活動を行ってきました。具体的には、人工知能の研究を続けてきて、二〇〇一年まで電総研にいました。タイミング的には産総研ができる頃にたまたま重なるのですが、研究活動を続ける中で、それまでの純粋な基礎研究から応用を目指したくなってきたのです。自分がやってきた情報技術が、いろんな意味で熟してきたという自負もあり、社会に応用できるのではないかと考えていたのです。そういったタイミングで、産総研の一部門としてサイバーアシスト研究センターというものを提案しました。この研究センターは、二〇〇一年〜二〇〇四年と短命ではありましたが、一〇年後のいま振り返ってみると、サービス工学の実践として位置づけられる研究活動も行っていました。そういった点では、現在サービス工学に深くかかわっていることも、自分なりに筋が通っているのではないかと思います。」と思い返しながら語る中島氏。

中島氏が所属した電総研というのは、研究者の話や関連書籍などを見る限り、当時としてはかなり自由闊達な研究活動を行っていた研究機関のようだ。非常に開放的であり、若手の研究者も自由に意見やアイデアを出しあうことができる、そんな研究所だったと振り返る人が多い。当時は国の研究機関であることから、予算や人員にも限りがあったが、国家公務員という立場に縛られることなく、創造的なアイデアが生まれる場所としても認識されていたという。

中島氏によれば、現在のサービス工学の盛り上がりについても、同じような自由な雰囲気を感じることがあるという。「例えば電総研の後に、サイバーアシスト研究センターでやったテーマの一つに、キーワードとして〝社会の中に神経系を入れる〟といったものがありました。まさに現在のサービス工学のはしりのようなことですが、技術を世に出して実際に使うところまで、研究者がやろうといったこともしていました。このときはベンチャー企業もつくって、「愛・地球博」で運営するなどもしました。当時はまだちょっと早かったのかもしれません。しかし、情報系の分野ではニーズもシーズも一緒くたにして、むしろ技術者がニーズを作り出すことが必要な場面もあります。そのための手段としては、現在ならサービス工学がうってつけなのだと思います。」と中島氏はいう。

ニーズ先行もシーズ先行も、どちらが先なのかは対象となる分野にもよるし、その時の状況によっても変化してくる。中島氏がここで感じているのは、「どちらが先かという議論ではなく、この両方をグルグルと回していくことをやらなければいけないと思います。」ということだ。

この両方で「ループを回す」ということが、サービス工学で重要なことなのだともいう。「昔

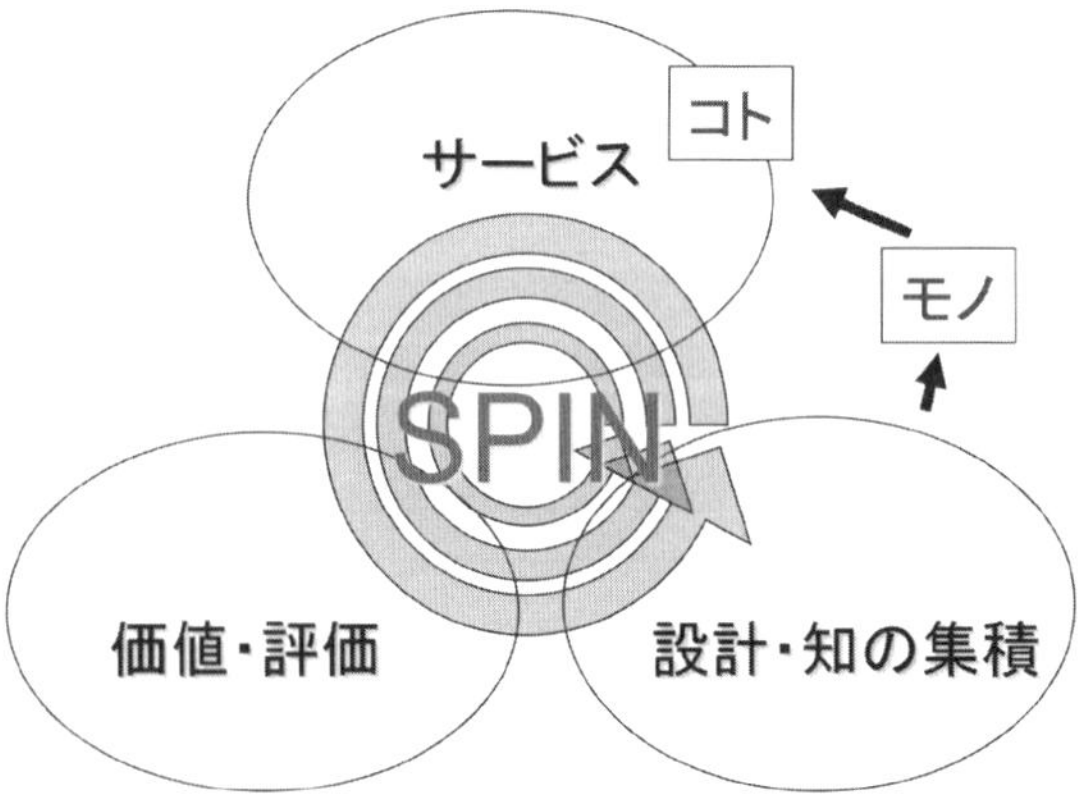

図3　創造・更新・利用を繰り返すループ
出典：科学技術振興事業団　科学技術未来戦略ワークショップ（電子情報通信系俯瞰WSⅡ）報告書（2007）.

は、技術開発をしたらそれを社会に出して、研究が終わったら企業がそれを引き取って応用していくという流れがありました。しかし、そうではなくいったん社会に出した技術を自分たちで運用し、その結果を見てもう一度考え直す。そうすれば足りない技術というものがわかってくるし、もっと良いシステムが見えてくるから、さらにもう一度技術開発して社会に送り出す。このサイクルをグルグル回していくのが、サービス工学なのだろうと考えています。」

中島氏だけではなく、多くの研究者がこれまで積み重ねてきたことが、前述の産学官それぞれのサービス工学への取り組みによって、実践できる環境になってきたということだろう。すなわち、サービス工学として広く認知されることにより、企業や自治体などとの意思疎通もスムースになっていくし、大規模な社会実験もできる可能性が広がる。そういった意味で、舞台装置が整いつつあるのだ。

サービス工学の手法により公共交通サービスのあり方を改善

現在、公立はこだて未来大学の理事長・学長として活動する中島氏にとって、函館は活動の拠点であると同時に、生活の場でもある。都市としての規模でいえば、函館は北海道の中でもそれなりの規模を持ち、年間四五〇万人もの観光客が訪れる有名な街でもある。

「観光都市であり、水産業や海運業で栄えてきた函館ですが、現在は他の地方都市と同じように人口減少や経済的な疲弊にあえいでいます。」という中島氏。労働人口の流出も続いているために、相対的に高齢化も進んでいるという。そんな函館の公共交通といえば、路面電車やバス、タクシーにＪＲの鉄道が思い浮かぶ。路面電車などは観光でもおなじみだが、市民の足としてはバスや鉄道が大きなウェイトを占めている。ところが、バスについては不採算の問題があり、市営バスは二〇〇三年に廃止され、主な路線は民間バス会社に引き継がれている。他の地方都市同様、函館でも公的資金を投入することで、何とかバス路線を保っているのが実情だ。固定路線のバスだけでは、廃止された路線近くに住む住民が利用することができない。高齢化により、マイカーなども利用できない、いわゆる交通弱者にとってこれは深刻な問題だ。

「固定路線のバスではなく、ユーザーのニーズに応じて自由に走ることのできる、いわゆるデマンドバスを実現できれば、函館の公共交通のあり方も変えることができるのではないか。交通弱者といわれる人々に対しても、利便性を提供すると同時に、利用率の増加により採算性も向上できるのではないか、といった点に着目し社会的な実証実験を現在も行っています。」という中島氏。これまでバス会社もタクシー会社も、効率的な運行管理のために、実はオンラインでの配車や位置情報の把握といったことはシステム化していた。ところが、それ以上の使い方がされていない。例えばタクシーであれば、現在がどこで空車かどうかはオンラインでわかるが、行き先まではわからない。もちろん、実際の運転手はお客さんから行き先を聞いているから知っているが、それをオンラインで共有していないので、配車センターではわからないのだ。すでにあるシステムだとしても、ちょっとした改善で効率化でき、顧客の利便性にもつながる改善はできる。函館の事例では、固定路線のバスの他にデマンドバスを走らせていて、顧客はインターネットを通じて予約を行うことで、自分の目的に合わせてバスが利用できる。しかし、あまり成功していない。

中島氏はもっと斬新なシステムを考えている。バスとタクシーをすべてオンラインで集中管理し、予約不要で呼べばすぐ来る新しい都市公共交通システムだ。そこではバスとタクシーの区別はなくなる。ただし、他に例がないシステムなのでその実現までの道程も多難だ。「函館では、バス会社・タクシー会社・ソフトウェア企業などをパートナーとして、函館市の協力のもとで実証実験を進めています。こうした体制をどう組んでいくかが、サービス工学の事業をループとして回すために重要です。函館の場合は、三〇万都市という規模がこうした実験にちょうどよかった。これが東京の規模になってしまうと、いきなり数十倍の人口で実験することになってしまい、失敗のリスクを恐れて行政も手が出せなくなるのです。」と実感を持って語る中島氏。行政や企業だけではなく、円滑に回していくために、NPOも立ち上げるなどしているそうだ。「こういった活動全体が、サービス工学でいうところのデザイン的な部分になって、次のステップへ続く重要なキーになるのです。」

サービス工学的にループをうまく回すことで見通せる将来性

函館での公共交通の例でも、実証実験がすべてうまくいっているわけではない。先ほどのループの考え方でいえば、実際に運用してみることで見えてくる問題があり、その問題を解決するために新たな開発を行う、というサイクルを活用するということだ。

「函館市での事例の体制をみても、移動実態調査と小規模運行実験は私たちはこだて未来大学のチームが担当しました。しかしそれだけではなく、人流・物流シミュレーションについては名工大のチームが担当し、再シミュレーションによるモデル精緻化などは産総研の研究グループが担当するなど、ループの中にさらにループを設けて、より良い改善がしやすい環境を整えています。」という。

「ただ、ループを回していくうえでは、実は純粋な研究だけにとどまらないさまざまな問題が出てきます。一番わかりやすいのは、法律など規制面での壁があります。自治体の役所や各省庁の出先機関など、それぞれが法律に基づいて仕事をしているため、結果的に融通の利かなくなっている場面も出てきます。サービス工学は社会と密接にかかわっているだけに、こういった面も研究者が乗り越えていかなければならないこともあるのです。」と中島氏は経験を踏まえて教えてくれた。

「また実際に公共交通機関を運用するうえでは、現在では採算性も非常に重視されています。このため、フルデマンドバスについていうと、これまで実施された社会実験からも採算性が望めないとされてきました。ところが、サービス工学の考え方や、コンピュータ・サイエンスの進歩によってシミュレーション手法にも変化が出てきました。そこでわかってきたのが、実証実験で採算性が悪化するとされても、その将来をさらに精緻にシミュレーションしてみると、実は利益があがるように見込めることがあることです。多くの場合、こうした実験は全路線を一度にやるようなことはなくて、一〜二台で様子を見てみましょうということになります。これを計算してみると、どうしてもいったん採算性が低下するのです。こうした計算では、U字型にいったん底を打ってから上昇に転じるのですが、悪化したところで中止されてしまうことが多く、〝儲かりません

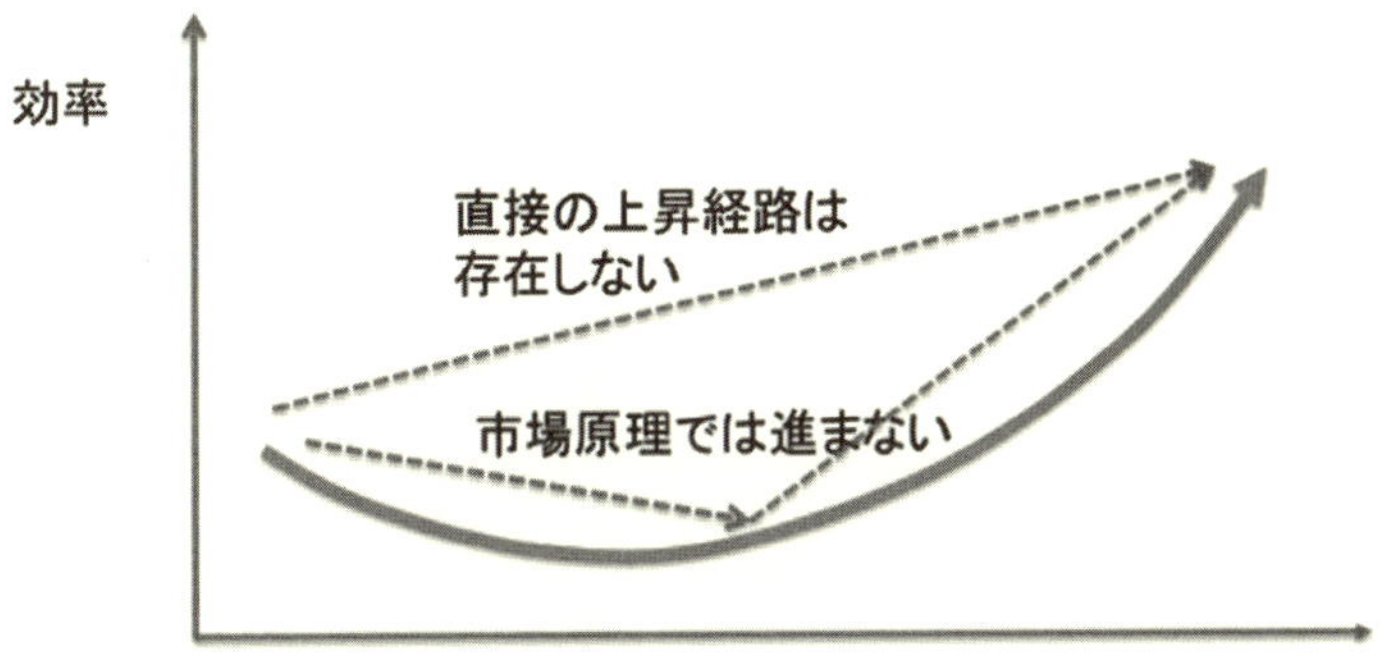

図4　本課題のサービス工学としての最重要性質

でした〟という結論になってしまいます。サービス工学に限ったことではありませんが、こういう認識をきちんと伝えられるか、それも正確なシミュレーションで示す技術を持っているかどうかも、重要な課題だと考えています。」と中島氏はいう。

研究活動において、これとは違うものではあるが、「死の谷」と呼ばれるものがある。これは研究開発で優れた結果が得られても、実際の製品化に結びつかないギャップのことを指す。これまでも、日本の高い技術力・開発力を持ってすれば、今までにない画期的な製品を生み出すチャンスはいくらでもあった。ところが、研究開発はその理論が完成したところで資金は提供されなくなるのが常だ。その後の実用化には、コストや市場規模などの問題があるため、企業が製品化できないことも多々ある。産総研ではこの「死の谷」を乗り越えることも、大きな目的の一つとして掲げている。これらについても、ループをうまく回していくことで、乗り越える可能性・道筋を増やすことにつながるのではないだろうか。

新しい思いつきや発見がごろごろ転がる環境の魅力

これまでループを回して次の段階へ進んでいくといってきたが、実際にはさらに高次へ進んでいくものだと中島氏はいう。

「ループでグルグル回っているということは、どこがスタートでどこがゴールでもよいということでもあります。観測ありきでもないし、システムありきでもありません。ただ、実際にループを回していくためには、それなりにエネルギーが必要ですし、いろいろな仕掛けやしつらえといったものも重要です。私自身のイメージでは、ループというよりスパイラル構造に近いのではないかと思っています。進化していくことで、より高いところへ上がっていく、そんなイメージではないでしょうか。最近の論文では、これまでループを回すと表現していたことを、FNSという名前を付けて説明してみました。これは〝Future Noema Synthesys〟の略なのですが、〝生成→環境との相互作用→分析→焦点化→〟というループ構造になっています。こうした考え方をベースに、新しいサービスのデザインを考えることができるのではないかということです。」とも中島氏はいう。

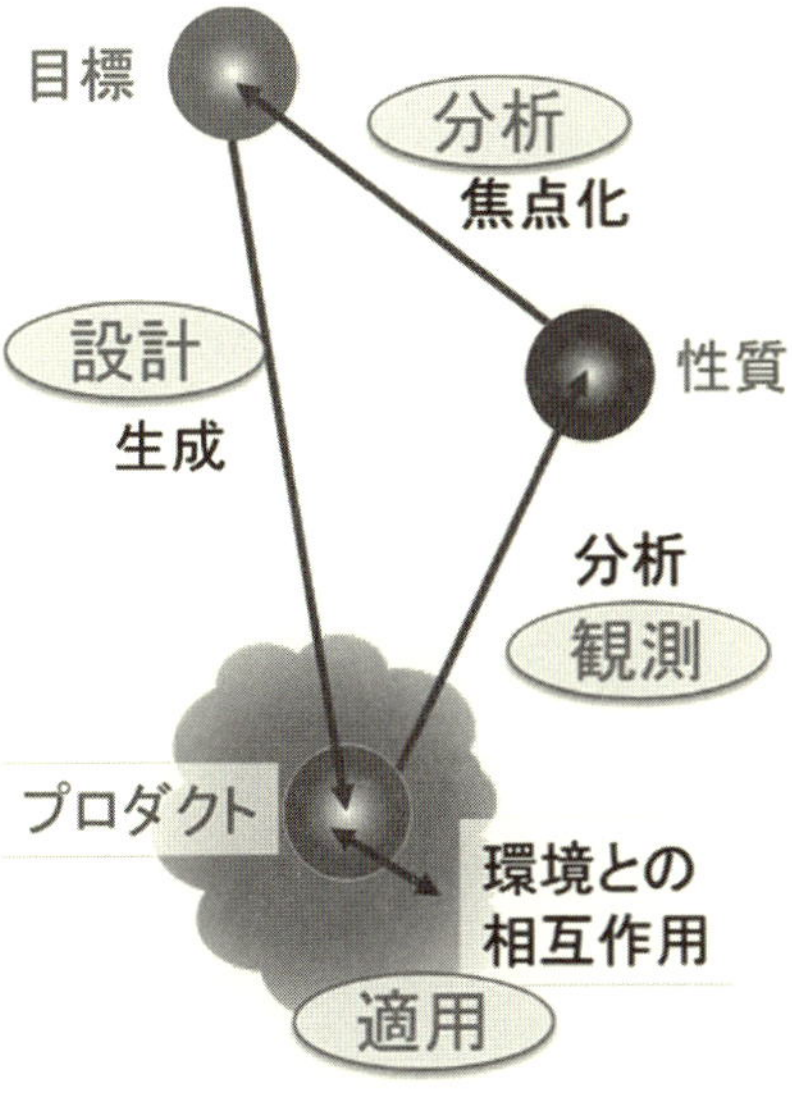

図5　構成のループの定式化（FNS）

「先ほどの函館での実証実験でも、単に公共交通のあり方のみを考えているわけではありません。例えば交通を中心としてサービスを連携させることで、病院や介護の現場、レストランや観光などの業界とも協力していくことができると考えています。ループを回すことによって、あるいはスパイラルを一段上がることによって、また見えてくるものがあるというのも、サービス工学的な手法の特徴かもしれません。」と語る中島氏。

「最近でいえば、携帯電話やスマートフォンがいい例だと思います。メーカーはこれまで通り、高機能で良質な製品を提供して使ってもらおうとする。ところが、特にスマートフォンなどではユーザーがそれをどう使うか工夫して、メーカーが考えなかったような用途で盛上がってくる。ユーザーの数だけ、変な使い方や新しい使い方をしている。これはいってみればユーザー側のＦＮＳであって、顧客がメーカーとともに価値を創造するという、サービス工学の本質的な部分に共通するものだと思います。」

サービス工学が何であるのか、あるいは定義はどうされるものなのか、話を聞いているうちに、それは後から探せばいいということも同時に教えてもらった。発展途上の分野でもあることは当然だが、サービスという実は非常に幅広いジャンルを取り扱うものだけに、事例を丹念に見ていくことこそが、サービス工学の理解への近道なのではないかと感じた。中島氏によれば、「例えば人工知能の定義は何ですか?と尋ねられたときに、〝わからないから研究しています〟と答えるしかないことがあります。サービス工学もそれに近いかもしれませんが、〝事例はたくさんある、定義は一番最後になってわかればよい〟ということでいいのかもしれません。」という。

この後、第一部第二章では、サービス工学が着目する「コト」をいかにとらえるかということについて、それぞれの研究者に話を聞きながらまとめていく。さらに第二部では、産総研が取り組む、サービス工学という視点でのサービス現場を支える具体的な技術について、研究者自身が実践例を具体的に紹介していく。これを読み進めていくうちに、サービス工学に対する漠然としたイメージが、自分なりの定義として総括できるようになるだろう。

第二章　サービス工学を支える技術

第一節　コトを観測する技術

モノ中心の考え方からコトを中心にとらえる新たなステージへ

サービス工学という、この新しい分野においては、これまでとは異なる考え方やアプローチが求められる。研究の主題がモノではなく人であり、そこでなされる「コト」であることは、概論でも紹介した通りだ。これまでの「良質なモノを安価に提供することが顧客へのサービスであり製造者の使命」といった考え方から、「顧客が求めるサービスをいかに適切なタイミングで提供するか」という考え方へ切り替えていくことが求められる。

そこで大切になるのが、まずサービスが提供される場面において、どのような「コト」が起こっているのか、それに対して顧客はどのような反応を示すのか、ということを具体的にとらえることだ。とはいえ、これは決して簡単なことではない。いわばサービスの本質ともいえることであり、これまでは感覚的にしか語られてこなかったことでもあるからだ。

概論でも紹介したSDL（サービス・ドミナント・ロジック）という考え方は、「コト」をいかにとらえるべきかについて大きなヒントを与えてくれる。しかしそれにしても、実際にサービスをどのように観測するか、またモデル化したりしていくのかについては、これからの研究が待たれるところだ。

この第二章では「コト」に着目して、いかに正確にとらえて分析し、それをモデル化して利用可能な状態にするか、さらに一歩進んで最適なサービスを生み出すにはどうすればよいのか、について紹介していく。個々の事例についてのより深い研究は、第二部を参考にしてほしい。まずここでは、「コトを観測する技術」として、サービス現場での人や有形・無形のサービスの動き・働きを「コト」として、どのようにとらえるかという研究を中心に紹介していこう。

「コト」をとらえる難しさ

サービス産業の中でも、特に接客を中心とするものに関しては「顧客を満足させる素晴らしい接客術」や「また来たいと思わせる宿泊施設」などのように、個別の事例についての紹介や分析などは数多くなされてきた。ちょっと周りを見てみれば、雑誌や書籍などにもあふれかえっていることがわかる。それはマーケティングやブランディングといったジャンルで語られることが普通で、数値化することが難しいとされてきた分野だ。こういった分野では、サービスを提供する人の特性や能力に注目し、簡単にいうと「素晴らしいサービスを提供するその人の能力」に帰結する場合が多い。要するに「経験と勘」に優れた人材がいたからこそ、顧客のニーズを先回りしてとらえることができ、結果的に顧客満足度を向上させることができた、というまとめ方になるわけだ。

どうしてそうなるかといえば、「実際にサービスの現場で何が起きていたのか」や「顧客はそのときにどうリアクションしたのか」などを観測し、誰もが納得する形で提示することが難しかったということが理由の一つだろう。人の行動を観測するということは想像以上に難しく、表面には現れない内面的な動きによって左右される事柄もある。

サービス工学においては、サービスの現場で生のデータを観測し、収集することを重視している。工学的手法でアプローチすることにより、「経験と勘」で語られることが多かったサービスを、誰もが納得する形で分析し、提示することが可能になるわけだ。

これまで定量化することが難しかった「コト」をいかにそれが起きている現場で観測するのか。そしてどうやって記録に残すのかは、サービス工学を考えるうえでも一丁目一番地ともいえる課題だ。

人はなぜリピーターになるのか？

実際のサービス現場をどのように観測するのか、そしてモデル化することができるのかは、多くの研究者がチャレンジしている分野でもある。それぞれが異なるアプローチをしていて、興味深い研究結果も発表されている。その中でも、ユニークな研究として興味を惹かれる事例の一つに、「野球ファンがいかにしてリピーターになるのか」というものがある。

野球に限らず、サッカーや格闘技などスポーツ観戦を趣味とする人は多い。一時期に比べればテレビ中継時間などは減ったともいわれるが、依然として野球やサッカーはわが国において大きな人気を持つものだ。野球の場合は、特にプロ野球では特定の球団を応援するファンが多く、それぞれがごひいきの球団に熱い声援を送っている。巨人ファンや阪神ファンなどは、伝統的に熱狂的なファンが多い球団の代表といえるだろう。

もちろん野球ファンといっても、すべてが熱狂的なファンというわけではないことは当然だ。これまでは、居住する地域や親の影響などが、ファン形成の理由ではないかと漠然と考えられていた。さらにファンの中でも、テレビ観戦だけという人もいれば、近くで試合があるときは、毎戦欠かさず球場に足を運ぶような人もいる。高校野球の場合などは、特定のチームを応援するのではなく、高校野球全体が好きで対戦カードにかかわりなく球場に足を運ぶ人もいる。こういった観戦スタイルの違いや、特定球団に対する関心の違いはどこで生まれてくるのか、といったことに関する研究はこれまでも行われていた。しかしそこでは、経験的に「このような理由ではないか？」ということは語られても、なぜリピーターになるのかといったことを、具体的なデータで示すことは難しかった。

サービス工学の手法を使って、こういう事例を深く研究していけば面白い結果が得られるのではないか、そう考えた研究者の一人が北島宗雄氏だ。北島氏は、現在は長岡技術科学大学において、工学部の経営情報系経営情報学講座の教授として活躍している。北島氏は共同研究者らとともに、野球ファンのロイヤリティ形成については、それをいかにして観測するかという技術であるＣＣＥという手法（後述）を開発するなどの成果をあげている。

〝物理屋〟が挑んだ人間行動の観測

北島氏は大学では物理を専攻し、旧通産省の工業技術院に入所してからは、二〇一一年まで産総研で活躍してきた人物だ。人間の日常行動選択に関する研究や、知覚・認知・行動特性に適合したインターフェース設計など、人間を中心にした研究に没頭してきた。

「私は元々が物理屋なので、モデル化していくということが好きなんです。人間の意思決定について考えるうえでも、どういう仕組みで行っているのか、内部ではどのような動きがあるのかについても大きな興味を持っています。人間の意思決定をシミュレーションする仕組みとして、アメリカを中心に始まった研究に「Biologically Inspired Cognitive Architecture（以降、ＢＩＣＡ）」というものがあります。この理論などを応用して、人が現場でどのような意思決定をしているのかを調べることができるようになります。こういったことをベースにすると、サービスの現場でもどのようなことが起きているのか観測していくことが可能になるのです。」と語る北島氏。

北島氏によれば、人がどのように意思決定をしているのかについては、ノーベル経済学賞を受賞した、ダニエル・カーネマンという心理学者の研究がとても参考になるという。カーネマンの著作である「ファスト&スロー」では、人が日常的に行っている無数の意思決定に、「直感的・感情的な速い（ファスト）思考のシステム1」と「合理的・理性的な遅い（スロー）思考のシステム2」の二

	自律自動処理システム (システム1)	意識処理システム (システム2)
処理の形態	経験的に処理を行う	合理的に処理を行う
評価	何が最も気持ちいいか	何が最も得か
条件と行動	古典的条件付け結合	論理的結合
進化の段階	長い進化の歴史の上に形成	進化の上では最近のできごと，言語
スコープ	全体的	分析的
符号化	現実を具体的比喩・イメージで符号化	現実を抽象的シンボルで符号化
処理速度	速い：直後の行為	遅い：将来の行為
適応	遅い：反復，集中処理により変化	速い：思考の速さで変化
経験の形態	受動経験であり，意識的アウェアネス外	能動的・意識的な経験であり，意図的に帰納的・演繹的推論規則に従う
効果の評価	確実性は自明	確実性は論理・証拠による正当化
状態依存性	知覚・動機・行動は状態に依存する	論理法則は局所状態に依存しない

図1　行動選択時に働く2処理システム（Two Minds）

通り（Two Minds）があるという。このカーネマンは最近では、人はどのように幸福感を得られるのかということについて、関心を持って研究を進めているという。

「人がサービスを受ける場合にも、システム1とシステム2という違った仕組みが入り交じりながら、複雑に判断しています。先ほどのBICAなどの考え方も応用しながらモデル化していけば、サービスを観測することも可能になります。実際に現場で人が意思決定していくプロセスが理解できれば、今度はこういう人たちとこういう人たちはきっと違った振る舞いや反応をする、という予測ができてきます。そういう結果を基にしてまた現場で実際に計測するということをすると、サービスの現場で起きていることがより深く理解できていくのです。」と北島氏はいう。こういったプロセスのために、北島氏らが開発した手法が「Cognitive Chrono - Ethnography：認知的エスノグラフィ（以下、CCE）」だ。

認知科学に裏付けされた現場観測の手法

北島氏らが開発したCCEという手法では、社会学で行われていた「Ethnography（エスノグラフィ）」という方法論を基礎にしている。これは「人々＝エスノ」を「記述＝グラフ」する意味で付けられた名称だ。ここからもわかることだが、自身でも「もともと物理屋」という北島氏らが、心理学や社会学など多様な分野の考え方に親しみ、それを自在に取り入れているというのも、サービス工学の扱う課題の幅広さや柔軟さの証しであるように思える。

社会学のエスノグラフィでは、調査したい社会集団の中に入り込んで、その社会の構成員の行動を観測する。文化人類学でも使われる手法であり、実生活の中での行動に注目し人間の営みとして現れる生態を記録する。サービス工学的な手法とするために、北島氏らはこのエスノグラフィに時間的な変化や認知行動に着目するという視点を加えた。そのため、時間を意味する「Chrono」と認知を意味する「Cognitive」を付け加えて、ＣＣＥと命名したという。ＣＣＥでは、現場観察調査の設計や、行動データの記録・収集、さらにはその記録を利用した回顧的インタビューの実行によって個人や集団の行動や生態を調査し分析する。

「このＣＣＥという手法を用いて、大々的に実験を行うことができた事例として、プロ野球の日本ハムファイターズのファンに関する調査があります。札幌ドームに来場したファンの様子を記録して、どのように野球を楽しんでいるのかということを調べたのです。プロ野球の場合、球団運営や球場の運営には、リピーターとなるファンの養成が欠かせません。とはいえ、これまでは体系的に分析した結果などではなく、経験によってイベントの開催やグッズの販売などをすることで、ファン獲得につなげようとしてきました。われわれが調査にかかわることで、どのようなサービスを提供すればリピーターの獲得につながるのか、その構造を明らかにすることができるのではないか、と考えたのです。」という北島氏。ここで驚くのは、その調査の対象となった人数の少なさだ。最初に球団のファンクラブを対象として、一〇〇〇名規模のＷｅｂアンケート調査を行った。そこからスクリーニングを実施して、三〇名のモニター候補を選出する。これだけでも母数としては相当小さいように思えるが、この三〇名に対してインタビューを行い、

・野球自体が楽しみなのか
・応援することを楽しむのか

といった「楽しみ方の軸」と、

・試合だけでなくファンサービスなどのイベントにも参加するのか
・野球は好きだがあまり観戦に行く時間までは取れない

　というファンの「熟成度の軸」によってマッピングし、偏りがないように最終的に九名を選抜してモニターとして選定したという。

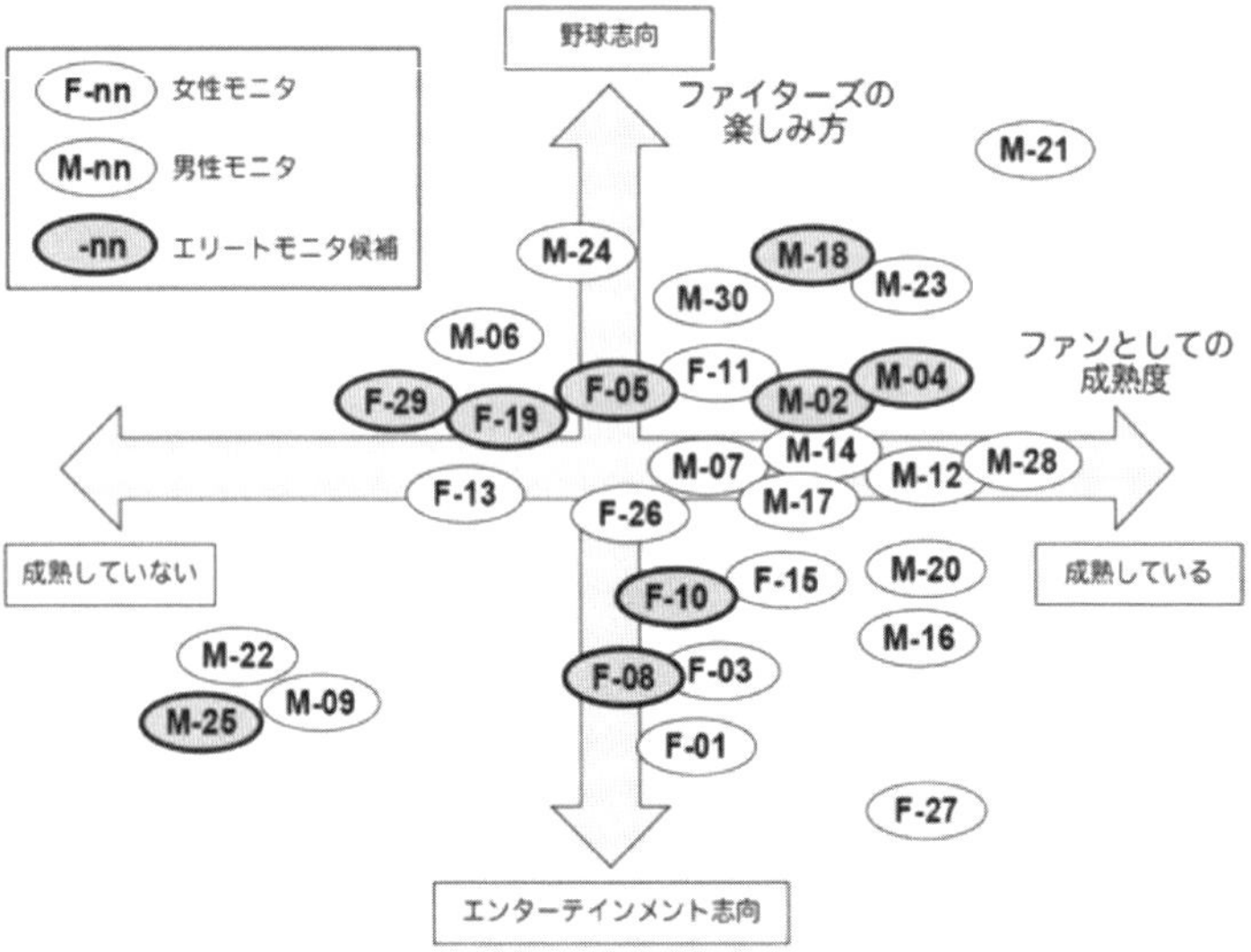

図２　モニター選定時のマッピング

野球ファンの行動を観測するという命題に対して、この九名という人数はいかにも少ないように思える。その疑問を率直にぶつけると、北島氏はこう答えてくれた。

「日本ハムファイターズの事例でいうと、実際にはWebアンケートでは三〇〇〇名くらいの回答がありました。そこから一〇〇〇名にまず絞り、一般的な統計分析も用いた手法で三〇名程度までスクリーニングしています。この三〇名にグループ面談を行ったうえで、最終的な九名を選出しました。ここでの選択の基準はWebでの回答が正しいものであったかという点と、過去のことを思い出してもらう作業が必要なので、そういうことができる人かどうかということです。評論家的に語り出してしまう人もいるのですが、この実験のためには自分の過去を客観的に語ることができる方が望ましいので、そういう人かどうか見極めることもポイントにしました。最終的な選出には球団関係者にも参加してもらっているので、極端に特殊な趣味嗜好を持つファンかどうか、という点もここでチェックすることができます。こういうスクリーニングを行って実験を行っているので、人数の多い少ないではなく、例えば共通する観測結果があればそれは十分に正しいといえることになります。」という。

「こちらとしては、野球観戦であれば一般的なリピーターとなる条件を調査したいと考えます。その人でなければできないような、特殊な事例のリピーターはあまり参考にはできません。なるべく多くの人が当てはまるような条件で、スクリーニングを行う必要があるわけです。例えば極端な事例で、退職して時間がふんだんにあって、毎試合観戦してスコアまで付けているような人は、コアなファンではあっても一般的なリピーターとして見ることはできません。面談ではそういうところまで考えています。」と語る北島氏は、これにより得られる知見はアンケート等では得られないものだという。

経験や勘という暗黙知を「見える化」していくこと

この野球観戦の例であれば、ファンはどのように野球を楽しんでいるのか、また来ようと思った理由は何だったのか、ということをはっきりさせたい。このためにCCEの手法では、実際にリアルな反応を観測したい。ところが、単に後からモニターに意見を聞いても、それだけでリアルな記憶を語れる人はそう多くはない。イベント参加中に感じている反応と、それを振り返ったときに語られる反応は違う。そこで、その人が実際にどのような様子なのかを録画などで記録すると同時に、その人に耳にかけるカメラや心拍計を装着するなどして、どこを見ているのかまで記録しておく。

後からそれを再生しながら振り返ってもらうことで、その時のリアルな感情や反応が引き出せる。これを繰り返していくことで、野球観戦の例であればどこでリピーターになったのか、そのきっかけとなる行動やサービスは何だったのか、ということまで推定できるようになる。そのきっかけがスター選手の入団なのか、周りのファンの応援の様子に共感したことなのか、一緒に観戦する仲間ができたことなのか、などもわかってくる。こうした客観的な観測結果が得られれば、サービスを提供する球団や球場側も、それに見合ったイベントを企画し、ファンの増加につなげるなどの施策を行うことができるようになる。それは、全員をコアなファンにすることではなく、常にファンの新陳代謝を適切に図ることによって達成されると考えられる。このようにして、全体的なファン数の増加を目指していくことも可能になる。

その点では、再度スクリーニングの重要性について考える必要がありそうだ。これについて北島氏はこう教えてくれた。

「この例では北海道の日本ハムファイターズということで、球団の協力も得ながらきれいな観測結果を得ることができました。ただ、

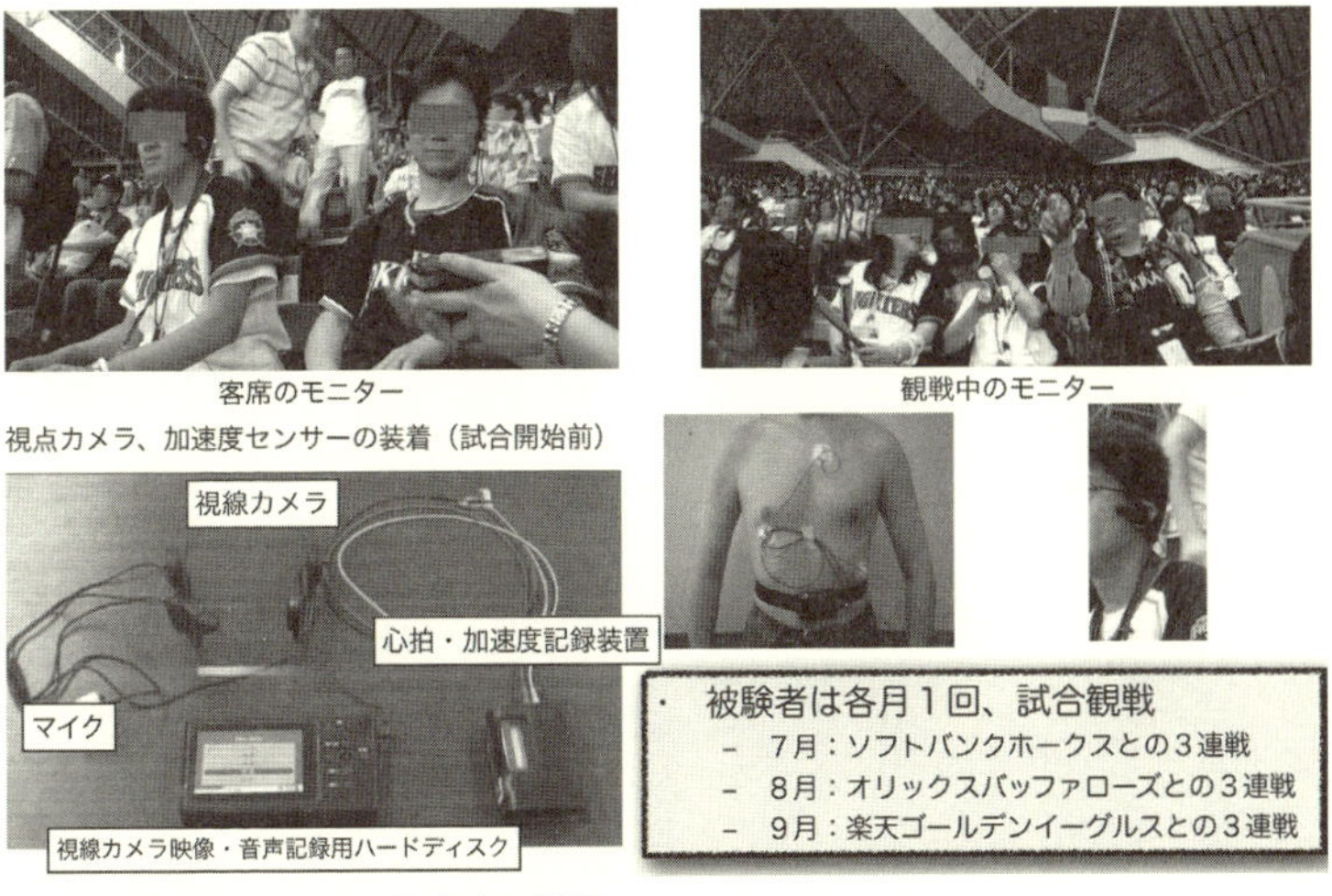

図3　各種センサー類と調査時の様子

これが阪神タイガースになったときに、どのようにスクリーニングすればよいのかということは、また変わってくるはずです。何となく一般的なタイガースファンのイメージはありますが、スクリーニングする際にはそれをこれまでの経験や勘といった暗黙知のままにするのではなく、きちんとデータとして残して〝見える化〟することが大切です。」さらに北島氏は、心理学的なアプローチとの違いにもついてもこう語る。

「実験心理学で同じような調査をしたとすると、そこでは結果の再現性が絶対に必要で、どういう刺激を与えるとどういう反応をするのかということが、再現性のある形で記述できなければなりません。その再現性を重視して突き詰めると、例えば音の実験をするのであれば無響室に入れて行い、記憶の実験であればその人が元々持っている知識が干渉しないように、意味のない単語をどれだけ覚えられるかを行ったりします。いい悪いの問題ではなく、こういう手法だとサービスの現場でどういうことが起きているのかを調べるのは難しいのです。サービス工学では普段と同じ行動を観測したいわけで、そこで違いが生まれてくるのだと思います。私たちは野球観戦の他にも温泉地でどう楽しんでいるのか、などの調査も行いましたが、温泉地では視点カメラを装着して歩くわけにはいきません。そこでGPS付きのデジカメなどを使って行動記録を取りながら、後でリアルな反応を取っていく。観測することを重視するあまり、自然な状態を破壊することはしたくない、それがサービス工学の立場です。あくまでも、実フィールドで人がどう行動しているのか、それを観測するために、環境を破壊しないギリギリのところで工夫するところに苦労があります。」と実感を持って語ってくれた。

行動を自然に観測するための技術

こうした行動観測のための技術開発も、当然ながらいろいろな研究者によって精力的に行われている。その一人である蔵田武志氏も、産総研のサービス工学研究センターにおいて日々研究活動を行っている。行動観測・提示技術研究チーム長として活躍する蔵田氏は、最初は電総研の研究員として活動をスタートしている。第一部冒頭でも少し登場した電総研は、自由闊達な雰囲気を持つ研究所として記憶されており、先進的な研究に熱心に取り組む人が集まっている印象が強かったといわれる。蔵田氏もそのような雰囲気の中でさまざまな研究に取り組みつつ、二〇〇八年のサービス工学研究センター開設と同時に参加したメンバーの一人だ。

「私が最近取り組んでいる研究の大きな流れとして、〝サービス現場を実験室化する〟というものがあります。実験心理学の話でもあったように、特殊な条件を切り出して実験室で研究するのでは、サービスの分野では有為な結果が得にくいことになります。そこで最新のセンシング技術などを活用することで、実際のフィールドでも実験室レベルで雑音を排除したデータを蓄積できるようになります。また、逆に実験室をサービスの現場にする、というような流れにすることも可能だと思います。」という蔵田氏。

いくつもの興味深い実験が行われているが、その中でも特徴的なのが城崎温泉の旅館や、銀座にある飲食店での行動類型に関する調査だ。ここでは、蔵田氏らが開発した小型センサーモジュールを従業員に装着してもらい、それによって実際の行動を記録していく。飲食店で実際に接客する場面では、お客さんに対する配慮から視点カメラなどは装着しにくい。そこで腰部に装着するタイプとすることで、目立たず自然な接客を可能にしている。

「小さなセンサーを装着してもらいましたが、そこには加速度センサーや磁気センサー、さらに通信モジュールなどが入っています。最初のものは外部バッテリーも込みで二〇〇グラム以上ありました。改良を加えて現在では第四世代にまで進化していますが、これはバッテリー内蔵で八八グラムと非常に小型化されています。初期型

図4　小型センサーモジュール

は先ほどのサイズで五～六時間程度の連続稼働時間でしたが、最新型では八八グラムのボディで一二時間以上稼働可能と性能的にもかなり進化しています。」と蔵田氏はいう。

仲居さんなどにこうした機器を装着してもらうと、単に移動した情報だけではなく、立っているのか座っているのかなども記録することができるようになる。「ＰＤＲ（Pedestrian Dead - Reckoning)」という歩行動作などの検出に加えて、歩行以外の動作も認識するということで、「ＰＤＲｐｌｕｓ」という表現を蔵田氏らはしている。これにより測位精度と動作認識精度を同時に向上させることができるようになり、記録の精度も向上できる。

「飲食店での実験では、単に移動の記録を取っただけでは意味がわからない行動もあります。これについてはＣＣＥの手法を用いて、従業員にインタビューを行い現場で実際に何があったのかを再現することが可能です。例えば店内の写真を撮っておき、それを３Ｄモデルとして従業員の動線と併せて表示します。もちろん、そのときに客が何人どの位置に入っているのか、などの情報も併せて表示できるようにしておきます。これらを見ながら従業員にインタビューしていくことで、実際のフィールドで何が起きているのかを理解できるようになるわけです。面白い事例として、この実験をしている中で、ランチの忙しい時間帯に従業員が事務室に煩雑に行っているということがわかりました。

この原因を突き詰めていくと、予約を受け付けるためだということがわかったのです。実は従業員はＰＨＳなどを持っているので、電話はそのまま受け付けることができます。しかし、予約を記録しておく帳簿が事務室にあるために、わざわざ接客中であってもその場を離れて事務室に行かなければならなかったのです。」と蔵田氏が語った事例では、経営者層はこの問題にまったく気づいていなかったそうだ。当然ながら現場レベルでは、これは認識されていたが、それによってどれだけ時間的なロスが発生しているかなどは、問題点として認識されていなかった。正確な観測により可視化されたことで、問題が顕在化した事例ともなったという。この場合であれば、予約用の帳簿の位置を変更するだけで、従業員にとっても移動を減らす効率化につながる。経験や勘では、自分の目の前で起きていることしかわからないが、「コトを観測する」というアクションにより可能になったのだといえる。

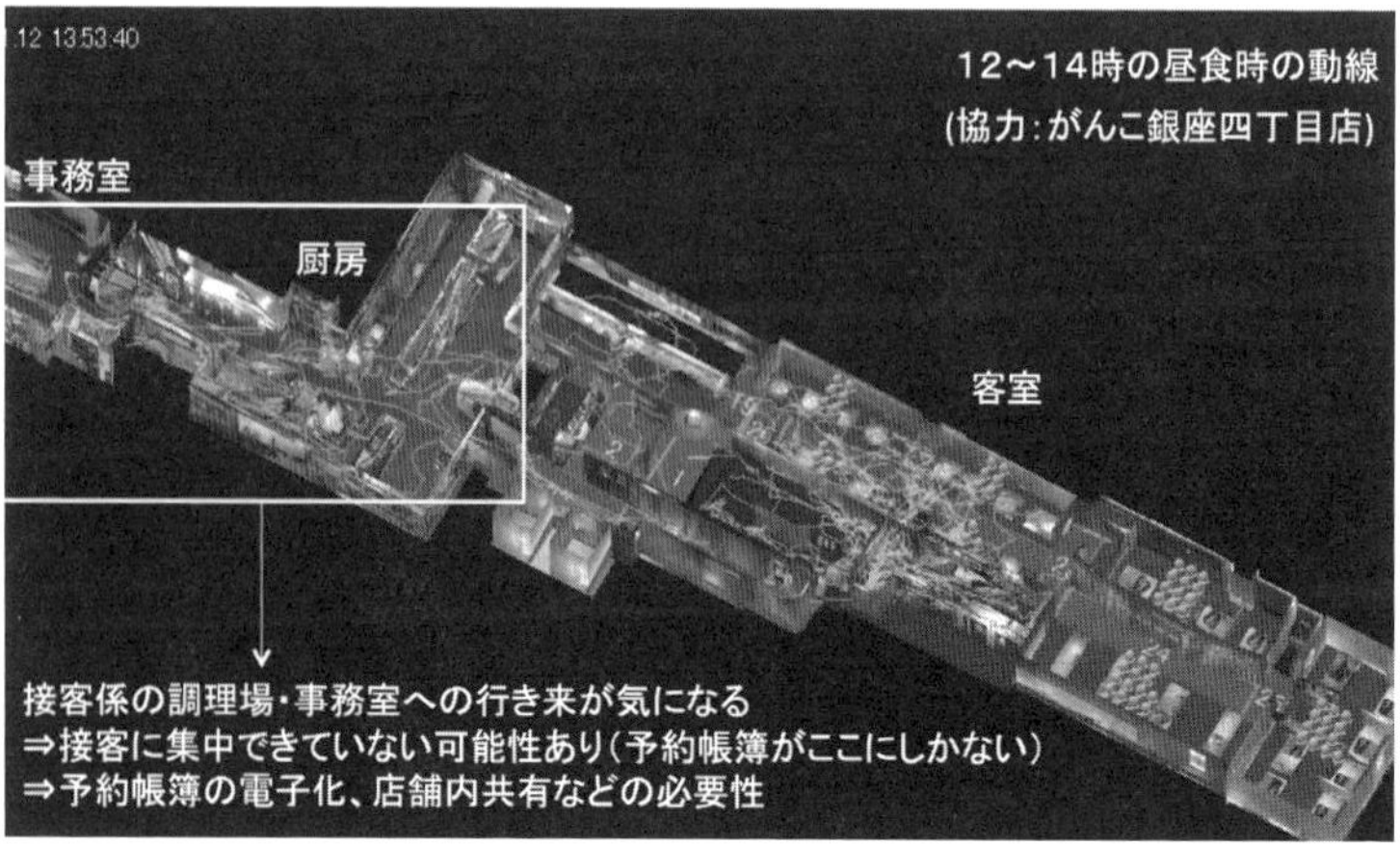
.12 13:53:40
12～14時の昼食時の動線
(協力：がんこ銀座四丁目店)
事務室
厨房
客室
接客係の調理場・事務室への行き来が気になる
⇒接客に集中できていない可能性あり（予約帳簿がここにしかない）
⇒予約帳簿の電子化、店舗内共有などの必要性

図5　従業員の動線事例

工学的アプローチによる現場の観測と介入

「実際に私たちが観測している現場では、いろいろなことがわかってきます。そこで得られた結果を見て、すぐに現場を改良することができるということもあるわけです。単に外部から観測するという科学的なアプローチだけではなく、実際にその現場での改良までできるという点が、工学的アプローチといえるのかもしれません。」という蔵田氏。飲食店での事例に限らず、介護・医療現場や日常生活の中でも、「コトを観測する」ことで可視化され、利便性や快適さを増すことができる可能性が広がる。

「現場での観測をしていく過程で、必要であれば改善のための介入もするという姿勢は必要だと思います。単に実験室レベルの話ではなく、あくまでも生活者の視点で良くしていくためにどうすればいいのか、それを考える工学的アプローチも重要なのだろうと思います。お客さんにより満足してもらうためにはどうすればいいのか、そこまで考えながら観測や計測をしていくのも、サービス工学ならではの考え方ではないでしょうか。別の事例ですが、視覚障害者の訓練カリキュラムを作成する場合に、歩行者ナビという機器を利用することがあります。この訓練自体を観測する場面を考えた場合、歩行者ナビが非常に便利なものであり、実生活に役立つという点を考えれば、最初から組み込んでしまえばいいということになります。これまでの観測という点だけからいえば、機器を使わない歩行訓練があって、その状態を観測しましょうということになります。しかし実際に利用する方の立場で考えれば、訓練している方も教えている側にも、メリットのある状態にしていくことが大切なのです。次はこういうカリキュラムで教えればいいという指標にもなるということで、うまくフィードバックさせてループを創っていくということにもつながります。サービス工学的なアプローチでは、こういうこともすべて〝込み〟の状態でやっていくことも重要なのではないでしょうか。科学的なアプローチからすると、実際のフィールドに踏み込みすぎるという批判を受けることもあるかもしれませんが、環境から人だけを切り離すことはできないと考えているのです。技術だけの研究だけをしていればよいという考え方もありますが、それではサービスにならなくなってしまいます。」と蔵田氏は語る。

「コトを観測する」ことで生活の質の向上へとつなげる

サービス工学の手法により、「コトを観測する」ことの大切さについては、前出の北島氏も同様に強調している。

「例えばカーナビのように大衆化した製品について考えても、サービスの提供される現場、つまりこの場合であれば、運転中という場面を考えれば、何が重要なのかがわかりやすいと思います。運転中にどのようなアクションがあって、最適なタイミングでカーナビが案内するためにはどうすればよいのかは、その場面をきちんと観測することで可能になるはずです。運転中にカーナビが案内するとして、ブレーキをかけて減速しているときや、カーブで曲がっている途中などは運転者の意識はそちらに集中しています。このときに大事な案内をカーナビが出しても、うまく伝わらないかもしれない。観測していればこのくらいのことはすぐわかるはずで、それに対する技術的な対応も可能なはずです。簡単にいえば、加速度センサーなどのデータを利用して、減速中には案内を控えるとかができます。どのような業種であれ、最終的に人に対するサービスを提供するのだという視点があれば、コトを観測することが何のためなのか、そこを間違うことはないはずです。」と語る。

また蔵田氏も、「行動と環境をすべて洗い出せば、コトを観測して最適なサービスの提供につながることはわかっていました。ただ、今まではそれが簡単にできる技術が整っていない面があって、やろうとしてもできないこともありました。しかし現在では、スマホの普及などに代表されるように、特別な機器がなくても行動分析に役立てることができる環境になりつつあります。私たちの開発したＰＤＲｐｌｕｓのような技術も、確実な観測・計測ができるという点でメリットがあります。単に行動記録というだけではなく、身体的な負荷まで計測できるので、従業員の疲労軽減につなげたりすることもできるのです。他にも過当競争で他と差がつけにくいような業種も増えていますが、サービスの違いをきちんと計測して定量化することができれば、サービスイノベーションといった動きにつなげることができるかもしれません。」と将来像も含めて語ってくれた。

どういう人がどういう生活スタイルを持っていて、どうすれば満足してもらえるのか、ということを観測するのは難しい。日常の購買活動や消費行動の分析では、研究者自身が現場にどんどん入っていかないとわからないことも多い。サービス工学に携わる研究者の人々は、それを積極的に行っているところも特徴の一つといえる。こうした考え方は、サービス産業だけではなく製造業の現場でも共感を持って聞いてもらえるようになってきたという。これまでの大量生産モデルでは観測もしやすかったが、少量多品種生産ではそのモデルが通用しなくなっている。ここでは、例えば介護現場での介護士の動作や、先ほどの飲食店での従業員の動線調査など、いろいろな現場で見た事例の寄せ集めのようなことが、製造業の現場でも起きているという。サービス工学的な「コトを観測する」というモデルを応用できる場所が、社会全体にまで広がっているともいえるのかもしれない。

「実験には客観性がなければいけないのではないか、というこれまでの考え方だけでは実験室内だけでの学問になってしまいかねません。観測すると同時に、結果に対しても介入していくことを恐れないことも大切なのだと思います。社会と切り離されることなく、研究にチャレンジすることとは、そういうことなのだと思います。」と北島氏も語ってくれた。

「実際に何をしたのか」を観測することで、人々の生活が見えてくる。一人一人が一日をどう過ごしているのかがわかるようになれば、そこから逆算して最適なサービスが何かを提示することもできるかもしれない。「コトを観測する」ということが、最終的には円滑なコミュニケーションを提供することにもつながるだろう。

第二節　コトをモデル化する技術

不確実性が入ることによるサービス工学ならではの難しさ

ある対象を工学的に操作するためには、計算機上で表現できるようなモデル化を行う。例えば、これまでの製造業の現場をモデル化するといった場合には、材料となる物質の量や温度などは数値パラメータで表し、加工方法などは処理や手続きのプロセスとして表せる。規模の違いはあるものの、製造業においては対象となるモノに注目すると、このように物理的・機械的にモデル化を行うことができる。そのための手法は、工学研究の歴史の中で確立されているという言い方もできる。

ところがサービス工学の場合には、人を相手にするという性質上、機械を相手にする場合とは表現方法が根本的に異なることから、モデル化手法がまだ確立されているとはいえない。最も大きな違いは、生活空間中での人の行動の「不確実性」である。この不確実性を含むモデル化手法について、長年研究を続けてきたのが、産総研のサービス工学研究センターで副研究センター長を務める本村陽一氏だ。

本村氏は、本書ではたびたび登場する電総研に一九九三年に入所し、アムステルダム大学での招聘研究員なども経験し、電総研以降は産総研での研究活動を続けてきた。現在はサービス工学研究センターと同時に、やはり産総研のデジタルヒューマン工学研究センターにおいて、人の行動理解技術の基礎的な研究活動も進めている。そんな本村氏が一貫してテーマとしてきたのが、不確実性を確率によって表現するための「ベイジアンネット」を使ったモデル化と、確率推論の研究だ。これは一般企業などでも利用できるソフトウェアとして実現している。現在、本村氏が持つ研究テーマで、中心となるのは「サービスや生活現場における人の行動観測と大規模データからのモデル化」というものだ。これについては第二部第二章において、具体的な事例として紹介されているので、そちらを参考にしてほしい。まず第一部では、サービス工学におけるモデル化がどのようなものなのか、概要を紹介することを目的にしていこう。

「これまでのモノ作りの現場では、生産プロセスに関しては人が介在しない状況であれば、確実な条件でモデル化することができます。ところが、サービスでは人が中心になるために、どうしても不確実性が入ってきてしまいます。サービスは受ける人によっても価値が異なる異質性や、状況依存性が特徴です。単純にそれらの依存性を「人」・「状況」・「サービスの内容」といった独立した変数で示すことができれば、それぞれの変数の値をバラバラに扱い、最後にまとめるだけで表せるのですが、多くの場合はそれぞれの変数間の〝関係性〟ということも考える必要があります。例えば、「ある人」が「あるお店」に買い物に出かける確率に「曜日」が影響しますが、お店の立地条件や顧客の職業、家族構成などによっても影響の仕方自体も大きく変わってしまい、この「それぞれの間の関係性」がモデル化の難しさを引き上げてしまうわけです。」と語る本村氏。

それぞれのパラメータにいろいろな属性がついていて、それぞれの事情や目的があるという具合に、変数間の関係の仕方がネットワーク状の膨らみを持っていくことになる。実はこういった関係性まで含めて扱わなければいけないところで、「構造」というものが登場してくるのだと本村氏はいう。

「こうしたさまざまな変数間の構造を全体的にとらえながら、不確実性が含まれる状態で計算をしていかなければなりません。実はこれがサービスにおけるモデル化ということについての、他とは本質的に異なる問題だと考えています。」と語る本村氏。「プロセスのモデル化については、さらに時間発展も考慮に入れなければならないために、まだまだこれからという面があります。しかし、状況と人に関するモデル化については、不確実性や構造というものをうまく抜き出してモデル化することができれば、確率的にはおおよそ計算可能になるのではないでしょうか。」

大量のデータが扱える時代だからこそ可能になったこと

ビッグデータという言葉を最近よく耳にする。各種のセンサー技術やデータ処理技術などが発達したことで膨大なデータ、ビッグデータが蓄積されているのだ。前節で紹介した蔵田氏らの開発したＰＤＲｐｌｕｓなどの計測技術により得られるデータも、そうしたものの一つだ。サービスに従事するそれぞれの人に、個別にセンサーを装着して行動を記録し、時系列で大量のデータを蓄積することが可能になっている。この大量のデータを集めると、その中に確率の大小や、変数の間の関係の強弱などが現れてくる。

「生活空間やサービス現場で、こういったセンサー類が自由に使えるようになってきたことで、非常に大量のデータが扱えるようになりました。これを使って、今までの不確実性の問題と構造の問題にアプローチしていけるのではないか、ということです。いわゆるビッグデータを活用するという視点にもなりますが、単にデータベースやデータマイニング技術の普及だけでなく、そこから役に立つ知識を計算モデルとして作り活用するという考え方を推し進めるものです。これがいろいろな場面で再利用可能な、いわゆるスマホやタブレットのアプリのようなものになれば、サービス現場を支援できるツールになると考えているのです。」

という本村氏は、長年研究してきたテーマについてさらに教えてくれた。

「構造を扱う一つの方法論として、ベイジアンネットワークというものがあります。もともとは〝リアルワールドコンピューティングプロジェクト〟として、第五世代コンピュータの開発プロジェクトの後に始まったものです。世の中の現象を計算するためには、これまでの方法でコンピュータープログラムを書こうとすれば大変なことになってしまいますが、ベイジアンネットワークでは、世の中の全体像をとりあえずいくつかの主要な確率変数の組み合わせだとみなしてしまいます。そして、それぞれの間に関係があるかないかを、大量のデータからコンピュータが調べ、構造的なモデルを作っておきます。その後で、関係があることについては確率計算をすることで、わかっていること（例えばあるお店）から、答えが知りたいこと（ある人の来店確率）などの予測を確率推論という計算で求めることが、現実に可能になってきました。」という。

　この仕組みとソフトウェア自体は、一九九八年頃にはかなりできあがっていたのだというが、データの収集が難しく現実

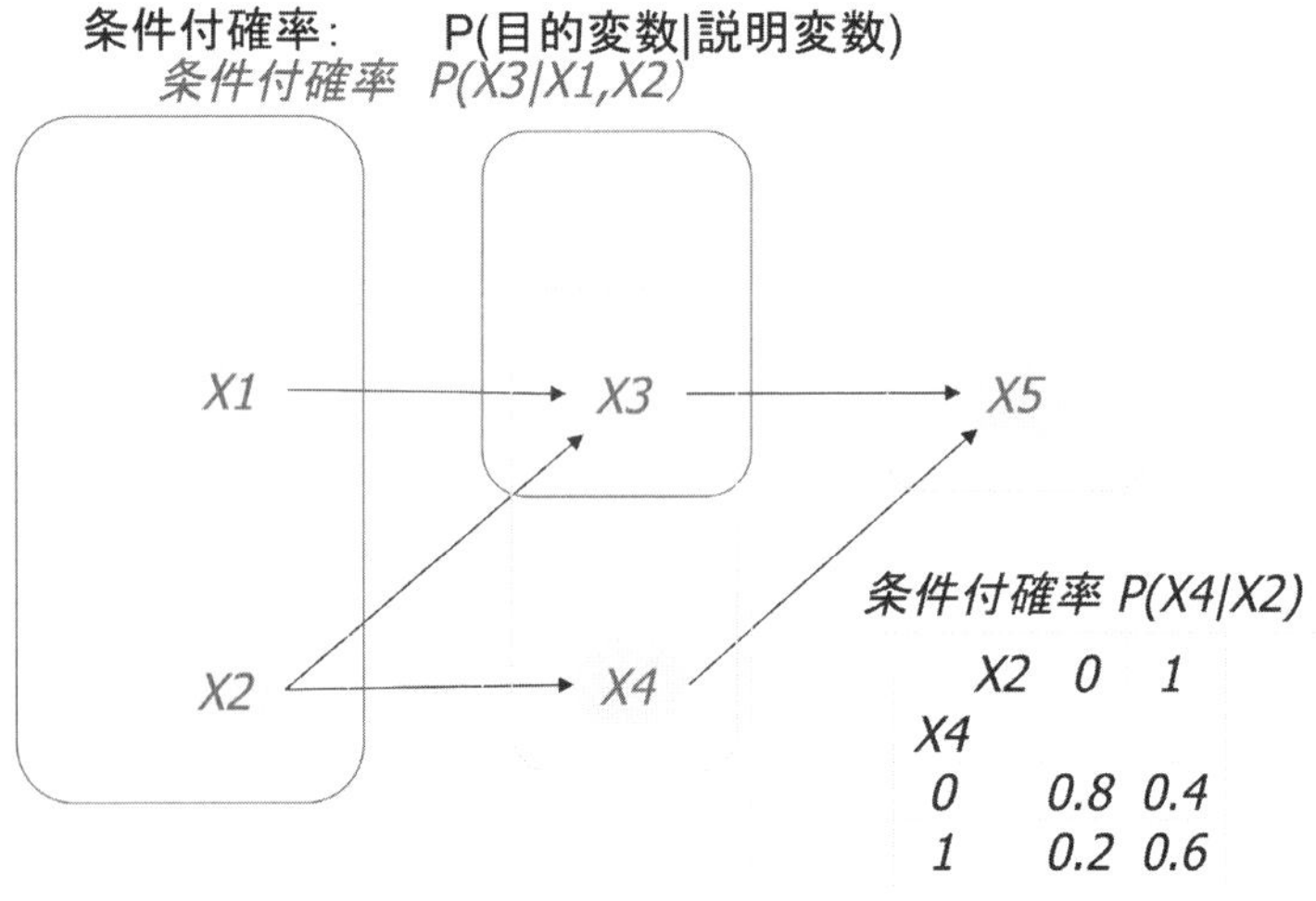

図1　構造的モデリング技術：ベイジアンネット

的に稼働させることができなかった。考えてみれば、まだ一九九八年頃にはインターネットも普及し始めたばかりであり、国内の通信回線の状況もそれほどよいものではなかった。一般ユーザーのレベルで大量・高速通信が曲がりなりにも可能になったのは、ＡＤＳＬ回線が普及してからといえるが、当時は今と比べれば低速なＩＳＤＮ回線程度の環境が多かった。企業レベルで考えても、大企業では専用回線を持つところもあったが、中小企業レベルでは一般と同じ低速回線が主流だった。もちろん、大規模なデータのやり取りなどは日常的ではなく、人間の行動をつぶさにデータ化するなどは難しい状況であったことは間違いない。

「時代が追いついてきたというか、二〇〇三年、二〇〇五年となると大量のデータを集めることも簡単にできるようになってきました。そこでソフトウェアの方も実用性を高めてブラッシュアップしている中で、ついにビッグデータの時代がやってきたというわけです。」と本村氏はいう。「計測用のセンサーデータなどだけではなく、大量のテキストデータや電子カルテのように、あるサービスの中で直接扱っているデータはすでに大量に蓄積されていて利用可能な状況になってきます。もちろんプライバシー保護は社会的にも重要な問題になってきたので、個人の情報やリスクを守る技術も同時に求められています。」

プライバシー保護の問題では、個人識別可能なデータの取り扱いについて厳重な管理を求める動きがある。その一方で、個人が識別できない状態に変換できれば、自由にデータを活用して構わないという方向で、政府機関でも意見集約が図られているという。総務省を中心としたプライバシー保護の観点と、経産省を中心とするパーソナルデータ活用の観点とを、バランスさせた運用が求められるようになりそうだ。

データの収集という点では、会員カードや電子マネーの使用履歴として蓄積されるID・POSデータの活用などはビジネス上も重要だという。これまでのPOSデータでは、例えば「四月一日に○○という商品が二つ売れた」ということがわかる。これが利用者を識別するIDも付いたID・POSデータになると、「△△というユーザーが、四月一日に○○という商品を、◆◆という商品と一緒に買った」ということまでわかるようになる。個人のデータを追跡しても全体像をつかむことはできず、プライバシーの問題もある。そこで、顧客のセグメントごとに集計したデータを活用する技術が重要になる。問題はどんなセグメントに分類すればよいかだ。

「適切なセグメントごとに分けて集計できれば、精度

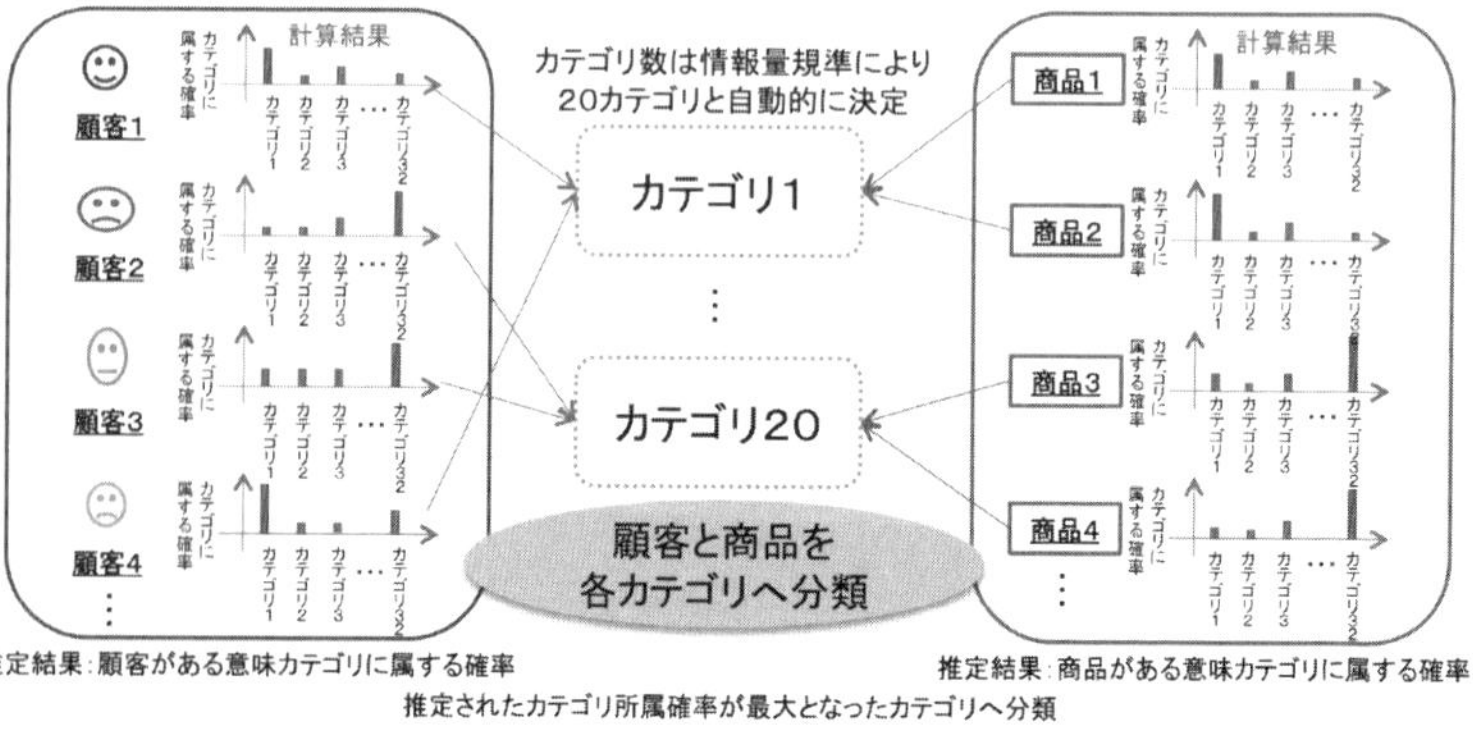

図2　ID-POSデータ等の大規模データからのモデリング

の高いモデル化が可能になっていきます。例えば化粧品についていうと、性別によって購入する確率が異なります。さらに会社に勤めている女性であれば平日と週末でも購入する確率が違ってきます。このような場合分けをどんどん進めていって、「あるタイプの人が週末にある商品を購入する確率」をたくさん用意しておきモデル化をすることでさまざまな行動を予測する精度を高めることができるわけです。そこにそのときの天気や、時間、場所といったデータも追加していくことで、生活者の実態に近いモデル化ができるようになります。これだけのデータを集めることができて、しかも高速に計算できる環境が整っている現在は、ベイジアンネットワークでの確率計算が非常にやりやすい環境になってきたといえます。不確実性の問題と現実の社会のギャップは、ビッグデータと確率モデルを使うことで埋めていくことができると考えています」と語る本村氏。

「生活者起点」を忘れずにいることの大切さ

サービス工学の視点で大切なのは、あくまでも技術の役割は顧客の満足度を向上させ、生活者がよりよい社会で暮らすことができるようにする、ということだ。これまでのモノを中心とした価値観ではなく、「顧客との価値の共創」という言葉にもそれが現れている。ビッグデータをどう活用するかという点についても、あくまでもサービス現場での顧客との相互作用を、観測・予測し、その中の人たちが望む方向に状態をできるだけ自然に変化させることが目的になる。現状である「As Is」から、各種データを用いたモデル化による最適化を可能にしたうえで、人々にとって理想的な「To Be」に持って行くために技術を利用していく。

そのために重要なことについて、本村氏はこう語る。

「あくまでも人を扱うという性質から、そこにいる人や現場に対する理解がとても重要です。単なるマーケティング用のツールとして技術を作りっぱなしにするのではなく、サービス工学では現場に入り込み技術の使い方を確立することも大切です。モデル化に関することでいうと、何のためにモデル化するのかを突き詰めることも必要な

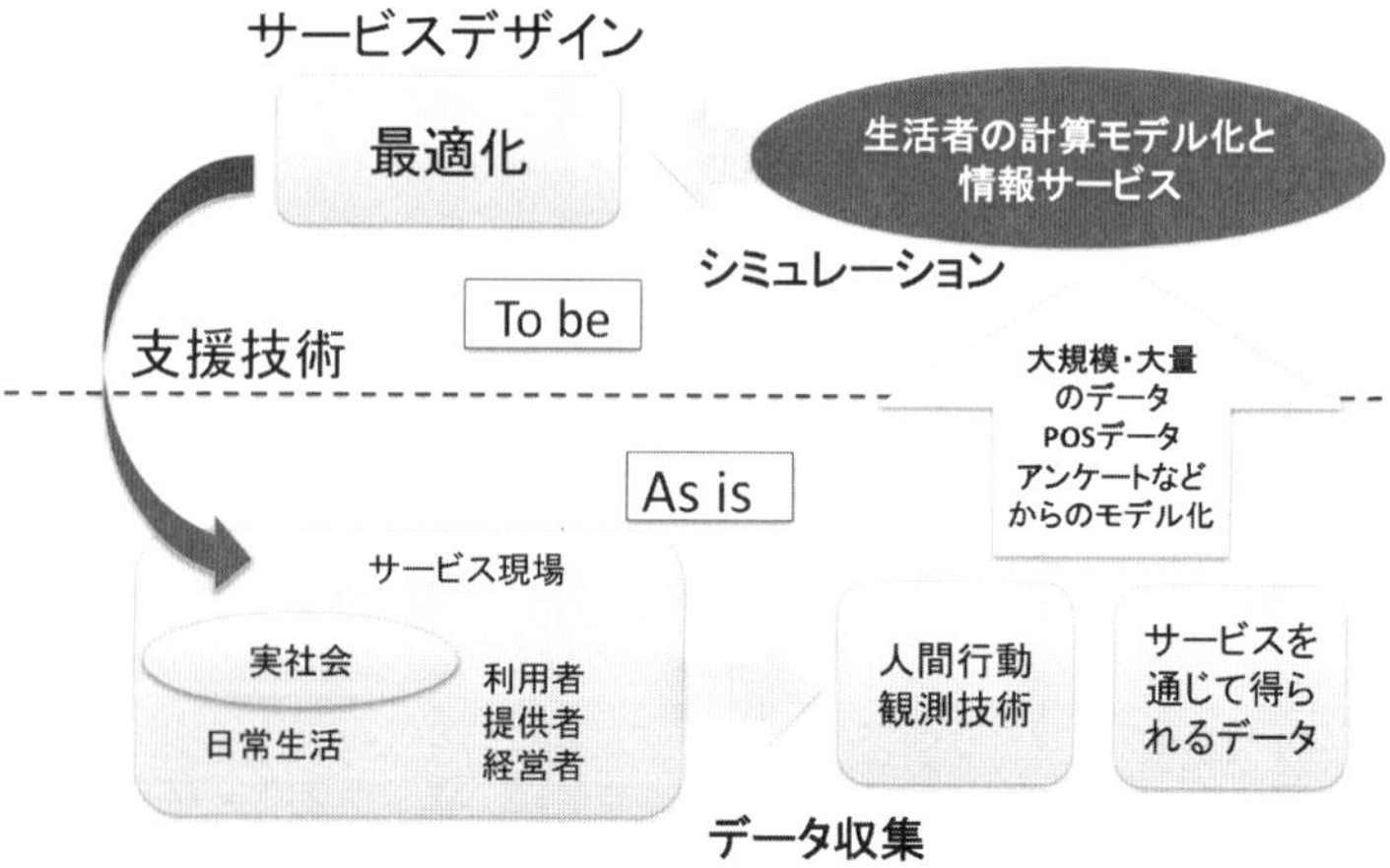

図3　サービスシステムダイナミクスの計算モデル化

のです。一義的には計算するためにモデル化する、ということになるのですが、実はさらに広い視点もあります。それはリアルな社会を、社会の中にいる人々がメタ認知するという方向性の話です。ここでいうメタ認知とは、自分がやっていることを、いってみれば神様の目線で認識するということです。例えばあるサービスの現場で、三次元でマッピングして従業員の動きを見える化し、〝ここが無駄だからこういう動きにした方がよい〟と指示することはできます。しかしそれでは、指示された従業員の方はメタ認知できていないので、単に指示を受けただけになってしまいます。それぞれの目線からきちんとしたモデル化がされることで、従業員自身も自分の行動を全体との関係の中で俯瞰して眺め、新たな気付きを得て自ら進んで動くことができるようになります。」という。

モデル化をしていくうえで、関係性の理解まで必要なことは最初に紹介した通りだ。ただ、どんどんモデル化を推し進めていくと、一般ユーザーのレベルでは理解しにくいものになってしまい、メタ認知の助けにならなくなってしまう可能性もある。「誰でもメタ認知をしやすくして、それを支援していくにはどうすればよいのか、ということも長期的な目標におくべきだと考えています。」という本村氏は、さらに「モデル化の役割は、表には出ないが車にとってのエンジンのような大事な裏方です。どういうことかといえば、最初にセンシング技術によるデータの観測などがあって、最後には実際に人を支援するシステムがあります。このとき、モデルは連続した時間と空間の中でセンシングされたデータを計算機が得意な形に適切にデジタイズして、高速に自動処理できるようにするものだともいえます。」という。

このデジタイズということについては、適切な〝粒度〟が重要になってくるのだという。

「例えば音楽CDを考えてみると、現在の一六ビット/四四・一キロヘルツという粒度は、音楽として十分な音質で聴くことができ、一枚のCDで十分な時間が収録できるという視点で考えられているはずです。センシング技術によって得られたデータのデジタイズでは、無駄に細かいものにしても意味がありません。」比較して、それが同じものか違うものかが区別できるようにしながら、限られたメモリで高速に計算できるように細かすぎない適切な粒度にすることも大切だということだろう。

産総研ならではの研究者自身のかかわり方

ベイジアンネットワークの実用化については、産総研は他と比較しても進んでいるのだという。モデル化を行うということは、データを深堀りしてその先にある「コト」を分析することにつながる。また、そのモデル化した結果を新たな「コト」として社会に還元しようという考え方も産総研の特徴であり、ベイジアンネットワークを使った実用システムの開発もその一環だといえる。研究者は実験室の中にいるだけではなく、「コト」を起こすために実際に企業やサービスの現場に出て行く。研究結果を実用化して社会に還元するのは一般的な手法だが、逆に実用化が先にあってそれから研究が行われることさえあるという。これについても本村氏は、「アクションリサーチという考え方で、実際の問題解決をしながら自分たちが使える仕組みを発展させていく、という手法もあります。」という。

「ほんの一年前くらいのことを思い出しても、その頃はまだビッグデータを集め、使うためにどんなＩＴシステムが必要なのか、という議論が多くありました。ところが現在では、システムそのものよりも、そもそもデータをどう活用するべきなのかや、データを活用するメリットとデメリットが見合うものなのかといった本質的な議論になっています。プライバシー保護の観点なども、最近大きく取り上げられるようになった課題といえます。研究者がどうかかわるかという点については、その現場にもよるので一概にどれが正しい手法ということはできません。研究者側があまり主導権を握ってはいけない場合もありますし、逆にどんどん引っ張っていかなければならないこともあります。モデル化という研究の場合には、その場にある課題に応じて何がよい研究なのか評価する問題が常にあります。そこには主観が入ってしまうことが避けられないというか、むしろ研究の中に主観も取り入れなければならないことかもしれません。ある意味では、モデル化していくことで社会全体がどうあるのか、それをどうとらえるのか、といった命題を突きつけられているともいえます。サービス工学という名称の中でいまは活動していますが、社会全体をとらえるという視点でいえば、社会システム工学という呼び方をすることもできるかもしれません。自然科学の対象が人の主観のない純粋な世界だとすれば、サービス工学は人の感情や心理的な主観が入った世界まで拡張したものだともいえます。そのためにモデル化の難しさも大変なものになるわけですが、それでもリアルな動きのある社会システムをとらえることを目標にしているわけです。〝サービス産業のための学問〟という矮小化したものではなく、生活者のあらゆる場面に応用できるものと考えれば、それこそモデル化の対象は世界全体にまで拡張することもできます。こうした社会の中で起こる「コト」のモデル化の結果は、誰もが使える知識として再利用可能な形にすることも重要だと考えています。そのためにソフトを開発し、一般企業などでも利用可能にしているのです。」という本村氏。

こうした研究活動が、サービス工学の盛り上がりを受けて、より加速していくことは間違いないだろう。現在の詳しい状況については、繰り返しになるが第二部第二章を参照してもらうこととして、「コトをモデル化する」ということについてのエッセンスは理解していただけただろうか。結局のところ、サービス工学が扱う中心が人の行動であり、表面には現れない内面の動きまで考える必要があることがよくわかる。社会全体のモデル化ということも、ビッグデータのさらなる蓄積と、コンピュータの高性能化によって可能になっていくかもしれない。そのときこそ、産総研の理念の最初に掲げられた、「社会の中で、社会のために」という目標の実現にも寄与することになるだろう。

続いて第一部の最後として、コト＝サービスを最適な状態で生成する技術について紹介する。これは若いサービス工学の中でも、重要な課題であることが認識されながら、その研究自体が端緒についたばかりという、可能性に富んだ興味深い分野だ。

第三節　コトを生成する技術

サービスは「設計」できるのか

ここまでの第一節・第二節では、サービスを「観測」し、「モデル化」することをサービス工学ではどうとらえ、実践しようとしているのかについて紹介してきた。そして第一部の締めくくりとなる本節では、いよいよサービスを設計する研究にフォーカスを当てて、紹介していくこととしたい。

ここで「サービスを設計するといっても、工業製品を作るわけではないのだから、どういうこと?」と思われた方も多いかもしれない。あるいは、「そもそも設計するようなものなのか」や「単なるマニュアル化なのでは?」という疑問も起きるかもしれない。いずれも素朴な疑問として当然起きそうな事柄だし、さらにサービス産業の幅広さがこの問題をより複雑に感じさせるのも事実だ。飲食店のサービスも野球場でのファン向けのサービスも、あるいは介護・医療現場でのサービスもあれば、テレビや映画などのエンタメ分野だってサービス産業だ。それぞれまったく違う環境に思えるが、それらをサービス産業という言葉でひとくくりにして、サービスを設計することができるのだろうか。

この問題についての研究は、まだまだ端緒についたばかりという状況ではあるが、産総研において熱心な研究者が取り組んでいる。サービスを設計するためには、当然ながら観測・モデル化というものもセットで考えていく必要がある。それらをあわせたうえで、製造業での手法なども用いながら、サービス工学独自の手法を確立していこうという研究が進んでいるのだ。

「リバース・イノベーション」とサービス工学

一般的にサービス工学でいうサービスとは、「顧客を巻き込んだ形で価値を創出していく手続き」ととらえることができる。つまり、これこそが前述の「価値の共創」であり、モノを中心としたこれまでの製造業などと異なるポイントだ。このためサービスを研究する場合には、社会の中に入っていかなければ生きたものにはならなくなってしまう恐れがある。観測するフェーズにおいても、実際のアクティビティを見ていかないと違った結果になってしまうかもしれない。

最近、ビジネス戦略などでメディアが取り上げることも多い、「リバース・イノベーション」というものがある。先進国の製造業メーカーなどが、新興国の市場に打って出る場合の新しい考え方として注目されているが、サービス工学においても有効な視点を提供してくれる可能性がある。

これまでの製造業では、先進国で開発した技術・製品を基準として、例えば新興国市場に投入する際には低価格化するために機能を削ったりしながら、販売するという戦略を採っていた。しかしグローバル化が進んでくると、むしろ成長力のある新興国市場をベースに開発を行い、そこで最適な製品を設計・販売するという考え方も生まれてくる。さらにそれが進むと、新興国ベースで開発した製品が、先進国市場においても受け入れられて、大きなヒット商品になる事例が多数発生してくる。特徴的な事例としては、近年のスマートフォンやパソコンなどが挙げられる。特に、一時期パソコン市場でブームとなった、ネットブックPCなどがリバース・イノベーションの好例としてあげられるだろう。

これは二〇〇五年頃の話になるが、国連なども巻き込んだ形で、「一〇〇ドルPC」というアイデアが大きな話題になったことがある。開発途上国の子供たちが手軽に利用できるように、教育システム向けに提供することを目的としたパソコンの仕様だ。それまでパソコンといえば、ひたすら高性能化・高速化を目指して開発が続いていた。さらに軽量化のために、複雑な工程や高コストの部品を惜しげもなく使うなど、先進国市場であれば問題なく受け入れられても、開発途上国ではとても購入できないような製品が主流となっていた。しかし「一〇〇ドルPC」の考え方では、これまでとは逆に「本当に必要な機能だけを安価に提供する」ことを目的にしていた。このプロジェクトは世界的な話題となり、実際に開発から製品の提供まで実現した。ところが実際にこの動きが起きると、先進国の市場でも「このくらいのパソコンでも十分だ」というユーザーが増えてくる。そこで派生的に生まれたのが、ブームになったネットブックPCなのだ。まさに新しい市場で生まれたニーズによって、これまでの市場まで変革がなされたという点で、典型的なリバース・イノベーションの好例といえる。利用現場から必要とされるサービスを提供し、うまくループを回すという点では、「顧客を巻き込んだ形で価値を創出していく手続き」というサービス工学の考え方に通じるものがある。さらにこの考え方を進めていけば、サービスの提供過程をオープンにして、外部の知識や手段も取り入れていく「オープン・イノベーション」にも発展していく。ネットブックPCなどはモノの話だが、「ネットブックPCによって提供されるサービス」を顧客が享受すると同時に発展させると考えれば、現場主導でサービス全体を分析・設計していくという、サービス工学の原則にも通じるところがあるだろう。

こうした考え方を進めていくと、サービスとはシステムの中で価値が循環するものという考え方につながっていく。サービスの受け手も送り手もステークホルダーであり、それぞれのステークホルダーの主観まで含めた開発・設計を行っていくことが求められていくだろう。送り手と受け手の関係や、モチベーションや主観やプロセスまで含めて、サービスそのものを分析し、設計していくという流れがサービス工学にはある。人が入った状態では、これまでの製造業のようにモノだけを相手にした場合とは異なるプロセスへの理解も必要になってくる。広い意味でのサービスシステムの研究が必要になり、異なるアプローチや考え方も必要だ。

当然ながら産総研でも、このような視点・視座での研究も熱心に行われている。こういった問題に一〇年以上前から積極的に取り組む研究者の一人が、現在、サービス工学研究センターにおいてサービスプロセスモデリング研究チームで活動する渡辺健太郎氏だ。

初期の頃から携わった「サービスの設計」という考え方

渡辺氏は、若手の研究者の中でも、かなり早い段階からサービス工学に取り組んできた実績がある。

「私がサービス工学に出会ったのは、まだ学生として研究にかかわっていた頃になります。当時、東京大学の人工物工学研究センターという所で学ぶ機会がありました。そこでは、大量生産技術の発展の結果、環境問題や貿易問題などが発生している状況に対し、それらを解決するためにはモノそのものだけではなく、モノを扱う人やその周辺環境まで含めて考えていくのが工学の責任であろうという考え方に基づいて、領域横断的に人工物にまつわる問題を取り扱う人工物工学の研究が推進されていました。その中で生まれたコンセプトのひとつに、製造業のサービス化という概念があります。この概念は、大量生産に頼らず、社会や経済を発展させるための付加価値の源泉をサービスに求めようとする考え方です。この概念を具体的な技術や手法に展開していくための研究開発の場として、人工物工学研究センターにサービス工学に関する研究部門が設立されたタイミングで、私の研究生活もスタートしました。」と語る渡辺氏。

この人工物工学研究センターは、初期の一〇年間は設計工学・製造科学・知能科学の三部門で運営されていた。ちょうど渡辺氏が学生であった二〇〇二年に、第二期の組織としてライフサイクル工学・サービス工学・デジタル価値工学・共創工学という四つの部門に改組されたのだという。このタイミングで学んでいた渡辺氏が、新しい魅力的な分野としてサービス工学に興味を持つというのも、ごく自然な流れだったのかもしれない。

「現在、首都大学東京で活躍されている下村芳樹先生に、その当時研究室で指導を受けることができました。そこでは、モノの設計の技術をうまく活用して、サービスの設計ができないか、という仮説のもとに技術開発を始めました。具体的にはサービスＣＡＤというものを開発していきました。一般的にはＣＡＤというと機械設計用の三次元ＣＡＤなどを思い浮かべられるかもしれませんが、どちらかといえばＵＭＬの記述ツールを想像いただいた方がより近いかもしれません。」という渡辺氏。

ここでいうＵＭＬとは「Unified Modeling Language」の略で、オブジェクト指向分析・設計においてシステムをモデル化する際の記法（図法）を規定した言語と一般的に説明される。ビジュアル・ランゲージともいわれるように、UMLではプログラムの構造や動きを図解で理解しやすくとらえることができるという。

「例えば、サービスが価値提供をする場合に、どういった機能が必要であるか、どのような要素が必要かといったことを考えます。これらについてモデリング技術を応用して設計したり、その結果生まれたさまざまなナレッジを蓄積することでサービスの設計者を支援しようといった目的で、研究開発されたのがサービスCADというものでした。私自身はサービスCADの試作開発にかかわるとともに、それを使ってどうやってサービスを設計するかという、方法論の研究などを行っていました。」と語る渡辺氏は、こうした研究活動を行う中で、実社会で経験を積むことを考えるようになる。

大学院修士課程修了後の渡辺氏は、それから二〇一二年に産総研に研究者として入所するまで、民間企業で働くことになる。二つの大手製造メーカーで勤務した経験を持ち、組込みソフトウェアの開発やモバイルのB to Bのサービスの立ち上げなど、実際にビジネスの現場での経験を積みながら、サービスの実態というものを研究しようと考えていたという。

「企業では、システムの開発を行うだけではなく、営業同行して、開発したものを実際に売りに出かけました。もともと、大学での研究ではビジネスの現場の空気などを知ることが難しいので、自分自身で体験しなくてはと考えていました。なので、さまざまなお客様のところに訪問できたのはとてもよい経験でした。そのとき実感したのが、自分たちがサービスとして提供しているモノは、その現場に受け入れられ、使われて初めて役に立つということでした。また一方で、もっと現場サイドの状況やニーズに寄り添う形で研究することができないか、とも考えるようになりました。」そう振り返る渡辺氏は、企業での勤務と並行して在籍していた博士課程を修了後、二〇一二年よりサービス工学研究センターに活動の拠点を移すことになる。

目に見えない「コト」を設計するということ

産総研での研究活動を志望した理由の一つに、大学とは異なる研究に対する取り組み方があるという。

「産総研での研究は、さまざまな企業とも密接に連携しながら、研究活動を行いやすいという特徴があります。研究室の中だけではなく、社会の中で研究ができるというのは、大きなメリットだと思います。特にサービスの研究で取り扱う「コト」というのは目に見えず、サービス現場にのみ存在するので、企業との連携は大切です。

サービスの設計は製品の設計と比べいろいろな問題があります。振り返ると、二〇世紀の繁栄のために大量生産は重要なことでしたが、その中での重要なパラダイムシフトは、設計と製造が分離されたことだと考えています。それまでは職人の頭の中に製品のイメージがあって、それを自分の技で製品に仕上げていました。ところが設計と製造を分離することで、仕事を分割化して効率的な作業ができるようになりました。設計者は現場にいる必要はなく、製造現場は世界各地に散らばっても問題なくなりました。」という。

こういった製造業でつちかわれた設計の考え方を、いざサービス産業に当てはめようとすると、いろいろな場面で困難に直面するのだという。

「これまでの設計研究の考え方や成果をサービスに取り入れようとすると、いろいろ問題が発生します。例えばレストランでのサービスなどを考えても、従業員は、自分のサービス内容を設計結果として形式化されていなくても、うまく接客していたりします。〝今うまくできているんだから、別に設計などはいらないよ〟ということもあるでしょうし、従業員の業務に対する考え方や教育コストなども考える必要があります。特に日本的なサービスの特徴でもありますが、現場判断で生み出す価値の大きさも無視できないところです。さまざまなサービス環境

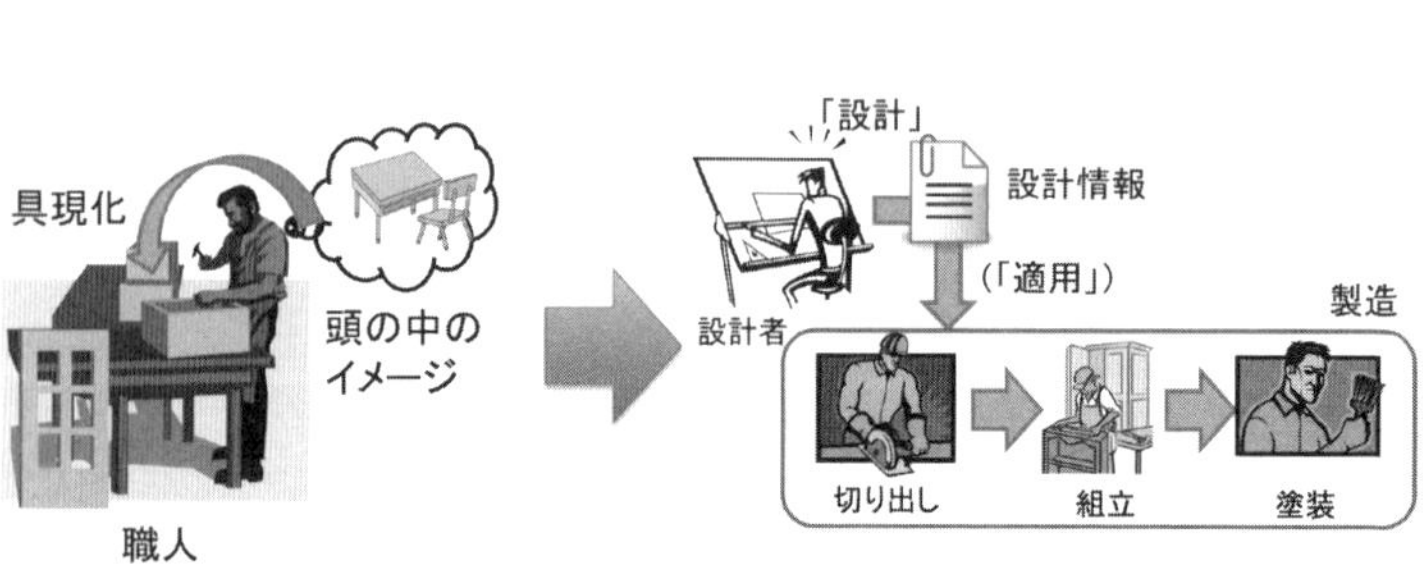

図1　製造業における設計と製造の分離

に技術的なインパクトを与えながら、適応していけるサービスの設計の考え方について、問題意識を持って取り組んでいます。」と渡辺氏はいう。

例えばサービスを形式化するにしても、現場での取り組みをすべて文章化することは難しく、それをしなくても実際には問題なく運営されている。従業員同士の「あうんの呼吸」や暗黙知の集積というのは、製造業とは違って明文化しにくい。また、マニュアル化されたサービスとは異なり、顧客のニーズに応じた従業員のフレキシブルな対応なども、設計という考え方にはそぐわない部分かもしれない。

製造業でモノを相手にするのとは違って、サービスという目に見えないコトを相手にするには、やはり産みの苦しみというか苦労も耐えないということなのかもしれない。よく言われることだが、サービスの特性としてモノの場合とは異なる四つの特性があるという。それは何かというと、

(1)　無形性（Intangibility）
(2)　不均質性（Heterogeneity）
(3)　同時性（Inseparability）
(4)　消滅性（Perishability）

の四つだ。それぞれの細かい定義は省略するが、要するに「サービスとはとらえどころのないもの」というイメージが一番近いかもしれない。単純に「設計」というだけでは、こう

した特性により問題解決が難しくなりそうだが、渡辺氏のアプローチでは製品設計とは異なる現場主導での「設計と適用」を考えているという。

「サービス産業と一口にいっても、多種多様なものがあります。これらに適応するサービスの設計のやり方として、現場主導で自分たちのプロセスを見直していくことを考えています。自分たちに何が必要で、それをどうすればよいのかを表現できるようにできればよい訳です。」

現場主導のサービス設計による問題解決への取り組み

渡辺氏らが大きなコンセプトの一つとして考えているのは、例えば従業員の行動にしても、他から言われたから行動するのではなく、自分たちで考えて行動できるようにすることだ。あくまでも現場主導で自分たちのプロセスを見直す過程で、何が必要なのかを自分たちで表現できるようにしていくことだという。これが現場主導のサービス設計という考え方になるのだが、製造業の設計と製造を分離した構造とは異なり、サービス現場が設計者でもあるような環境になっていく。そこでは、現場主導で設計・適用が推進され、必要に応じて外部リソースを活用していくスタイルになる。これを方法論化していくことで、わかりやすいサービスの設計が可能になる。これを渡辺氏らは、UPAD（User - driven Product/Activity

Design）と呼ぶ。

「このUPADという考え方については、大きく三つのコンセプトを持った設計の方法論として確立したいと考えています。まず一つ目は、現場主導で自分たちが継続的にそのループを回しながら、サービスのプロセスとそこで必要とされるシステムを作れるようになること。もちろん、専門家ではないので実際にシステムを作る必要はなく、どういうシステムが必要なのかわかるようになること、というとらえ方でいいと思います。

そして、二つ目はシステムが入ることによって現場が変わることを織り込んだうえで、意識してシステムの要件を考え、また活用していくことです。最後の三つ目は、主観情報と客観情報の併用というもので、現在の仕事の内容や状況を客観的にとらえることと、従業員のモチベーションを重視しておのおのどう仕事をしたいのか、なども考えて業務プロセスを設計したり、

図2　サービス現場におけるサイクル

システムでサポートしたりするということです。サービス工学の基本的な考え方でもありますが、観測↓分析↓設計↓適用といったサイクルの中で、これらの考え方をうまく回していけることが大切だと思います。」と渡辺氏。

そこでは、観測・モデル化などの技術を応用しつつ、現場の人たちが「こういうプロセスはこういう風にできればいいよね」といった議論を重ねながら、改善することを支援するツールの開発なども含まれるという。「例えば介護業務分析で、個別の介護士さんのタスクを追いかける中で、業務の特徴に気づくようなことがあります。同時並行的に行う作業であるとか、割り込みが発生したときにうまく作業を回すためにどうすればよいのか、などもサービスの設計では重要です。例えば割り込みが煩雑に発生するのであれば、割り込みを専門に受ける担当者を置くことで、作業効率の低下を回避するというアプローチもあるかもしれません。私たちの研究では、例えばワークショップという形式で、現場の従業員自身による業務の振り返りと再構成など行えないかと考えています。これによって、業務の中で大切な要素や業務知識の抽出につなげることもできるようになります。」こういう場面でも支援ツールを活用することで、業務プロセスやシステムに必要な要件をうまく抽出できるようにしてあげて、必要に応じて外部のリソースやシステム開発者などに任せることもできるようにしていく。このように全体的にモノとコトを設計する仕組みを作ることで、自律的なサイクルが回せるようにしていくことが目標だ。この場合、すべて現場の人たちに任せるのでは無理があることも十分にわかっている。そこで、必要であればコンサルタントやデザイナーが介在することで、最初の一押しをすることで、勢いがついて自律的に回していけるようにする環境整備も必要だ。実際に介護施設における申し送り支援システムであるとか、医療現場での業務デザインなどの取り組みもこういった観点で行われている。

サービスの種類でまったく異なるアプローチ

サービスの設計を自律的に回していくための手法については、サービス産業ならではの難しさがある。わかりやすい事例でいえば、レストランでのお客さんの求めることと、介護施設の利用者が求めるサービスの違いが挙げられる。例えばレストランのお客さんの満足度でいうと、美味しい食事が楽しめることが重要だというのは誰でも思いつく。他にも、注文してから料理が運ばれるまでの所用時間も非常に重要だ。

ところが介護施設においては、例えば同じ食事の場面で考

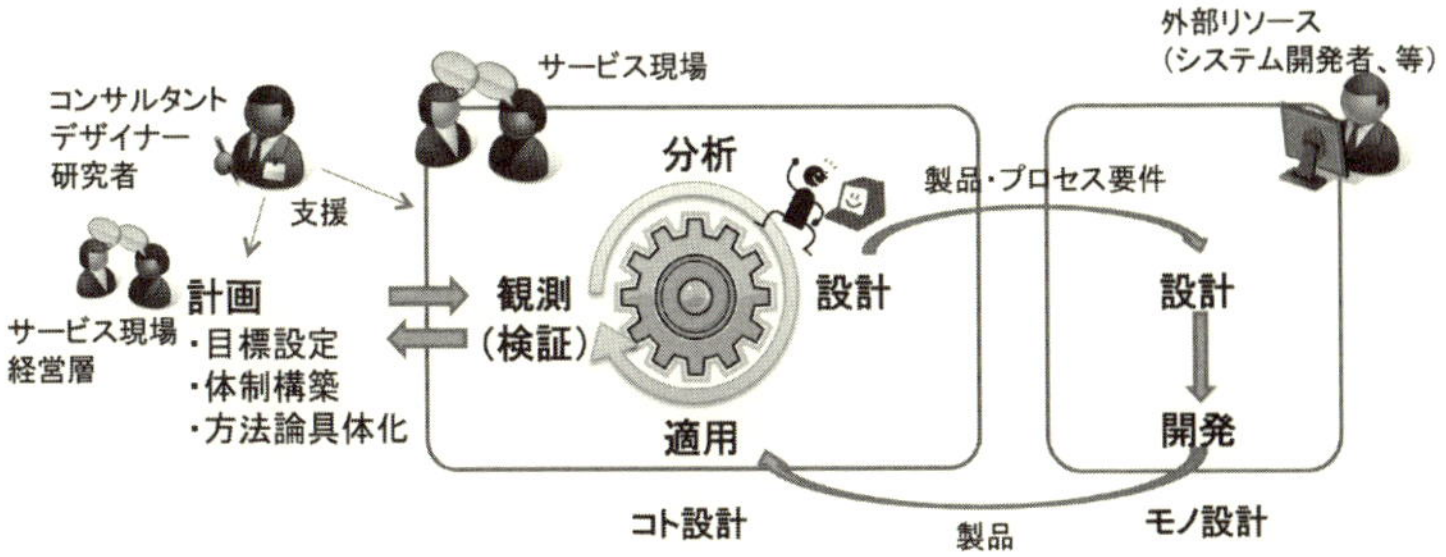

図3　UPADの概要

えても、単純にすぐ料理が出てくればよいとは限らない。むしろ、介護を必要とする人の実情にあわせて、食器類が工夫されているかどうかや、食べやすく調理されているかなどの方が重視されるかもしれない。レストランではすぐに美味しい料理が出てくればよかったことが、介護施設では利用者のちょっとした要望の違いに対応できるかどうか、という点の方が大切かもしれないのだ。

このように全く異なる種類のサービスを、観測して分析し、支援することを考えると、そのアプローチはまるで違ったものになるかもしれない。これについて渡辺氏は、

「個々の技術は、産総研に限らずいろいろな研究者によって開発されています。それを実際のサービス現場で応用しようとした際に、どの技術をどういう風に使えばよいのか、スムースにわかるようにできないかということに関心があります。具体的には、現場の業務の問題や特徴をうまく類型化することができないか、また、こうしたサービスの型に応じて、どういう手法を活用すべきか、ということを研究しています。類型化のパターンは増減するかもしれませんが、現場で自分たちの業務プロセスの特徴を考えるうえでの、議論の材料にすることもできるでしょう。」と語っている。

ツールキットを利用した設計支援

これまでに述べた、ＵＰＡＤを支援するツール群は、「ＵＰＡＤ ｔｏｏｌｋｉｔ」と総称されている。これはサービス現場の主観・客観情報を集約・分析し、あくまでも現場主導でプロセス設計や、業務システム設計を支援するためのツールキットだ。例えば介護・医療施設での事例であれば、現場の介護士や看護師はモバイル端末を利用し、申し送りなどの入力や確認を行う。それと同時に、各種センサーを利用した行動の把握なども行い、データベースに「コト」を蓄積していく。個人の行動の分析や支援にはモバイル端末を利用するが、多人数で議論する場合には一つの画面を見ながら話し合うことができる。

「複数の研究機関などとも協力しながら、現場の主観や思いを可視化してみんなで議論できるツールの開発も進めています。まだ初期段階ではありますが、例えば介護・

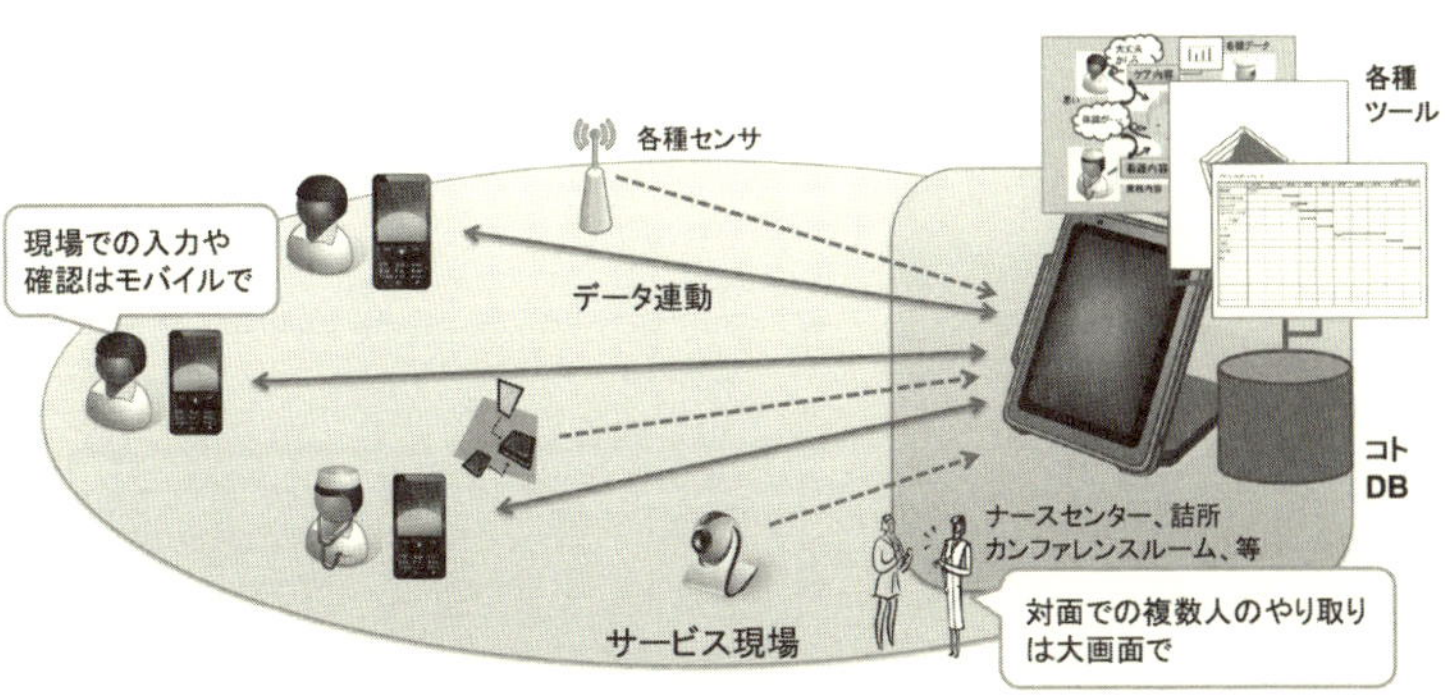

図４　UPAD toolkitの概要

医療施設の場合であれば、患者さんや家族の状況、従業員がどうしたいのかという思いまでも可視化していきます。継続的に行うことで、翌週はどう変わったのかなども逐一共有しながら仕事をすることができます。これまでは暗黙知だったのものが、見える化されることによって、例えば新人教育がしやすくなるかもしれません。教育にかける時間や手間が軽減されるだけではなく、その教育を受ける新人はもちろん、介護される側の立場でもよいサービスが提供されることにつながります。支援ツールなどを活用することで、よいサービスの設計がされるということになる訳です。」と語る渡辺氏。

現段階では、研究者自身も積極的に関係しているので、現場の人たちだけでループを回すまでには至っていないという。しかし、実際に現場で業務を換えていくための試みとしては、支援ツールの応用やプロセスの検証なども含めて、実証実験が始まった面白いタイミングだといえる。サービスのプロセスのモデリングと、その実装というのはサービス工学研究センターでもチャレンジングなテーマの一つなのだという。

「こうした研究の場合は、実際に現場に入っていけるかどうかという点も重要です。いろいろ事例を経験しながら、ようやく成果を出せる状況になりつつあるかな、とは思っていますが、まだまだ研究すべきテーマは多く、やりがいのあるところでもあります。」という渡辺氏。

「客観と主観が混在するサービス現場という環境は、研究者としては取り扱うのが難しいです。科学の一般的な方法論で対応できるのか、あるいは拡張していかなければならないのか、というチャレンジングな話にもなっていくのです。もちろん、足場はきちんと固めたうえで、科学の立ち位置に則りながら議論は進めていきますが、ギリギリのエッジの部分での難しさも感じるところです。」

モノが相手の製造業とは異なり、最後は人と人との関係であるサービス産業の現場では、これまでとは異なるアプローチが求められるのも当然だ。これまでの方法論や実験室での理論とは異なる手法も求められるだろうし、研究者自身の意識も変革していかなければならないのかもしれない。最後に渡辺氏は、こういうことも教えてくれた。

「サービス現場の従業員というのは、実は顧客でもあるし地域の住民でもあります。そうした人々がハッピーになれる環境を創ることが、実は地域の活性化などにも役立つのかもしれません。従業員が生活者であるという視点を忘れずに、その人が幸せになれるかどうかを考えることも、サービスの研究者の視点として大切なのではないでしょうか。意外とすっぽりと抜け落ちてしまいがちな観点で、私たち自身も経営側の目線になりがちなだけに、現場のプロセスが自律的であるか、従業員のモチベーションが保てるかという点を特に大切にしています。実際に現場にかかわった中でも、〝モチベーションが上がった〟といってもらえたときにはやりがいを感じました。」と実感を持って語ってくれた。

「サービスを生成する」というテーマが、最終的には人と人とのかかわりや、生活者としての満足度を向上させられるのか、といった生活に密着した内容であることがよくわかる。「単純に経済成長を目的とするのではなく、従業員・顧客・経営者・地域といった関係するものすべてが、ハッピーでサスティナブルであることがこの研究の目標の一つなのです。」という渡辺氏の言葉が、サービス工学の本質を表しているようにも思えた。

第二部　サービス工学研究の最前線

第一章　サービス産業とサービス工学

――持丸正明

サービスとは

「サルのノミ取り行動も原始サービスである。」

産総研サービス工学研究センターの初代センター長である、吉川弘之先生のサービス議論はここから始まる。とかく経済的効果と生産性が中核になりがちなサービスの研究において、研究対象であるサービスがそもそも自然現象であり（人が誕生する前から自然界に存在した）、社会現象である（複数のサルによる社会的行動である）ことを忘れてはならないということだ。サービスの受益者、すなわちサービスの研究の受益者は、サービス産業の経営者だけでなく、従業員であり、顧客であり、社会であり、そして自然環境である。

一方で、サービスは人工物でもある。飲食、宿泊、物流、医療、金融サービスなどは、文明によって誕生し、人間によってそのプロセスが形づくられ、運用されている。人工物としてのサービス（service）は、よく、製造物（product）と対比される。私たちは、製造物を科学したり、それを工学的に設計する学問体系を整備してきた。人工物としてのサービスを理解し、記述し、設計、運用するに際して、製造物に対して整備された学問体系をそのまま活用すれば済むことなのか、新たに何かを再整備しなければならないのかは、重要な観点である。本書が存在するということは、結論として、これまで整備されてきた製造物の学問体系をそのまま適用するだけで解決し得ない課題が、サービスには存在するということになる。

では、改めて製造物とサービスの違いはどこにあるかを考えたい。すでに、この回答は本書の第一部で断片的に紹介されている。両者の違いとして古くから指摘されているのが第一部第二章第三節で紹介されている「ＩＨＩＰ」という特徴付けである。製造物に対して、サービスは無形性＝形がなく触れない（Intangibility）、不均質性＝状況や文脈によって品質の差が起きやすい（Heterogeneity）、同時性＝実施するとともに消費される（Inseparability）、消滅性＝在庫ができない（Perishability）という特徴を有する点が異なるとされる。それゆえ、形態的に機能を設計したり、在庫によって需要変動に対応するというこれまでの製造業の科学だけで、サービスの問題解決を図ることを難しいとする。現在、この四つの特徴を備えないサービスが存在することが指摘されており、サービス研究の存在意義が必ずしもこのＩＨＩＰの特徴だけに立脚するわけではないが、サービスという研究対象の特徴を製造物と対比する基本的な枠組みであることに変わりはない。もう一つの枠組みは、サービスが製造物を包含する考え方である。第一部第一章の図２で述べられているサービス・ドミナント・ロジックである。顧客に提供される価値はすべてサービス（プロセス）を介して顧客とともにに作られる（共創される）ものであると定義づけられた。製造物（サービスに対してグッズ）は、サービスを提供するための媒体という位置付けになる。

この製造物と異なる性質と困難さを持つサービスが、経済的にも日本の中核となっており（第一部第一章の図1）、生活の豊かさと社会の安寧を支える活動となっているからには、これを理解し、記述し、設計、運用するための研究と学術体系の整備が不可欠である。

サービスを対象とする研究

○○学という学問領域において○○が自然現象、社会現象のとき、○○学の中核的関心は、現象の理解と記述であり、その先に現象の予測と制御を含むことが多い。例えば、自然現象を対象とする領域には人類学、植物学があり、社会現象を対象とする領域には経済学などがある。一方で、○○が人工物の時、○○学のモティベーションは、○○の理解ではなく○○の構成や援用であることが多い。例えば、コンピュータサイエンスがそれである。コンピュータ自身が人工物であるので、これを理解し記述することは、必ずしも中核的関心ではない。その働きを、抽象化して分離し、分割設計や再利用を実現することが、中核的関心となっている。世界的なコンピュータサイエンス研究者であるカーネギーメロン大学の金出武雄先生に、コンピュータサイエンスという学問領域の功績について伺ったとき、以下のような回答をいただいたことがある。

「コンピュータサイエンスがなした、おそらくもっとも重要なことは、ハードウェアとソフトウェアを高いレベルで抽象化し分割したことだ。それによって、ソフトウェアの再利用性が格段に向上した。ハードウェアが進化する度に、ソフトウェアをゼロから書き換えるのではなく、ソフトウェアとして（ある程度）独立して知識を継承できるようにした。」

　さて、サービスが自然現象であるならば、サービスを対象とする研究の関心は、現存するサービスの理解と記述ということになる。さらに、サービスが社会現象であるならば、その研究の中核的関心は単に理解と記述にとどまらず、予測と制御を視野に含めることになろう。そして、社会現象であるがゆえに、サービスは本質的に制御できないということになる。後述するサービス学会の設立記念式典で、同学会の副会長である経済学者の伊藤元重先生は、以下のように述べられた。

「社会を完全に予測し、制御することはできない。もし、株価変動を正確に予測するコンピュータソフトウェアが完成したとしたら、誰もがそれにしたがって株を買い、その結果として株価は変動してしまい、予測通りではなくなるだろう。」

　一方で、サービスが人工物であるならば、それを対象とする研究の関心は、サービスをいかに構成し、援用していくかということに向かうことになる。先の金出先生のコンピュータサイエンスに対する回答を、サービスを対象とする研究に置き換えるならば、サービスを支えるハードウェア（施設、道具、資源）とソフトウェア（プロセス、人的能力）を抽象化して分割し、ハードウェアの進化とソフトウェアの水平展開（再利用性）を高めていくことが、人工物としてのサービス研究の目標と言えるかもしれない。飲食、宿泊、物流、金融という施設、道具、資源の異なるサービス産業であっても、ある程度、共通で再利用できるプロセスや人的能力がありうるということであり、それを構成し、発展させ、継承していくための枠組みを作り出すことが、人工物としてのサービスを対象とする研究に求められている。

サービス学とサービス工学

二〇一二年一〇月に、サービス学会が設立された。当学会は、サービスに関する広範な知識を体系化することで、さまざまな産業課題の解決に寄与し、サービスにかかわる「社会のための学術」を構築することを目的としている。ここでは、サービスは単に人工物としての対象であるだけでなく、社会現象であり自然現象である。そして、なにより重要な経済活動である。このように定義づけられたサービスにおける問題解決のために、学会は、三つのチャレンジを掲げた。第一は産学連携である。サービス産業の実務者とそれを研究する研究者とが問題を共有し、連携して課題解決に当たる。第二は文理融合である。サービスが社会現象としての側面を持つ以上、単に人工物であると決めつけて工学系だけでアプローチするのでは解決できない。心理学、経済学、経営学で培われてきた研究と融合して、新しいソリューションの枠組みを生み出していく。そして、第三は国際化である。「日本」サービス学会ではない。英語名は「Society of Serviceology」、日本語名がサービス学会である。日本発ではあるが、この学会に国際的な叡智を束ね、大きなうねりを生み出していく。

　サービス工学は、サービス学の工学的な部分を担いつつ、最終的には文系の研究者と連携して産業と社会の抱える課題を、持続可能なサービスによって解決する役割を担っている。すなわち、サービス工学によって、サービスの設計と運用を「科学的に」進められるようにし、サービスが実社会で「持続」でき、その「生産性が向上」していくように形づくることを目指している。「科学的に」進めるとはどういうことだろうか。私たちは、それを仮説と検証のループを繰り返すことだと考えている。サービスによって生み出される価値を理解し、それを生み出すプロセス、顧客、従業員を理解し、そのうえでどのようにより高い価値を生み出すかの仮説を持つ。これを

図1　サービス学会HP（www.serviceology.org）

新しいサービスのプロセスとして実行し、その有効性を検証するということだ。そのループを、勘と経験だけに頼るのではなく、データによる分析と再現性を担保できる設計によって回していく。これは、サービスプロセスを機械化し、自動化することを指しているのではない。サービスの現場力（例えば、おもてなし）のすべてを定式化し、マニュアル化することを指向しているのでもない。図2を見ていただきたい。いま、勘と経験によって持続的に回っているサービスがあるとする。これをデータに基づいて分析し、ある部分を形式知としてモジュール化する。それはある意味では自動化とも言える。別の見方をすれば従業員は、自動化でき

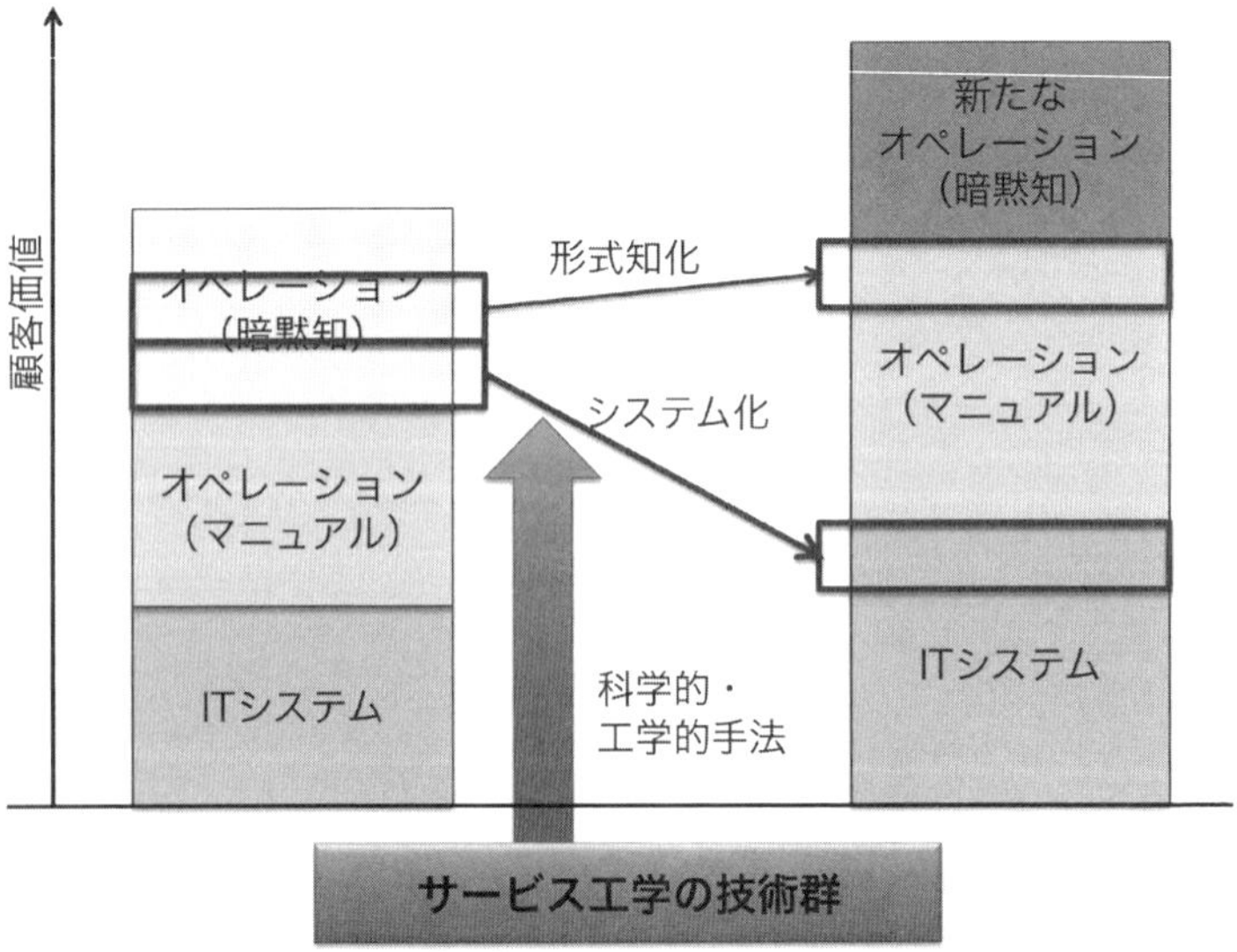

図2　サービス工学による顧客価値の向上イメージ

るモジュールから解放され、より属人的なサービス（おもてなしのような部分）に資源を使うことができるようになる。それによって、より高く新しい価値を提供できるようになるだろう。形式知化されたプロセスは運用の品質と継承が担保され、現場力だけに左右されないサービス経営を支援することになる。筆者はこれを「旋盤工モデル」と呼んでいる。旋盤とは機械工作をする装置である。旋盤という装置が登場する前から機械工作は可能であった。戦国時代には、職人の技術によってネジを削り、鉄砲が作られていた。旋盤ができたら、職人は消えたか。職人は、旋盤工になった。優れた旋盤工が、最先端の宇宙航空産業を支えている。旋盤工という属人的な技量は、旋盤という形式知化された装置の上に成り立っている。戦国時代には想像もできなかった品質の機械加工を、形式知と技量によって実現している。サービス産業で幅広く利用できる旋盤を作り出すことが、サービス工学なのだ。サービス工学とは、サービス業の生産性を向上させるための科学的アプローチの体系と、それを支える技術群である。

サービスが実社会で持続でき、その生産性が向上していくように形づくるために、サービス現場に上記の科学的アプローチを導入する必要がある。その枠組みを図3に示す。サービス現場で、顧客、従業員、プロセスを「観測」し、それに基づいてどのように価値が生み出されるか、そこに顧客や従業員、プロセスがいかに関与するかを「分析」し、その分析結果から、新しい価値を生み出すための仮説を紡ぎ出し、分析に使ったモデルも使ってサービスを「設計」し、そして、それを現場に「適用」する。適用した結果は、再び観測され、分析され、その仮説が適切であったかどうかが検証されることになる。あえて単純化すれば、サービス現場でデータに基づくPDCAサイクルを回すこと、と考えてもよい。私たちは、これをサービスの最適設計ループと呼んでいる。

サービス事業者に対して、このようなコンセプトを提示し、自らサービスの最適設計ループを回せ、ということはたやすい。ただ、それでは導入は進まないだろう。そこで、サービス工学では、大きく二つの研究を進めることとした。第一は、サービスの最適設計ループをサービス現場が簡単に導入できるようにするための、技術群の整備である。パソコンやネットワーク、オ

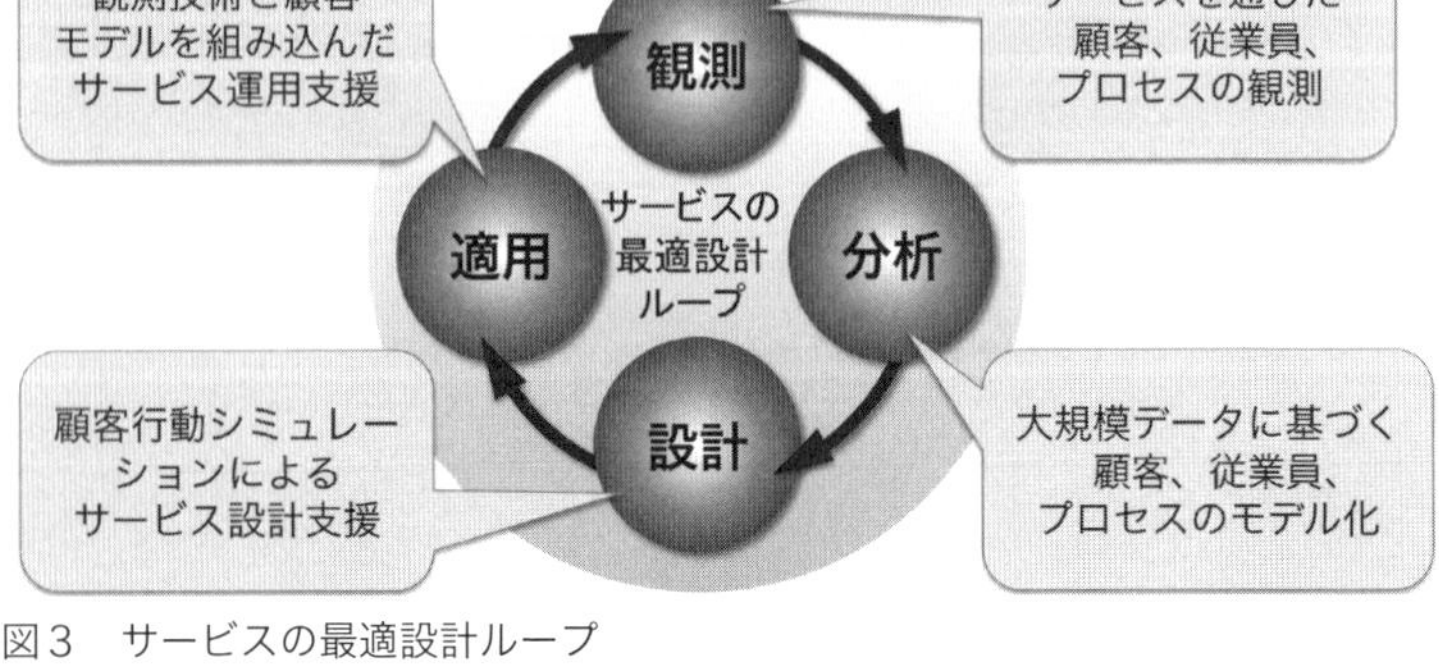

図3　サービスの最適設計ループ

フィス系ソフトウェアという技術モジュールによってオフィスの情報化が進んだように、観測、分析、設計、適用を支援するサービス工学技術モジュールによって、サービス現場を変革していこうという考え方である。もちろん、これだけでは導入は進まない。導入する動機付けが必要になる。そのための第二の研究が、導入事例研究である。サービス工学で開発した技術モジュールを、サービス産業と連携して実際のサービス現場に導入し、その効果を検証する。その効能が明らかにならなければ、技術モジュールの自主的な導入は進まない。

観測技術としては、顧客や従業員の潜在的な行動要因を引き出すためのエスノグラフィーや行動観察手法、その結果に基づいて顧客や従業員のサービス提供時の行動を記録するためのセンシング技術がある。後者のセンシング技術が

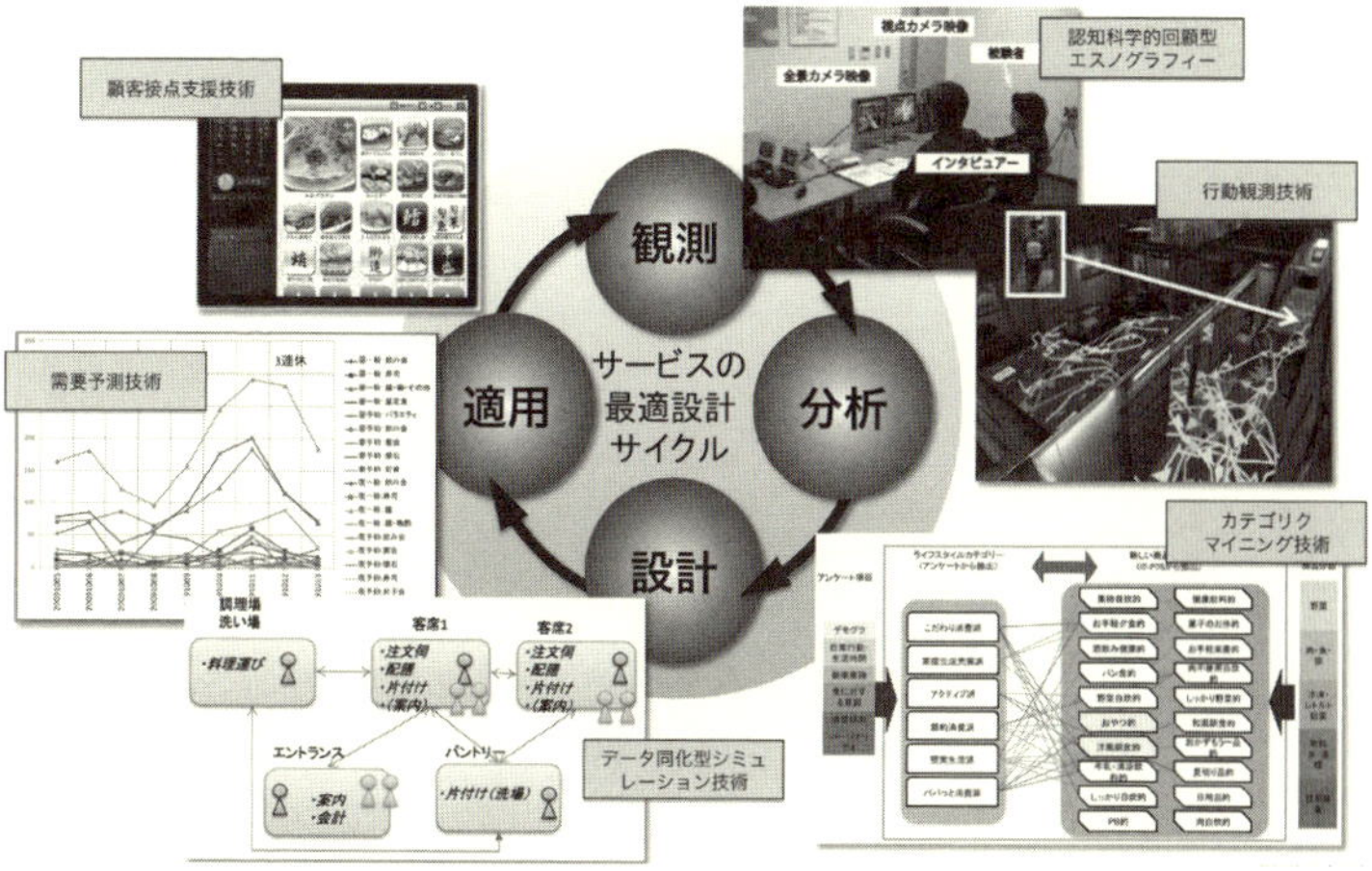

図4　サービス工学の技術モジュール

サービス現場に適用されれば、状況と環境、従業員のサービス提供行動と顧客の受容行動に関する膨大なデータが蓄積されることになる。この大規模データを分析し、状況や環境、行動、関連因子の関係性を明らかにするために、さまざまなデータマイニング技術が用いられる。顧客の受容行動に基づいて顧客を類型化するカテゴリマイニング技術と、カテゴリ間の確率的関係をモデル化する技術などが用いられる。このような確率的モデルによれば、需要変動を状況や顧客カテゴリに応じて予測できる。また、その需要予測に対してマルチエージェントシミュレーションによって従業員のサービス提供プロセスを模擬的に実施し、状況変化に強靭なサービスプロセスや従業員シフトを設計することが可能となる。最終的には設計されたサービスプロセスを従業員が実施（適用）する際に支援をする技術が必要であり、それがサービス提供現場での顧客満足度を観測することにもつながる。これらについては、すでに第一部第二章で紹介した。

サービス工学研究センターの研究対象

サービス産業は幅広い。サービス学も、サービス工学も、本来、そのすべてを対象にすべきである。ただ、志だけで問題が解決するわけではない。産総研のサービス工学研究センターでは、ある程度の戦略を持って、研究対象とするサービス産業を選定してきた。第一には中小企業比率が高い業態であること。サービス産業はそもそも中小企業比率が高いが、それでも、資本集約型のサービス産業（輸送、金融、情報など）は大企業が多い。私たちは、自主的な技術開発が難しい中小企業でも導入が進むよう、サービス工学の技術モジュールを開発した。第二は社会性よりは個人性の高い業態であること。環境、金融、医療、交通などは法的規制も多く、社会性も高い。これらは、先に述べたように社会科学系（経済学、経営学など）との連携が不可欠であり、場合によっては政策サイドとの連携も必要となる。これらの業態を対象にしないというわけではないが、まずは、工学的に解決できそうな、個人性の高い業態、労働集約型の業態からアプローチする戦略を採った。図5に、サービス産業の分類を示す。サービス工学研究センターで、主に扱ったのは、飲食、宿泊、観光、小売（流通）というサービス産業である。これらの業態は、地域性が高いものが多い。労働集約型であるので、ＩＴサービスのように機械が顧客に自動サービスを提供するのではなく、従業員というサービス提供者が顧客と接点を持って属人的にサービスを提供するものが多い。そういう意味で、地域性と顧客接点をもつサービス産業も、研究対象として取り上げた。

本書第二部第二章では、大規模データ分析技術を中心に、飲食や小売の事例を紹介する。続けて第三章では、それらの技術をもって地域性の高いサービスを実際に構成するというプロジェクト（気仙沼地区での震災復興）を紹介する。第四章、第五章では看護、介護という顧客接点性の高いサービス事例で、観測技術や適用技術（サービス支援端末）の開発と導入方法について述べる。第六章では地域性の高いサービスとして宿泊、観光と地域水産資源の流通サービスを取り上げる。観測技術と設計技術が適用されている。最後に第七章で、同じような地域性でも都市型の地域という観点で、地域限定的な交通や人流を対象とするサービス事例について紹介する。観測技術、分析技術が適用されている。

サービス研究の類型と問題設定

サービスを対象とする研究を整理する枠組みとして、上田完次先生(前産総研理事、東京大学名誉教授)が三つのクラス分類を提案している。

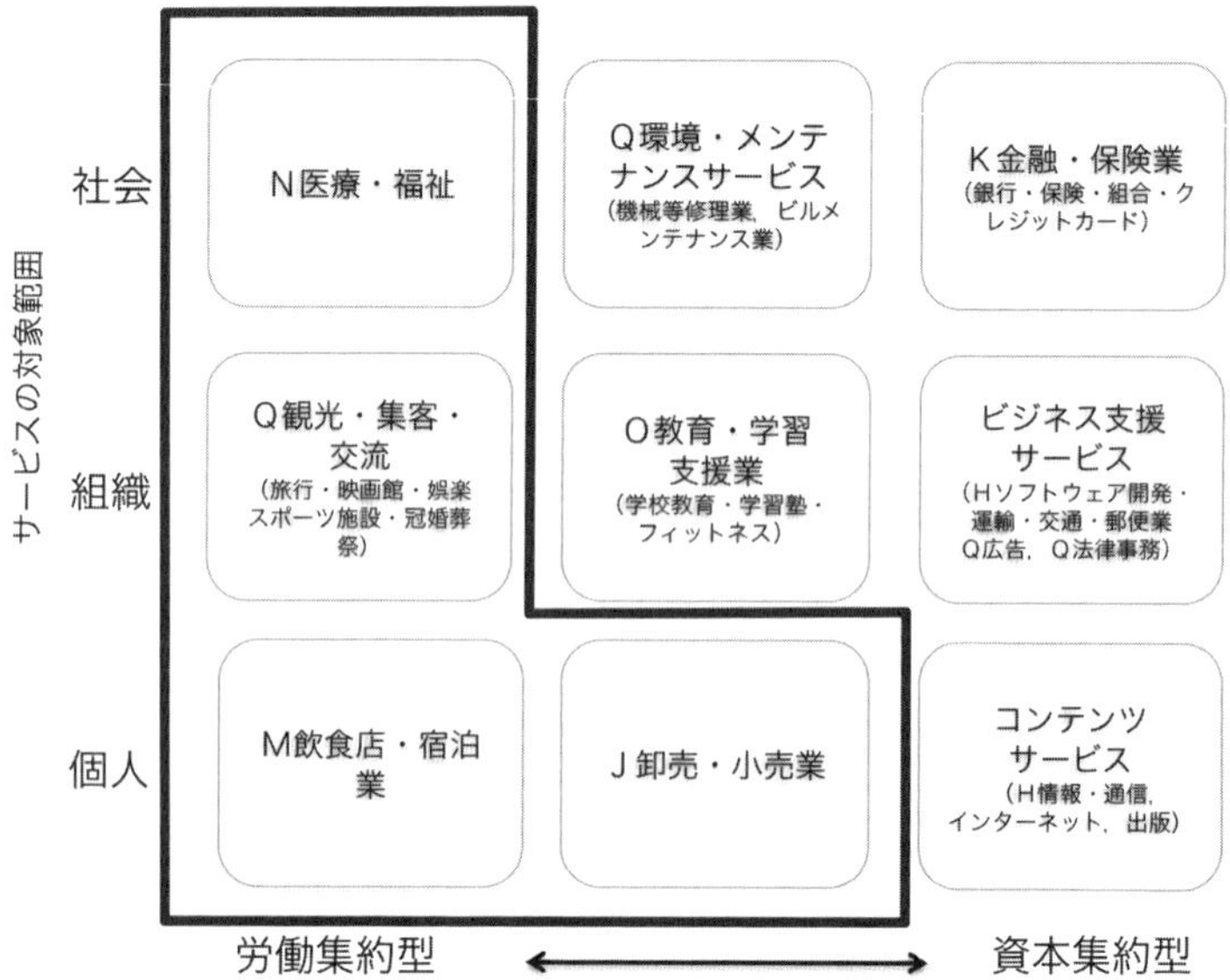

図5　サービス産業の分類

図6にその分類図を示す。どのサービスも提供者（従業員）がいて、受容者（顧客）がいる。そして、提供するサービス（媒体としての製造物を含むこともある）があり、それを取り巻く環境がある。

クラス1は、受容者の情報と環境の情報に応じて、提供者がサービスを設計し提供するというモデルである。提供者には、環境がある程度確定できる。そうなると、これは閉じた系になり、その中で最適解を探索する問題として解くことができる。厳密には、すべての環境が確定できるサービスなど無いが、第二部第二章の小売サービスの一部、第四章、第五章で示した看護、介護サービスの一部などは、クラス1問題であると見ることができる。ここでは、データをしっかり収集し、それをモデル化して、主としてサービス提供側の経営者や従業員に向け

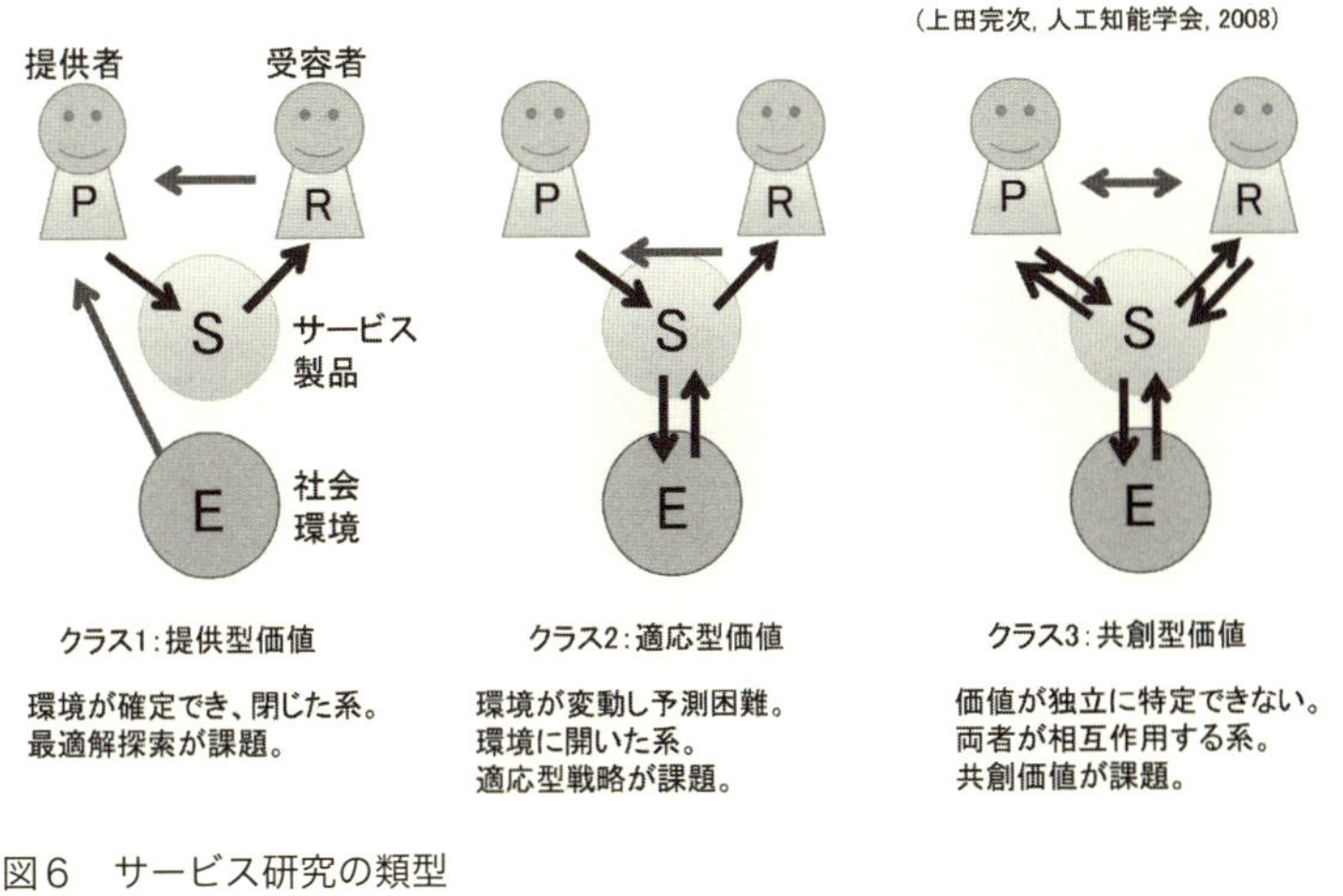
（上田完次, 人工知能学会, 2008）
提供者
受容者
P
R
S
サービス
製品
E
社会
環境
クラス1：提供型価値
環境が確定でき、閉じた系。
最適解探索が課題。
クラス2：適応型価値
環境が変動し予測困難。
環境に開いた系。
適応型戦略が課題。
クラス3：共創型価値
価値が独立に特定できない。
両者が相互作用する系。
共創価値が課題。

図6　サービス研究の類型

て、効率的なサービスプロセスを設計する方法を提供することになる。提供結果のデータ（POSなど）や提供側のプロセスデータ（行動観測）に基づく分析技術が中心になる。製造物の工場での生産性向上などに使われてきた手法（Industrial Engineering, Operation Research など）を役立てやすい枠組みでもある。これに対して、クラス2は環境が変動し、提供側から予測困難なケースである。環境の変動に応じた適応型の解決策を提示する必要がある。第六章の水産資源の流通サービス、第七章の都市型交通サービスなどはクラス2とみてよい。水揚げ高や乗客の数や場所などの条件は確定不能であり、むしろ、確定不能としたうえで、起こりうる可能性に対して最悪の結果にならず、採算が取れ、顧客満足度を大きく損なわない解を適応的に探し出す方法が求められている。クラス3は、サービスの価値が顧客の貢献によって左右されるようなモデルである。価値共創と呼ばれている。価値共創という用語は、工学系においてサービス研究の重要な用語として、近年、よく使われるようになってきている。経営系や経済学系では、かなり以前から価値共創という枠組みが注目されており、さまざまな議論が積み重ねられてきている。ここで、価値共創が何を意味するかを詳述するつもりはない。設計段階に組み込まれた機能が製造物として顧客に届けられ、手続き通りに機能が発現して価値を生み出すという製造物に対して、サービスでは顧客接点で手続きが変わることがあり、その手続きが変わることそのものに顧客が関与することがある。極論を言えば、ラーメン屋で注文するときに、麺を硬めにしてくれというのも顧客の関与であり、それを受けて提供を即座に変更し、顧客の満足度を上げるというプロセスも、価値共創の一部と見なせる。価値共創が中心になる場合、そもそも、生み出される価値は顧客の関与や文脈によって変わる（変えなければならない）のであって、価値そのものを一意に特定することができない。価値共創をいかに支援するかがクラス3の課題となる。このクラス3の問題は非常に難しい。本書では、第二部第六章の観光サービスにおける顧客行動観測が、一部、クラス3の要素を含んでいる。もっともその色彩が濃いのが、第三章の気仙沼プロジェクトであろう。これは、現場に出向いて、現場とともに価値を見いだし、そこに必要な技術モジュールを組み込んでサービスを構築してみたプロジェクトである。残念ながら、現時点では、クラス3の問題を構造的に整理し、体系的に解決する方法が見いだせているわけではない。第二部にある私たちのチャレンジから、その端緒を感じていただければ幸いである。

製造業のサービス化

製造物と対比してサービスを整理し、サービスの研究には、製造物に対して体系づけられたこれまでの工学的手法とは異なる体系が必要であると論理を展開してきた。では、製造物とサービスは対立するものであるのか、あるいは、サービス・ドミナント・ロジックのようにサービスが上位（もしくは顧客から見ると前面）に位置するというものなのか。ここで、もう一つのサービスと製造物に関する理論を紹介したい。ユニファイド・サービス・セオリー（図7）という。ここでは、サービスも製造物も同一のモデルで表現されている。提供者は受容者からの情報に基づいてサービス、もしくは、製造物を設計、構成する。それを受容者に提供する。その結果、受容者は提供者に再び情報をフィードバックする。このサイクルである。製造物でも、顧客の苦情や市場調査に基づいて製品を作っているのであり、顧客からのフィードバックを無視しているわけではない。先ほどのラーメン屋の事例と比べると、製造物とサービスの違いは、このフィードバックループの早さにあるとも言える。このサイクルが迅速で、適応的に設計変更と提供が現場で行われていくのがサービスだという理論である。

こう考えてみると、製造物とサービスの違いは紙一重であり、製造業も考え方によってはサービス的な要素を持ちうるということである。本章のはじめに、日本のGDPにおけるサービス産業（第三次産業）の比率が大きいことを述べた。

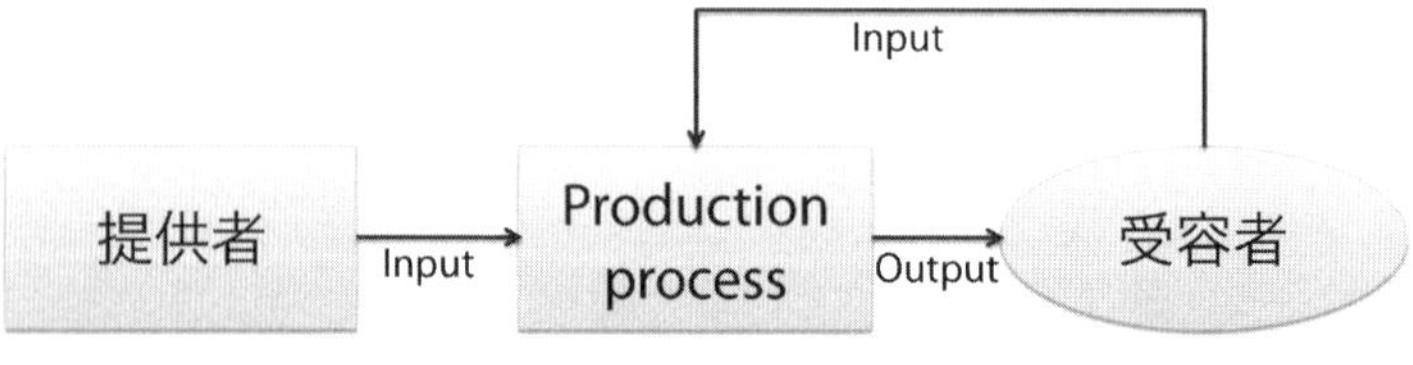

(S. E. Sampson, C. M. Froehle, Production and Operations Management, 2006)

図7　Unified Service Theory

一方で、これが輸出となると多少、様相が変わる。輸出では相変わらず製造物が中心であり、サービス産業の輸出による外貨獲得高は限定的である。その外貨獲得を担う製造業は凋落が続いている。製造物の性能や機能が高いことを価値だとする「性能価値」に限界が見え、それに変わって低価格を魅力とする「交換価値（製造物が貨幣に交換される段階で価値が確定する）」にシフトが進んだ。この結果として、販売店主導のプライベートブランドが登場し、人件費の安い国に製造拠点が流出している。本来、製造物もサービスを伝える媒体であり、だとすれば、その価値は製造物を購入する場面ではなく、使用する場面で想像されているはずである。これを「使用価値」と呼ぶ。製造物において、単に作り込んだ「性能価値」を高めるのではなく、顧客の使用場面に適応した「使用価値」を作り出すことへパラダイムシフトしていく必要がある。これが製造業のサービス化の本質だ。大量生産によって、製造物に顧客要求の最大公約数的な性能を盛り込んでしまうのではなく、必要な機能を絞って作り込んでおき、顧客のフィードバックに応じて迅速に追加の価値を作り込むような枠組みが求められている。図8に、筆者がアシックス社と実施した事例を紹介する。

アシックス社は、ランニング体験のための直営店を国内外に展開している。現在、国内に六店、海外には数十店を展開している。ここでは、顧客個人の足形状を測り、その場で（あるいはオーダーで）インソールをカスタマイズする有料サービスを実施している。このサービスを通じ、アシックスは世界中で年間一〇万足を越える足データを蓄積している。そのデータは統計処理され、世界各地域の顧客の足に適合するシューズ（量産品）作りにフィードバックされている。顧客個人のデータはサービス現場で得られた顧客からのフィードバックであり、これはそのまま迅速にサービスにつなげて提供している。さらに、そのデータを統計処理して匿名化し、量産製造物にもフィードバックしている。量産品には走るための共通基盤的な機能（衝撃吸収など）を作り込んでおき、顧客個人への対応（フィットなど）はサービスに委ねているのである。

産学連携から文理融合へ

製造業で外貨を獲得してきた日本にとって、製造業のサービス化は喫緊の経済・産業課題である。サービス研究として、日本がリードすべ

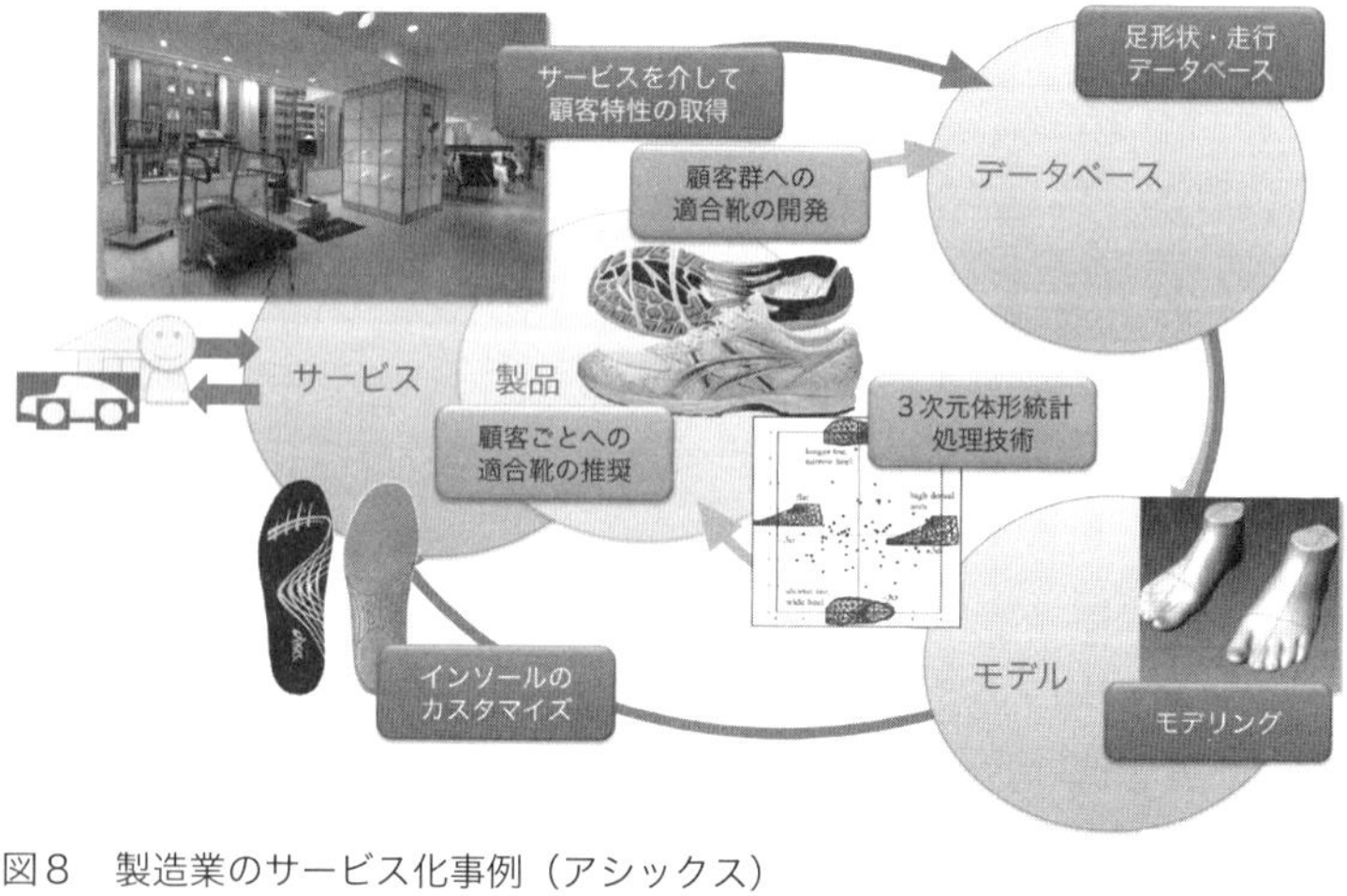

図8　製造業のサービス化事例（アシックス）

き課題であると言える。しかしながら、社会を見渡せば、日本が諸外国に対して率先して抱えてしまった社会的課題はこれだけではない。少子高齢問題、これに関連する医療・介護の問題、自然災害、エネルギー問題、そして、都市集中と地域過疎化問題。いずれも、世界に先駆けて日本で顕在化しており、間違いなく、今後世界各国で顕在化していく社会的課題である。資源を大量に消費して、大量に製造物を生産し、それを画一的に提供するというこれまでのモデルで解決し得ない問題ばかりである。サービスを含めた新しい解決策が求められている。より一般的な解決ができれば、日本は課題先進国から、課題解決ショールームへと変わる。サービスを含めた一般的な解決策は、そのままサービスの輸出と外貨獲得につながるかもしれない。

次章以降で紹介する産総研がサービス工学によって取り組んできた課題も、医療・介護問題、自然災害、地域過疎化問題などを暗黙に含んでいる。これらの問題に立ち向かうには、サービスを継続して実施するサービス産業（経営者、従業員）との連携はいうにおよばず、病院や自治体、ＮＰＯなどのステークホルダーを巻き込んで、顧客中心のサービスデザインを実践する必要がある。顧客の満足度、従業員の満足度、経営としての収益性・持続性、そして、そのうえで社会の満足度を高めていくようにサービスプロセスを設計する手法と、それを支える観測・分析・設計・適用のサービス工学技術が求められている。

一方で、このような社会的課題に向かって行くには、単に工学系の技術や、それで得たデータだけに頼るのではなく、社会的課題と向き合ってきた社会科学系（経済、経営、マーケティングなど）の研究者との協力関係が必要となろう。彼等は顧客との長期的な価値共創関係をいかに構築していくべきか、現場のサービスプロセスのみならず、企業のマネージメントまで含めて研究を進めている。工学系として、あとから似たような領域に進出し、得意の最新技術で車輪を再発明するのではなく、先駆者たちと協力して迅速に社会問題解決を図っていくべきである。

第二章　大規模データモデリング技術による サービス工学

——本村陽一

はじめに

「モノ」から「コト」へのパラダイムシフトが起きている。物質的価値だけでなく生活の質（ＱｏＬ）や経験価値が重視される時代になり、生活やサービス（コト）を直接の対象にして価値を生み出すことのできる有望な技術が期待されている。しかしそれはこれまでの技術開発の延長とは少し様子が違うかもしれない。製品の高速化や軽量化といった目標を目指してしのぎを削るような技術開発もあるが、新素材や高速な電子部品の入手が容易になるなどして阻害要因がなくなると、ある程度の目標は達成できてしまうようになる。すると、機能や品質の均質化が起こり、利用者にとってはどの技術や製品を選んでも大差がないコモディティ化（汎用化）が進む。そうすると製品は独自の付加価値を失うために製品選択の基準が価格にしかない状態となるために価格競争にさらされる。こうしたことから、これまで技術力を高めることで競争力を誇っていた日本の製造業が苦戦するようになってきたといわれている。製品の機能や技術自体では差別化することが難しくなると、製品が使われる背景であるニーズや市場をよく知り、市場に投入するタイミングをはかり、製品の魅力を高める外装デザインや使い勝手など機能以外の付加価値も合わせて考えることに競争力の源泉がシフトするからである。技術が優位であっても、それが価値として十分に伝わらなければその技術は使われない。使われないので技術開発の優先順位が下がり、せっかく優れた技術であるのに開発が継続できず最悪の場合には技術が不当に安く外に放出されたり、そうでなくても埋もれて朽ち果てたりしてしまうことすらある。競争力を高めるために全く新しいジャンルの製品開発によりイノベーションを起こすという考え方もあるが、利用者のニーズやマーケットの動向やトレンド、投入するタイミングを考えることなしに全く新しい製品の価値を理解してもらうことはさらに難しくなる。これまでに爆発的なヒットを生んだ新製品は技術それ自体が素晴らしいという面があるにしても、よく見直すと実は利用者側に潜在的なニーズと適切なタイミング、普及のための条件などが整っているところに投入されていたことも多い。つまり、利用者の側、ユーザーサイドの状況にもっと目を向けることが成功の確率を高めることにつながる。イノベーションとは技術革新のみではなく、革新的技術が受容されることを通じた社会革新なのである。では、製造業が利用者側の状況や潜在的ニーズを考慮して利用者にとって価値の高い製品を持続的に開発し、真のイノベーションを起こすためにはどうすればよいのだろうか。

一方、国内総生産（ＧＤＰ）や労働人口のなんと七割近くがサービス産業に関連しているというデータがある。サービス産業の実態は幅広いが、顧客と直接接する、顧客接点の多いサービスでは、いわゆる「おもてなし」として日本のサービス全般に質が高いといわれている。しかし、そのサービスの質が高いといっても、それは製品の性能のようにカタログで簡単に比較できるようなものではない。サービスの質が顧客満足度という心理的な形でしか認識されず量として比較することが難しいために、正当な価格に反映することができず、わかる人にはわかるが大きな利益を生むことはできないということになる。また、品質のよいサービスを提供している従業員がその結果に対する貢献度を示すことが難しく、待遇の改善ができなければ仕事へのモチベーションを上げることはできないだろう。さらに品質の高いよいサービスを提供する技術があくまで個々の従業員の努力や経験により支えられているのでは、大きな波及効果を上げることは難しい。これまでの製造業の成長を支えてきた産業技術が高品質な製品を大量に生産する工場のような仕組みによって成長してきたように、サービス業でもレバレッジ（乗数効果）の大きな効果や生産性を上げるためには、どうしたらよいのだろうか。サービスは提供されるものであると同時に、そのサービスを受け取る利用者側の反応でその品質が評価されるものである。つまりサービスでは本質的に利用者の側、ユーザーサイドの反応に目を向けることがとても重要になる。そこで利用者側に目を向けることで、製品の価値を高めるのと同様に、サービスの価値を高めるための工学的な仕組みは考えられないだろうか。この問いに答えようとしているのがサービス工学であるといえる。

人起点のサービス工学

製造業における利用者から見た価値向上、サービス業における品質と生産性の向上という課題は、産業の競争力を高めて豊かな生活を実現するためにはとても重要な問題である。これまで多くの企業がその解決に取り組んでいるにもかかわらず、かつて日本製品が品質や信頼性向上を果たして世界トップレベルにあったことに比べると、まだまだ十分な成果が上がっているとはいえない。ここには何か本質的な難しさがあるのではないだろうか？

サービスの特性はサービス提供と消費が同時に行われ、その品質はサービス利用者や状況に依存し、保存できないというもので、これらは同時性・異質性・消滅性というように整理されている。簡単にいえば、モノと違って、サービスは複数の人の相互作用（コト）として伝搬しており、人の心理や行動、状況に基づく相互作用や経験を計算する方法が必要というわけである。これは製品それ自体の価値ではなく、利用する時の価値についても成り立つ性質でもある。この価値の主体が人である、人起点であることが、これまでのモノを対象に発展してきた工学の体系だけでは取り扱うことができない本質的な問題なのである。

こうしたサービス特有の課題に対して、産総研サービス工学研究センターでは、サービスの現場で起こる人の行動の結果を客観的に観測し、それを分析して得られる計算論的なモデルに基づいて、あるべきサービスを工学的に実現し、それを現場に適用するという「最適設計ループ」によって、サービスを連続的に改良するアプローチを実践してきた。

サービスは無形なので研究室に持ってくることはできないが、サービス現場における人の相互作用の結果である行動履歴を大規模データとして客観的に観測することはできる。このデータを使って工学的に扱うことのできるモデルを作る。提供されたサービスは利用者に認知され意識や行動が変化することで、初めてサービスの価値が顕在化するため、モデル化を行うために利

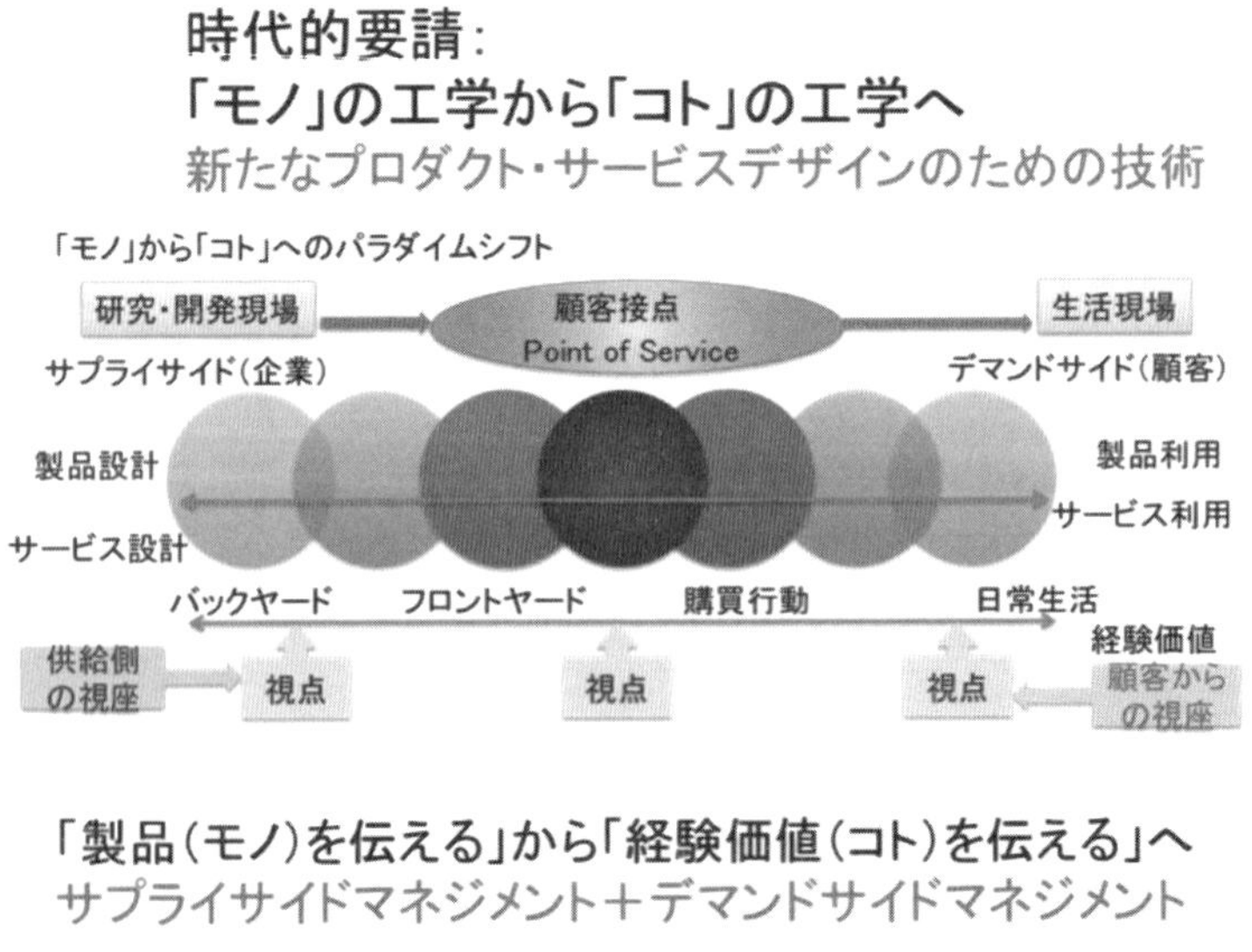

図1　モノ（製品：機能価値）からコト（サービス：経験価値）へ

用者の認知・評価・行動を取り扱うための計算モデルを考える。このサービスの結果としての行動が起こる背後の関係を全部書き下すことは難しいので、その日の天気や気温、利用者のライフスタイルなどからあるお店に来店する行動（の確率）を大量のデータから統計的に予測するような、つまりビッグデータから計算モデルを構築する技術が重要な課題となる。

サービスを実行するためにはサービスを提供する人や環境や文化、制度などの社会的側面も含めた仕組み、つまりシステムとして考えると工学的にも扱いやすい。これまでの工学的システムとは違って、ある役割を持った人と人の動きに関係するさまざまなことがらも含めて考える。サービスが実行される、というのを何か製品が使われた時に利用者が価値を感じることに置き換えても実は同じように考えられる。つまり、製品が動く仕組みを表す全体を工学的なシステム（ハードシステム）だとすると、その外側にある人や環境との

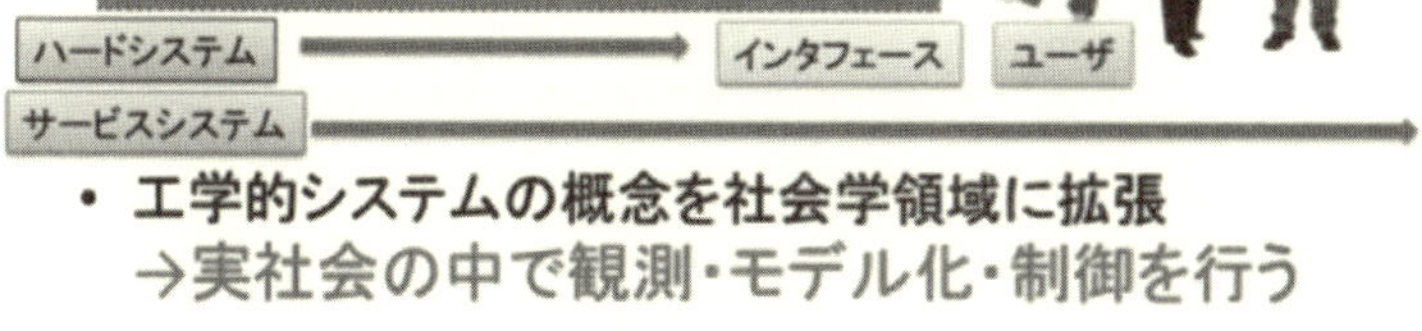

図2　サービスにかかわる人々や環境も含めた系：サービスシステム

関係まで含めた全体をあらためてシステムとして考えてみよう、ということである。これは人や環境との関係まで含めた全体のシステムをサービスを生み出すシステムであることから、「サービスシステム」という概念がＩＢＭのJim Spohler達によって提唱された。サービス科学、サービス工学の研究ではこれを対象とした工学技術とは何か、サービスシステムの開発方法はどんなものになるか、が議論されはじめている。

サービスを通じて得られるビッグデータと計算モデル

システムが高度で複雑なものになるにつれ、そのシステムを完全に記述することが難しくなる。これまでのハードシステムであるコンピュータ・システムでも、その規模が大きくなると一度できちんとしたシステムを作り、動かすことは難しくなる。さらにサービスシステムのように中に人が入る系であれば、その人の行動は毎回同じとは限らず決まった通りに動くものではない。したがって、これを何か命令や機械の設計図のように記述して動かすことは絶望的だ。しかし、それでも現実のサービスシステム、例えば病院やレストランやお店はなんとかきちんと動いている。完全に記述することはできなくても、とりあえず動かすことはできるのである。しかもサービスシステムが動いている様子はサービス現場で生まれる大量のデータ、すなわちビッグデータで計算機に取り込むことができる。だとすれば、この実際に動いているサービスシステムを不確かさも含めてとりあえず説明することができるのではないだろうか。それは不確実性を含んだモデルになる。

実在するシステムの枝葉を取り除き、本質的な部分だけを記述したものはモデルと呼ばれる。計算機の中で表し、実際に変数を計算したりすることで、あたかも実在するシステムを近似できるようなものは計算モデルという。この計算モデルによって、サービスシステムをとりあえず近似して説明できれば、その動きを模倣（シミュレート）することができる。すると、その動き方をいろいろと変えてみることで、もっとより良く動く方法を見つけることができるのではないだろうか。

こうして考えると、実際のお店やレストラン、病院などのサービスシステムの動きを観測して、計算モデルを作ることはサービスの改善に役立つ。さらに小売や流通も含めた製品と利用者をつなぐ価値の循環をサービスシステムと考えれば、使われ方や利用した時の価値観をモデル化することで製品開発にも役立つ仕組みになりえる。

データからこうした計算モデルを構築する技術はサービス工学にとってとても重要な技術で、機械学習（Machine Learning）やデータマイニングと呼ばれるものである。これらの技術はここ十数年の間、インターネットのデータについて使われ大きな成功を収めている。今や日常の中でなくてはならないものになりつつある、amazon.comやGoogleなどの実際のITサービスを支える基盤技術ともいえる。計算モデルを構築するためには多くのデータを必要とするが、現実の空間でのサービスの場合にはインターネットと違って機械学習やデータマイニングのために大量のデータを効率よく集める仕組みがまだ十分整っていない。センサーデータなどは比較的容易に取得できるが、心理的な認知や評価に関するデータは、被験者を用いたアンケート調査も必須になりコストが大きい。またデータを取得するうえで、プライバシーの問題や、研究目的のためだけでは協力が得られにくいという問題もある。また実際の場面において、状況依存性の高い説明変数を網羅的に収集するためには、データを観測する環境が日常的な利用環境とできるだけ合致するようにしておく必要もある。つまり現実の社会で日常的な活動として集められるデータを利用することが必要だ。

しかし、よいニュースもある。電子マネーにより買い物をしたり、メンバーズカードにポイントを貯めたりするためであれば、簡単に大量のデータが収集できるようになっている。こうした世の中にある大量のデータ（ビッグデータ）を計算モデルを構築するためにも使うことで、サービス工学のために活用し、研究とサービスを同時に進めるということが期待できる。これが実サービスと調査・研究を一体化して実行する「サービスとしての調査・研究(Research as a service)」という発想である。調査・モデル化の段階とそのモデルを用いた応用を切り離すことなく、情報サービスを社会の中で実行しながら、そこで得られる観測や評価アンケート、利用者のフィードバック（心理的調査）の結果を網羅的に収集する。これはＰＤＣＡ（Plan・Do・Check・Action）サイクルを実問題を通じて回し続けることで、ビッグデータを生み出しながらサービスシステムの計算モデルを常に改良していくというものである。

こうした実サービスを通じて、社会の中で大規模データの収集とモデルの構築を持続的に繰り返すことでサービスの利用者や提供者の行動モデルを構築し、それを再利用可能なものにすれば、さらに多くの情報サービスの実現が可能になる。そして大規模データを活用した情報システムを導入した実サービスの開発と応用を通じて、多様な生活者の行動や特性が計算モデル化され、有用な知識モジュールとして社会全体で集積、再利用できる枠組みを確立することができれば、サービスを提供したり、製品を開発する側と利用者のそれぞれがお互いをよりよく理解し、よい製品やサービスを実現することが容易になるだろう。こうした仕組みを社会の中に埋め込むこともサービス工学の研究と発展のためには重要な活動である。これまでの研究成果の実用化や普及というと、それは研究が終わった後にやることのように思われるが、それはこれまでの研究が研究所から社会への一方通行だったからではないだろうか。それに対して、サービス工学では研究所と社会の間がループで円環状に双方向につながっているものと考えると、社会の中への実装と基礎的な研究が同時進行で進み、どちらもバランスよく進めなければならないことも納得できるだろう。

大規模データモデリング技術によるサービス利用者のモデル化

サービス現場で生じるコトをビッグデータを使って計算する方法を考えよう。統制された実験室ではなく、実生活場面の現象を説明するモデル化においては記述量・計算量の点から、扱う対象自体を完全に記述することは無理なので、現象を確率的・統計的なものとして扱うことにする。人の行動が起こる確率を考えて、行動が起こる状況をうまくみつけると、条件付き確率P（行動｜状況）という形で不確実性を含めて表すことができる。さらに人のタイプごとにとる行動が異なる場合には、さらにこれを条件部に加えてP（行動｜状況，人のタイプ）とすればよい。このように条件部に入る変数を加えていくことで、来店行動やある商品を買う購買行動の確率を予測できれば、あるタイプの顧客がお店に来る人数やその顧客が買いそうな商品の数が予測できるので、適切な人員配置や商品の準備をすることで人員不足や品切れを防ぐことができる。また、日常業務の中でその日の状況や顧客のデータを大量に集めていくことで、この予測精度を高めることができる。これを実現するために条件付き確率のモデルをデータから構築する技術がベイジアンネットである。

ベイジアンネットは、ノード集合とグラフ構造と、各子ノードにそれぞれ一つ割り当てる条件付確率表（CPT）の集合によってモデル化する（図3）。

ベイジアンネットは複数の変数の間の関係を確率で表したものになっており、これにより不確実な現象をうまく表現できる。日常生活場面では個人差、状況依存性などを反映する必要があるが、そのための複数の変数の間の交互作用や、非線形性も表すことができるので、現実の社会で起こる多様な現象を表現するためにとても便利である。また構築したベイジアンネットに対して、すでにわかっている変数の値を代入して確率伝搬と呼ばれる計算を実行すると、それ以外のまだわかっていない変数の確率分布が高速に計算できることも、さまざまな情報サービスに応用するうえで重要な特長である。

　このベイジアンネットを日常業務で収集される大規模データから作るために確率的潜在意味解析（PLSA）という技術を組み合わせる方法が産総研で開発され、多くの実証研究で使われ始めている。この大規模データか

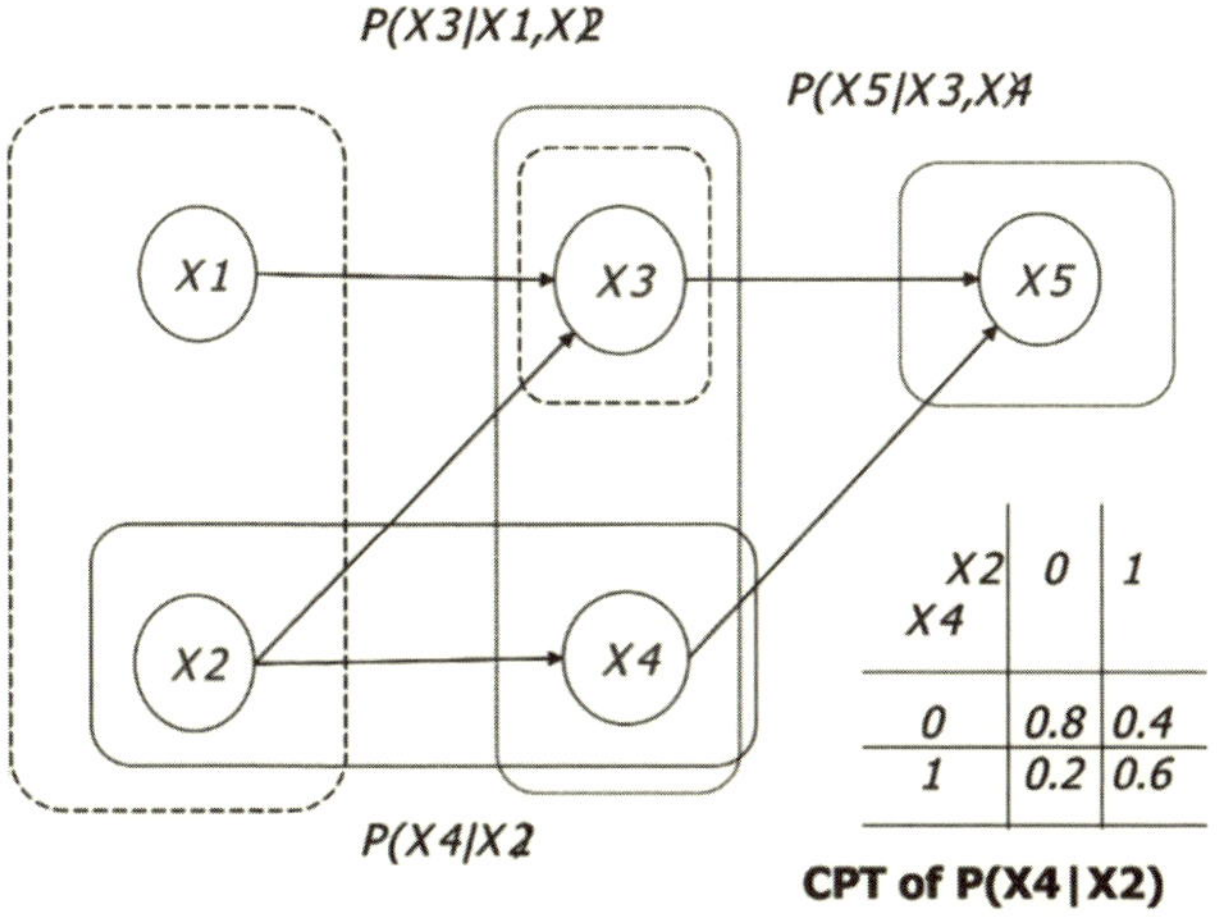

図3　ベイジアンネット

ら計算モデルを作り応用する技術、すなわち大規模データモデリング技術を使うことで、サービス現場で起こるコト（行動）を、利用者のタイプや時間、場所、サービスの対象の間の確率的な関係として計算できるようになる。

最近よく使われるようになったメンバーズカードやポイントカードにより、顧客をＩＤ化して購買履歴を集積した大規模データ（ビッグデータ）がＩＤ-ＰＯＳデータと呼ばれている。これまでも、来店回数、購入金額の多い少ないなどで顧客の特性を把握する方法が使われているが、それでは商品へのニーズなど真の生活者理解を行うことは難しい。そこで顧客を似たような行動をとるセグメントに分類し、商品も個々の個別の商品や決められた商品分類として見るのではなく、共通の顧客セグメントに対して共通の機能を提供している商品の集合に分類する。確率的潜在意味解析（ＰＬＳＡ）という計算方法を使うと、ある顧客セグメントが選びやすい商品セグメント、またその商品セグメントを選びやすい顧客セグメントという形で自動的に顧客と商品の分類が求められ

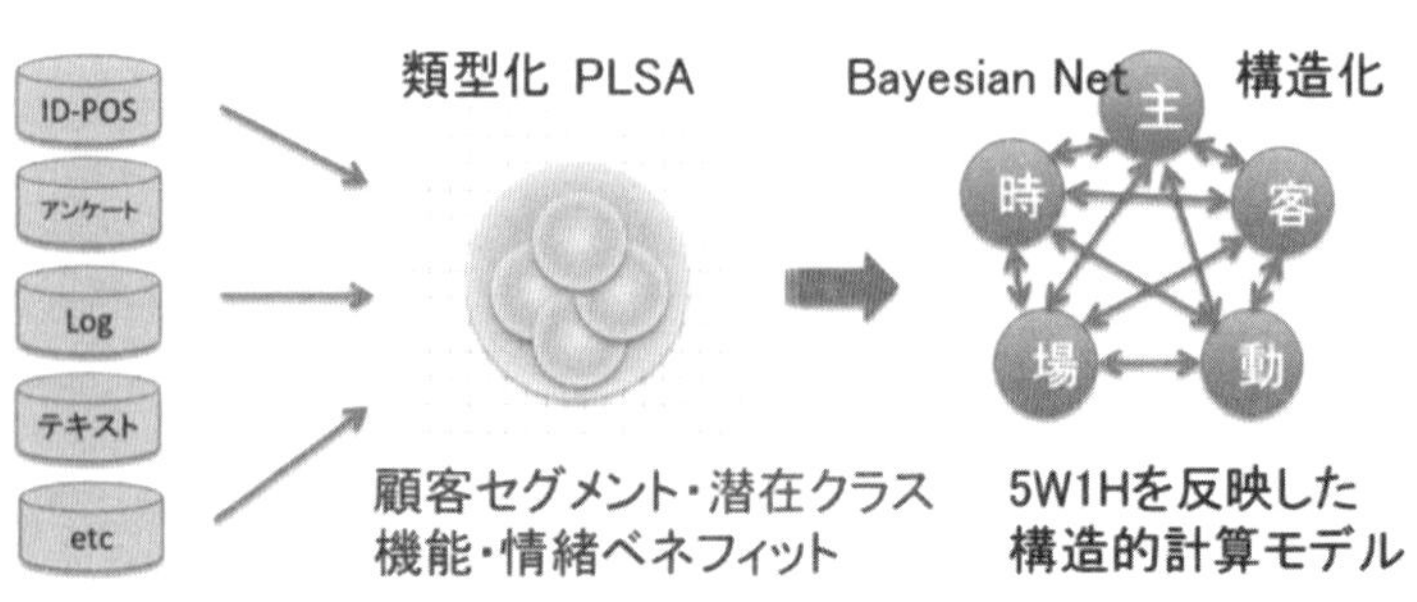

図４　確率的潜在意味解析（PLSA）とベイジアンネット

る。こうして得られたセグメントには、潜在的な共通の意味を持っている。そこで、このセグメントがどんな意味を持つのかをさらにベイジアンネットでデータの中から因果的な構造を探索する。こうして購買状況や購買パターンの関係から利用者の行動を推定できるような確率モデルが大規模なデータから求められる。データの中に、時間や場所なども含まれていればそれは「いつ・どこで・誰が・何を・どうする」といういわゆる５Ｗ１Ｈを含んだモデルになるので、これまでのＩＤ‐ＰＯＳ分析よりも詳しい状況を説明できるモデルになる。これまでの実証実験では、実際の小売サービスの現場で三年間の間蓄積したデータを使って、数千から数万を越える顧客や商品を比較的少数のセグメントに分類し、セグメントごとに商品選択確率や来店行動などの予測の精度が向上することなどが確認されている。また、この大規模データから意味のある潜在的なセグメントや構造を自動的に見つける大規模データモデリング技術はＡＰＯＳＴＯＯＬ、ＢａｙｏＮｅｔと名付けられたソフトウェアに実装され、すでに十数社を超える企業に提供され、実際のサービスで使われている。さらにこれらの企業が集まってビッグデータやソフトウェアの活用方法についても議論する場として大規模データモデリング研究会が二〇一三年に立ち上がった。こうして実際のサービスを作る企業群と産総研の研究が一体となって、まさに「サービスとしての研究」を進めているわけである。

利用者モデルの活用：情報推薦や知識循環サービスへの応用

大規模データから構築された計算モデルは、計算機上で活用できるプログラムとしても使える。サービスを提供する人が使いやすいような支援システムとして使えば、電子チラシの情報や、店頭の商品を適応的に変化させることで利用者と提供者の双方にとってよりよいサービスが実現できる。その一つの実例としてインターネットで書籍などを購入すると、別の本がお薦めされる機能として最近よく知られるようになった情報推薦がある。

ベイジアンネットと、そのうえで確率推論を実行することで、ユーザーの嗜好性や意図に合致する可能性の高いコンテンツだけをとりあげることができるので、これを情報推薦のために使うこともできる。とくに顧客セグメントや状況依存性を表す変数もベイジアンネットのノードとしてモデルに組み込むことで、日常の場面でとても役に立つ、その場の状況やユーザーの傾向に応じた推薦も可能になる。携帯電話サービスのためにベイジアンネットを用いた映画コンテンツを推薦する事例では、約一六〇〇名の被験者に対して映画コンテンツを提示するアンケート調査により収集したユーザー属性・コンテンツ属性・コンテンツ評価履歴からベイジアンネットモデルを構築することができた（図5）。

アンケートでは、年齢・性別・職業などのデモグラフィック属性の他にライフスタイルなどに関する質問項目、さらに映画視聴に関する態度属性として鑑賞頻度、映画選択時の重視項目、映画を見る主要目的（感動した等七項目）、コンテンツに対する評価（良い・悪い）、その時の気分（感動した等七項目）などを収集し、さらに約一〇〇〇人について別途、各映画コンテンツについて、どんな気持ちや状況で、どこで（映画館、ＤＶＤで家）、誰と何人で、どんな時に、鑑賞するか、を自由記述文により収集し、実際に映画を選ぶ際の状況まで含んだデータを収集した。このデータからベイジアンネットを自動的に構築し、確率推論を実行することで状況とユーザーの嗜好性に応じて見る確率が最大となる映画を推薦できる映画推薦システムを開発した。この映画推薦システムはインターネットサービスにも発展し、

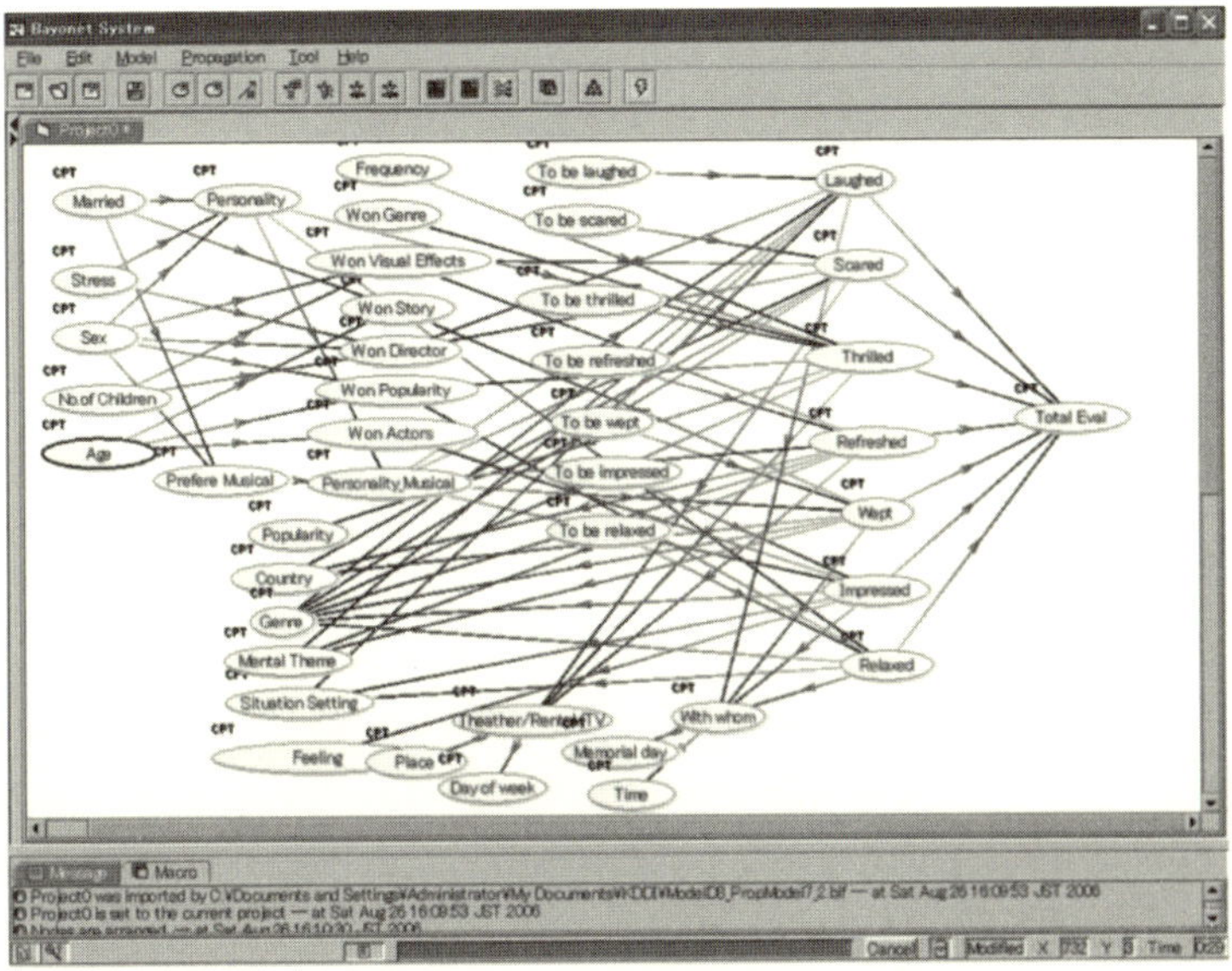

図５　映画推薦のために構築したベイジアンネット

auoneラボ（http://labs.auone.jp）においてにおいて二〇〇七年から一般に公開されのべ約七〇〇〇件の推薦を実行した。その推薦履歴からさらにモデルの再学習を行うことで推薦精度が向上する。またここで構築したモデルは映画の属性やユーザー属性、状況属性が異なる用途でも再利用可能な変数として表現されているため、同じモデルを用いて、あるコンテンツに対してもっとも視聴する確率の高いユーザー層や、その際の状況などを推論することができる。つまり公開が終わった映画をＤＶＤで販売する時の、ターゲット顧客やプロモーション戦略の最適化などに再利用することもできた。ＫＤＤＩ研究所と産総研、松竹株式会社はこの仕組みを用いて、実際にある映画のＤＶＤ販売施策支援を行った。これは利用者の嗜好性と状況とコンテンツの特性の関係を因果的にモデル化することで、大規模データから構築した計算モデルの再利用性を示した事例といえる。

大規模データを活用する情報サービスが普及し、多数のユーザーがサービスを利用することによって、さらに大量の統計データが集積される。そのデータによりベイジアンネットワークモデルの改善が進み、モデルの適合度や推論精度も向上するといった好循環が実現できる。これは実サービスを通じて市場から得られる知識がさらに次のサービスに反映される知識循環といえる。とくにサービス現場で実際の顧客や状況に関するデータは状況や人を知るためのとても重要な手がかりになる。こうしたデータは研究所では作ることはできない。だから、サービス工学の研究では現場で実際に使うことのできる技術を早く実用化して、サービス現場で使ってもらうことで、新たなデータを大量に集めることが重要になる。

実サービスを通じて大規模データの収集と最適化を行う知識循環サービスを実現するために作られた情報システムの例を紹介しよう。これはタブレット端末を店頭に導入し、簡単な操作により商品情報の検索や、対話的な操作履歴の収集を実際の店舗内で可能にしたものだ。このシステムを使って集めたデータや、ＩＤ‐ＰＯＳデータなどの日々の業務の中で収集される既存の大規模データを統合することで、さらに高度な顧客分析や業務の評価や改善に活用する研究も進めることができる。

ＩＤ‐ＰＯＳなどの既存の購買履歴データだけでは、その背景にある多様な顧客の来店動機や利用意向、商品やサービスに対する嗜好は予測できない。また、その店に頻繁に来店するような優良顧客が、どのような魅力や価値をサービスや商品に感じているのかについても、従業員の経験以外にそのような情報を得ることができない。さらに、新規顧客に対して適切なサービス価値を提供できなかった場合、その顧客は再来店しないため、提供したサービスが、どのようにその顧客の事前期待と異なったのか、その理由を知る機会もない。そこで、購買履歴データ以外から、サービス現場において顧客の来店動機や嗜好、商品やサービスに対する満足度を対話的に取得するシステム（Point of service interaction design organizer：ＰＯＳＥＩＤＯＮ）の開発を行った。本システムは店舗内ではタブレット端末やスマートホンのＷｅｂアプリとして実行され、店舗に設置した小型のＷｅｂサーバーに

Ｗｉ‐Ｆｉ通信でアクセスして使用する。これまでに外食チェーンレストラン、アパレル系直営店舗など計三五以上の店舗で稼働し、顧客接点での実サービス提供を行いながら、数千人規模の情報収集実験を行った。以下では、外食レストランでの事例について紹介する。

顧客が来店した際に、店舗に設置したタブレット端末、あるいは店員により渡されたタブレット端末を使って、はじめに来店動機と同行者を入力する。その後、利用経験アンケートで過去の店舗利用の経験や頻度に関する入力を行う。これに加えてお薦め商品の説明や各店のこだわりなどのデジタルサイネージ(動画再生)機能も実装している。

サービス提供後には顧客満足度を自然に調査するため、「金賞・銀賞・銅賞・参加賞・赤点」という表現による相対的な五段階評価とし、商品や接客サービスについての評価を行う。商品ごとの

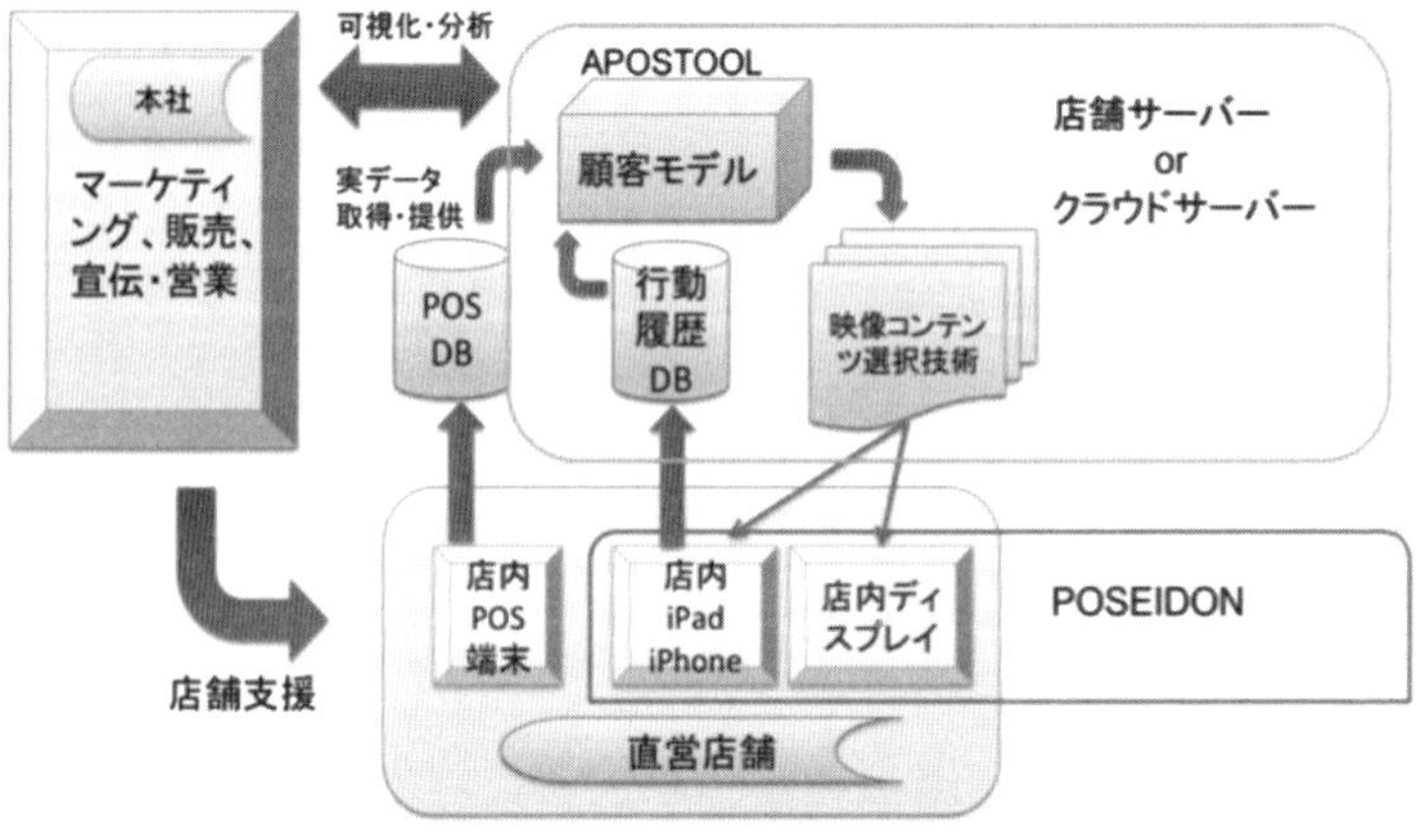

図6　システムの構成

評価では、対象商品の中で画面上の写真を見ながら選択して回答する（図7）。

　開発したシステムについて、都内四店舗の和食レストランチェーンに二〇一一年二月末頃から試験的に導入し、システムの有効性についての実証実験（各店二週間〜三週間程度）を行った。導入にあたっては現場参加型の開発プロセスを採用した。具体的には各店舗の従業員の方へのニーズのヒアリングを行い、画面などのカスタマイズを行うことで、導入店舗におけるシステムの利用動機を高め、調査結果をサービスに反映させる最適設計ループを確立した。食後の商品満足度評価では、顧客が「今日食べたもの」「以前食べたもの」に関して画像付きで質問に答えることができる。複数のメニューを注文した場合、これまでの紙による回答方法では商品に対して個別に評価していくことは、回答者側にも負担が大きく難しかったのだが、本システムのアンケートでは画像を見て食べた商品をクリック

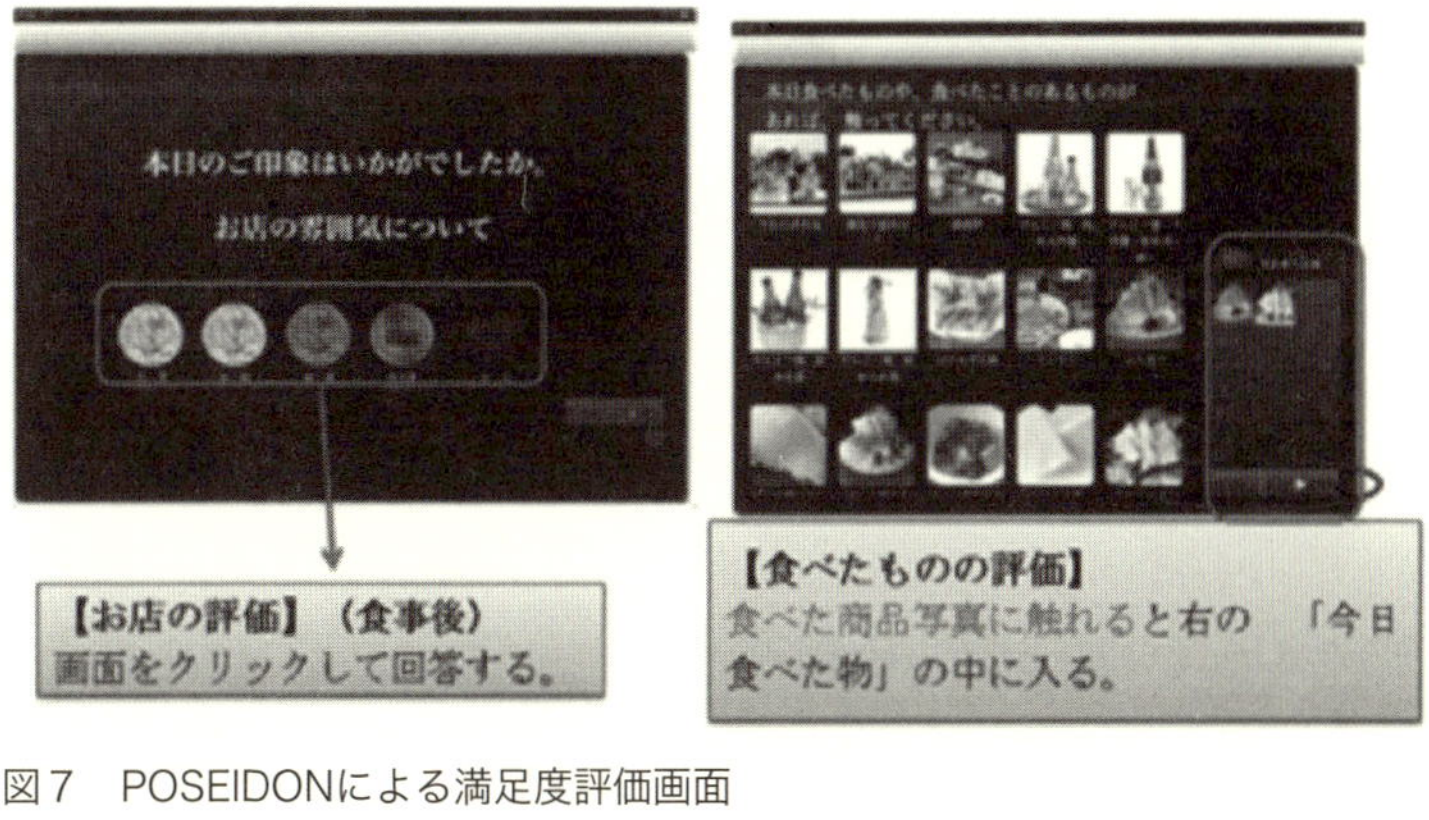

図7　POSEIDONによる満足度評価画面

した後、該当商品ごとにインタラクティブに回答をクリックしていくことができる。実験の結果、回答時間は数十秒程度で完了できた。このように設問以外の無駄な情報を減らし、画像を多用して思い出しやすい状況を作り出すことで、これまでの紙のアンケートより負担が少なく、より詳細で正確なアンケートを実施することができる環境を整えることができた。こうして利用者の心理的な反応も含めて品質の高いデータをID‐POSデータと組み合わせることによって、受動的に得られたビッグデータだけでは得られない高精度な利用者のモデルを構築することができるようになる。このシステムは他にもアパレル直営店三〇店舗以上に導入され、キャンペーンの実施、データ収集・分析が行われるなどの実績を重ね、実際のサービス現場の中で質の高いデータ収集とデータ活用技術として、サービス現場の中で研究・開発が今も進められている。

大規模データモデリング技術によるサービス提供者のモデル化

提供するサービスが比較的単純な場合は、サービス利用者の行動をモデル化することで、来店行動や商品選択行動の確率などを予測できる計算モデルを作ることで、サービス現場の支援システムに活用できた。これは提供者側の計算モデル化がなくてもある程度対応できたからである。しかし、サービス業の中には介護や医療のように、提供者側にも異なるスキルを持つたくさんの人が協力して臨機応変にサービスを提供しているものもある。こうした提供者側にも多くの人が介在するサービスシステムでは、提供者の計算モデル化も必要になる。

介護・医療現場においては、これまでの工学的な課題設定のように目的を客観化・指標化することが容易ではないことが大きな障壁になっている。目的とする、あるべき介護・あるべき医療とは一意に定義可能なものではなく、その評価関数は当事者たちの合意や文脈、環境に強く依存して決まるものと考えざるを得ない。また解決すべき問題が比較的単純なものに帰着できて、必要な技術が既存のプロセスの一部を代替するようなものであるならば、技術の要件定義は比較的容易に行うことができ、それに基づいて開発された支援技術は計画通りに現場に導入され得る。ところが、実際の医療や介護現場においては問題が環境や制度、利用する人の都合などの相互に依存する問題が関連していることが多く、社会的なコンテクストへの依存性が強い。

これまでに筆者らが聞き取り調査や、機器を開発した企業のヒアリングを行ったところ、事前に想定できていなかった導入時の負担や時間的コストや利用時のリスクなどが、現場導入後に初めて明らかになる事例が多く存在する。このために支援機器の導入・利用を断念したり、利用されるのが限定的な場面のみに限られ、稼働率が低いといった問題が実際に発生している。これは、機器の利用現場（人と環境）へのコンテクスト依存性が高く、想定以外のリスクやコストが評価関数として設計時に明確にできないために、機器開発を現場から切り離して実行することの困難性が顕在化していることを示している。

そこで機器の開発と現場への導入と利用を円滑に進めるために、介護・医療の当事者である実践コミュニティのメンバーが技術開発プロジェクトに関与し、技術開発者も社会的コンテクストを理解するために現場に入る現場参加型開発アプローチが必要となる。これまで医療現場や介護現場において現場参加型アプローチに基づき利用現場の特性や利用者の業務を開発者が分析し、また利用者側も新たな機器の導入効果やメリット・デメリットを事前に把握する、といった活動を介護施設（和光苑）での情報共有システムの開発や長崎大学病院看護部と共同での看護支援機器の開発などで実施している。このアプローチでは、実践コミュニティのメンバーは単なる利用者ではなく、解決すべき問題の設定や、開発対象となる機器や実験のデザインにまで深く関与する。それにより、利用者たち自身がサービスシステムの中で、自身の役割や機能を明確にしながら、必要な機能や何がよい状態であるかという評価関数を支援機器のデザインに埋め込むことになる。しかし、こうした活動が有効に働くその一方で、実践コミュニティのメンバーとの意識共有のためのコミュニケーションコストが大きく技術開発効率が低いこと、現場の知識や評価関数が十分には明示化されずに暗黙的なままで埋め込まれてしまうなども課題として残されている。そこで今後は、現場参加型開発を持続可能なものとするための技術の確立も重要な課題になっている。現場のステークホルダーとのコミュニケーションコストが大きく、現場の知識や状態に関する評価関数が現場担当者の暗黙知のまま現場に埋め込まれてしまうという問題は、サービス現場が人を要素としたシステムとして構成されていることによる本質的な問題である。サービスの品質や機能・スキルは現場の担当者に依存した属人的なものであり、今のままでは再現性や持続性が十分ではない。そこでサービス現場の現象をできるだけ客観的・自動的に観測し明示的にモデル化・形式化することが工学としての重要な課題になる。

看護研究や介護福祉分野における現場を知る活動としては、大きく分けて二つの異なるアプローチがある。一つは事前に作成したアンケートやチェックリストを用いた定量調査や、特定の作業項目の所要時間を計測するタイムスタディなどであり、もう一つはエスノグラフィーやナラティブ・アプローチなどとして実践されている定性調査（質的研究）である。しかし、前者には事前に作成するアンケートやチェックリストや作業項目以外の事象を扱えないこと、後者は定量調査で扱えない事象が調査でき、深い理解が得られるものの、その調査結果を一般化することが難しく、調査結果の客観性やほかの場面への一般化が十分でないといった問題がある。

そこで、この両者の問題を解決するために、サービス現場に導入する技術（機器）を通じて持続的に観測可能な電子データを活用して現場の現象を理解することを考える。例えば、現場での情報共有システムの中では入力された現場の状況に関する記述がテキストデータとして得られ、看護支援機器では、操作履歴が時刻情報や操作者のＩＤ情報とともに計測される。さらに屋内での位置計測機器を併用することで、時刻に紐付けられた空間座標も合わせて計測可能である。

このようにしてサービス現場の中に導入する情報機器により実際の行動履歴としてデータを記録することで、情報収集のためのコストや負担をかけることなく通常のサービスを実行することを通じて、現場を理解するためのデータが収集可能になる。こうして得られたデータは時間や場所に紐付けられた客観データであるが、サービス現場で起こる現象は当事者の主観を通じて解釈しなければ理解できない現象がある。例えばその状態が望ましいものかどうかといった評価に関するものや、専門的な経験がないと客観データだけでは識別することが難しい現象などがある。また、こうした主観的な対象は異なるステークホルダーの間で共有可能なものか、あるいは個別のものかを判定することも一般化のために重要である。

そこで、客観データを可視化したものを複数のメンバーが共有し、各自が主観的な解釈を付与する過程が必要になる。幸い看護分野においては、病院内の看護実施記録を意義のあるものにするための方法論が研究されてきており、SOAP（Subjective Data, Objective Data, Assessment, Plan）と呼ばれる主観情報と客観情報を併記したうえで、アセスメントとプランニングを行うという文化が根付いている。また介護・医療現場では定期的に開催される、カンファレンスと呼ばれる同一のケーススタディに関する情報共有と行動計画についての合意をとる会議が定期的に行われている。こうした機会を利用して、日常的に観測したデータの可視化・共有と主観的解釈の付与を行うことが今後期待できる。特に現場で観測されたデータの集積が進み、可視化や共有を行う電子デバイスの操作が簡単になれば、主観的解釈を付与し、各種のデータ統合も進むことが期待される。

サービスの共創的な場づくり、実践コミュニティ支援

サービスは現場を共通の場として、サービスを提供する人・利用する人がともに価値を生み出すように相互作用するダイナミックなプロセスであるといえる。ここまで見てきたようなサービスの利用者のモデル化、提供者のモデル化がビッグデータの集積によって実現すれば、そのモデルを計算機上で組み合わせたダイナミックなプロセスも計算できるようになると期待できる。そして、その目的はサービスに関わるすべての人にとっての価値が大きくなるようにすること、価値の共創である。上田完次らの価値共創に関する研究によればタイプが異なる三つの問題に分けられる。その中でもっとも複雑な問題（クラス3の問題）としての共創的な意思決定の問題は、上田らの表現によれば、「多様な行動主体間の相互作用の結果、システム全体として有効解を創出する集団的意志の形成」であり、したがって行動主体となる人から見たそれぞれの主観的価値を全体としてどのように取り扱えばよいかが、これまで客観的な対象に対して発展してきた工学としての大きな難問・チャレンジとして横たわって

いる。

現在のところ、この価値共創のための活動は、関係する人々を一つの場に集め、その間の意識共有と意思決定を円滑に進めるディスカッションやワークショップなどとして実践されている。ワークショップや組織内のコミュニケーションをはかることで、目標や課題を共有し、協調性を持って意思決定や行動を進められるようにするのである。今はすべての人が同じ時間に同じ場所に集まって長い時間をかけて議論しなければならないという問題があるが、こうした人々が共創しやすい「場」を仮想的に作ることが、もしかすると価値共創を実現するサービス工学の役割になるかもしれない。価値共創を実現するためには、組織やチームのメンバーの固い結束が必要だ。これをもっとゆるやかな共通の接点やかかわりを作るための仕組みで、素早く効果的に価値共創のための「場」が作れるようになれば、その人の輪は急速に拡大することもできる。最近のソーシャルメディア、SNSの普及によって、コミュニティを作ることが容易になってきた。これまでコミュニティと言うと、日本では特に自治会や小学校のPTAなどの地域に根ざした地域コミュニティのことを意味することが多かった。しかし本来のコミュニティはもっと広く一般的に共通の関心を持つ集団のことを意味しており、特にある活動に取り組む共同で行動を行うコミュニティのことを実践コミュニティ(Community of practice)と呼ぶ。この実践コミュニティの形成を新しい技術によって支援し、誰もが自由に出入りして参加したりできるような「場」ができることによって、柔軟にサービスシステムが共創的に価値を創出できるようになるかもしれない。この未来の価値共創の仕組みによって社会や暮らしが今よりもよいものになることが、サービス工学が本当の意味でイノベーション（技術による社会変革）を起こすということかもしれない。

第三章　復興支援におけるサービスと技術

気仙沼～絆～プロジェクトをとおして

――大場光太郎

はじめに

災害時のコミュニティの重要性は、阪神淡路大震災の際の孤独死等の問題を機に注目されるに至った。東日本大震災ではその経験を活かして、避難者を地域コミュニティ単位で避難所や仮設住宅へ割り振る等の処置がとられたが、コミュニティ形成の持つ問題を根本的に解決しているとは言い難いのが現状である。実際、被災地ではコミュニティの崩壊により、廃用症候群による高齢者の孤独死が深刻化しつつあった。

一方で企業などが注目しているスマートコミュニティ技術は、エネルギー・情報・交通をつなぐことで自律的な都市を構築し、活力あるコミュニティを構築する総合基盤インフラ技術である。これについては、総合科学技術会議の「平成二四年度科学技術重要施策アクションプラン」にも、政策課題を解決するための重点的取組として盛り込まれている。

しかし、ここでいうスマートコミュニティ技術は、コミュニティ形成の基盤インフラとはなり得るが、本来、街の基本となる人と人とのつながりを重視したコミュニティ（つながり（絆））形成の支援方法としては十分ではない。〝つながり（絆）〟は基盤インフラの上に乗る具体的サービスコンテンツの一つと考えられ、このようなスマートコミュニティ技術上における①居住支援、②ライフケア、③情報支援、④エネルギー支援、⑤移動支援などの具体的なサービスモデルについては、これまであまり議論がなされてこなかった。

そこで、「気仙沼～絆～プロジェクト」では、スマートコミュニティ技術を被災地のモデル地区に導入し、そのインフラ上において、地域住民が本当に求める〝つながり（絆）〟形成を重視した具体的サービスの実証実験を他に先駆けて行った。本プロジェクトは、被災地の復興・再建にあたってスマートコミュニティを構築することにより、住民同士のつながりを取り戻すための取り組みだ。産総研のメンバーも現地で寝食をともにし、現地のニーズをくみ上げてサポートする。その知見やノウハウを蓄積することで、企業による被災都市へのスマートコミュニティ技術の導入を支援する。

被災地の抱える課題と産総研のアプローチ

東日本大震災の直後から、仙台市出身の著者は被災地を繰り返し訪れて調査を行っていた。しかし、復旧時期には産総研としてかかわれることは少なかったため、来るべき復興時期に向けた調査を重ねてきた。とりわけ阪神淡路大震災の状況と比較すると、地形などの状況が異なることから、避難所から仮設住宅への移動、さらには復興住宅への移動に伴う、コミュニティの維持形成が大きな問題であると感じていた（図1・2）。

特に地域社会に介入しながら行う今回の取り組みでは、地域文化をよく理解し、地元に入りこみ、社会的な信頼関係を築きながら技術的な支援を行うことが重要であった。

また、復興支援でもあり、産総研としての知能システムの大きな社会的課題であったシステム（ロボット）の社会実装をどのようにすればよいかという課題においては、被災地で特に大きな問題となっている「高齢化社会におけるコミュニティ支援技術の開発」を取り上げた（図3・4）。

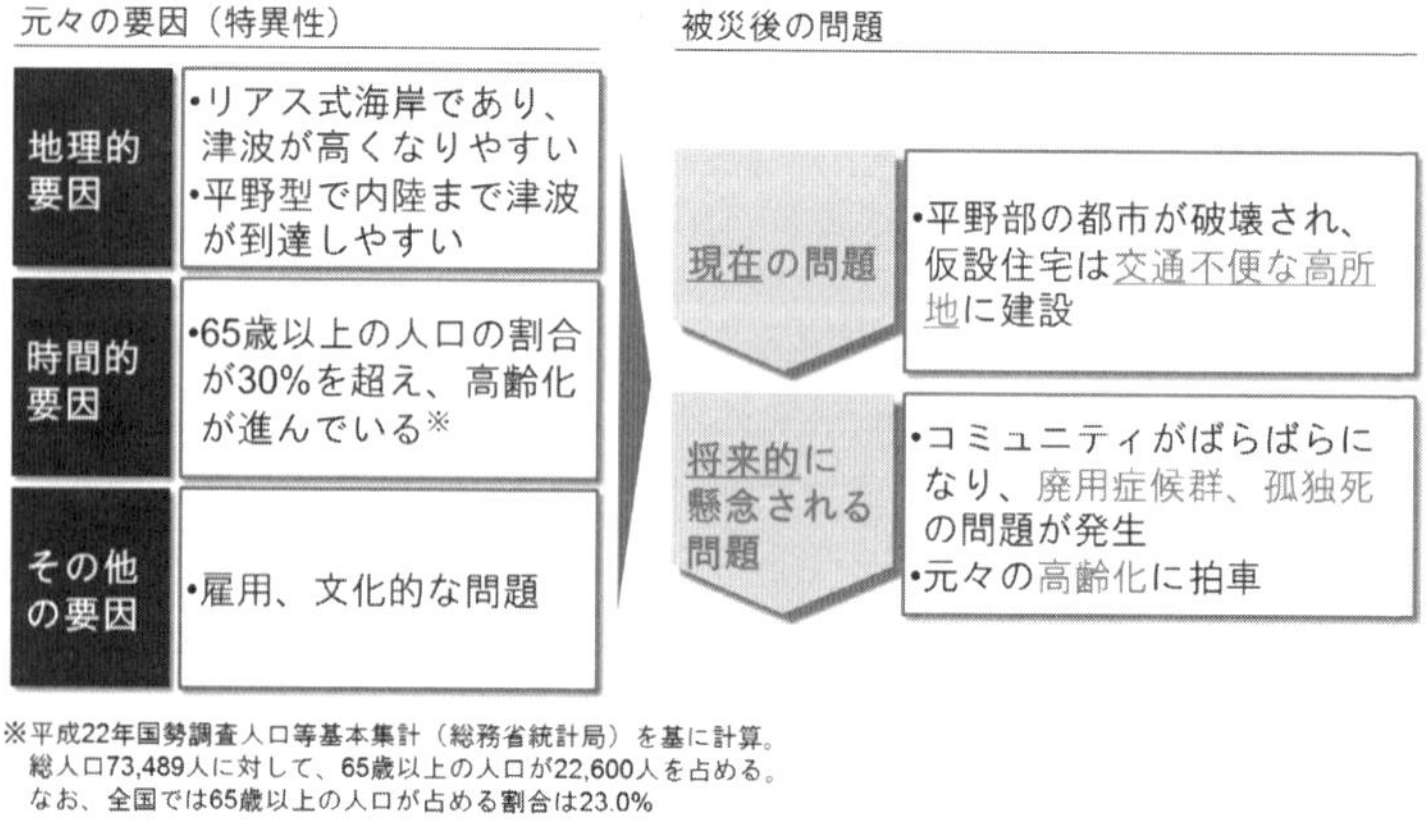
元々の要因（特異性）
地理的要因
•リアス式海岸であり、津波が高くなりやすい
•平野型で内陸まで津波が到達しやすい
時間的要因
•65歳以上の人口の割合が30%を超え、高齢化が進んでいる※
その他の要因
•雇用、文化的な問題
被災後の問題
現在の問題
•平野部の都市が破壊され、仮設住宅は交通不便な高所地に建設
将来的に懸念される問題
•コミュニティがばらばらになり、廃用症候群、孤独死の問題が発生
•元々の高齢化に拍車

※平成22年国勢調査人口等基本集計（総務省統計局）を基に計算。
総人口73,489人に対して、65歳以上の人口が22,600人を占める。
なお、全国では65歳以上の人口が占める割合は23.0%

図1　被災地の特異性と問題

「気仙沼～絆～プロジェクト」を開始するにあたり、気仙沼市や社会福祉協会、ＮＰＯ、ＮＧＯなどとの信頼関係を築くことを最優先に、仮設住宅に入り込みながら研究を行うための拠点候補地を宮城県気仙沼市五右衛門ヶ原仮設住宅とし、居住支援（スマートライフケア）パッケージの構築を検討した。その際、これまでに産総研で知り合っていた企業群に協力を要請したところ（後にスマートライフケアコンソーシアムを設置）、拠点形成のために必要となる資材などをほぼ無償提供という形で集めることができ、二〇一二年一月にオープニングを行った（図５）。

現在でも、三台のトレーラーハウスのうち、一台は産総研の研究者の常駐場所

図２　現在の気仙沼

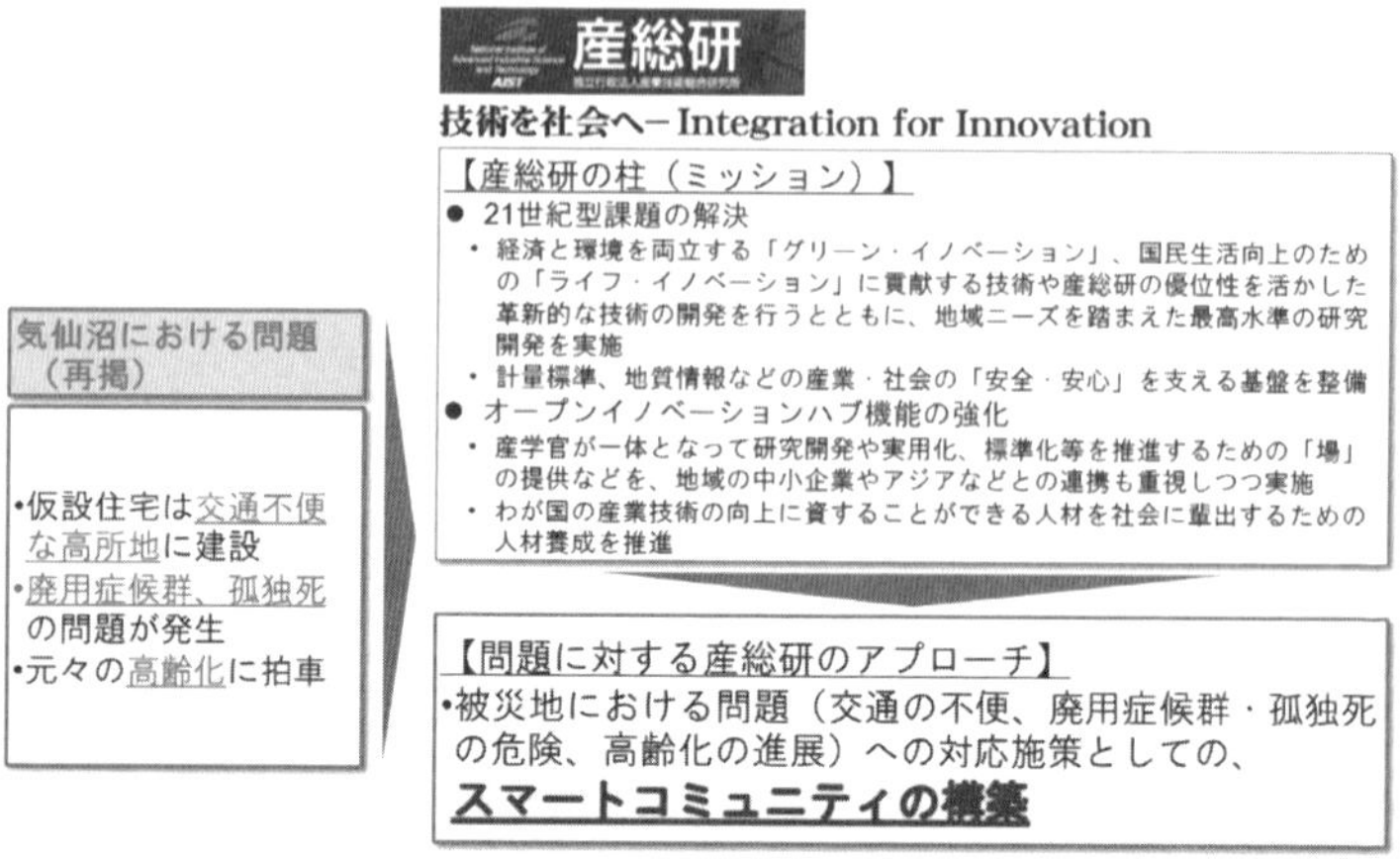
産総研
AIST
技術を社会へ－Integration for Innovation
【産総研の柱（ミッション）】
● 21世紀型課題の解決
・経済と環境を両立する「グリーン・イノベーション」、国民生活向上のための「ライフ・イノベーション」に貢献する技術や産総研の優位性を活かした革新的な技術の開発を行うとともに、地域ニーズを踏まえた最高水準の研究開発を実施
・計量標準、地質情報などの産業・社会の「安全・安心」を支える基盤を整備
● オープンイノベーションハブ機能の強化
・産学官が一体となって研究開発や実用化、標準化等を推進するための「場」の提供などを、地域の中小企業やアジアなどとの連携も重視しつつ実施
・わが国の産業技術の向上に資することができる人材を社会に輩出するための人材養成を推進
気仙沼における問題（再掲）
•仮設住宅は交通不便な高所地に建設
•廃用症候群、孤独死の問題が発生
•元々の高齢化に拍車
【問題に対する産総研のアプローチ】
•被災地における問題（交通の不便、廃用症候群・孤独死の危険、高齢化の進展）への対応施策としての、
スマートコミュニティの構築

図3　産総研の目指すこと

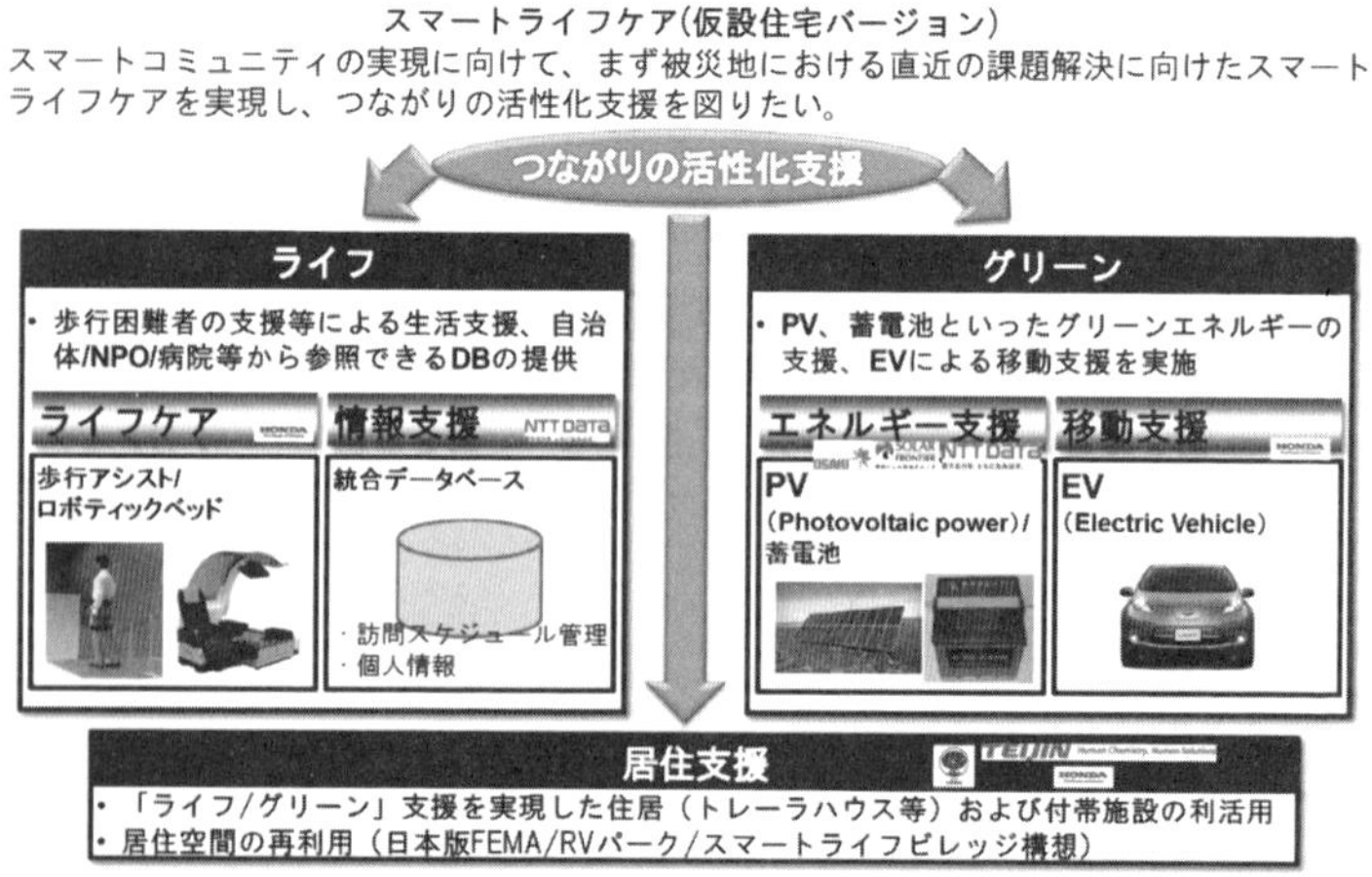
スマートライフケア(仮設住宅バージョン)
スマートコミュニティの実現に向けて、まず被災地における直近の課題解決に向けたスマートライフケアを実現し、つながりの活性化支援を図りたい。
つながりの活性化支援
ライフ
• 歩行困難者の支援等による生活支援、自治体/NPO/病院等から参照できるDBの提供
ライフケア
HONDA
情報支援
NTT DATA
歩行アシスト/ロボティックベッド
統合データベース
・訪問スケジュール管理
・個人情報
グリーン
• PV、蓄電池といったグリーンエネルギーの支援、EVによる移動支援を実施
エネルギー支援
NTT Data
移動支援
HONDA
PV
(Photovoltaic power)/蓄電池
EV
(Electric Vehicle)
居住支援
TEIJIN
HONDA
• 「ライフ/グリーン」支援を実現した住居（トレーラハウス等）および付帯施設の利活用
• 居住空間の再利用（日本版FEMA/RVパーク/スマートライフビレッジ構想）

図4　被災地における廃用症候群予防のための生活支援ソリューションイメージ

として、一台は気仙沼市に貸与し物販を行うと同時にコミュニティスペースとして、さらに一台は、NPOなどの活動の場や、ロボットなどの実証拠点として稼働している（図6・7）。

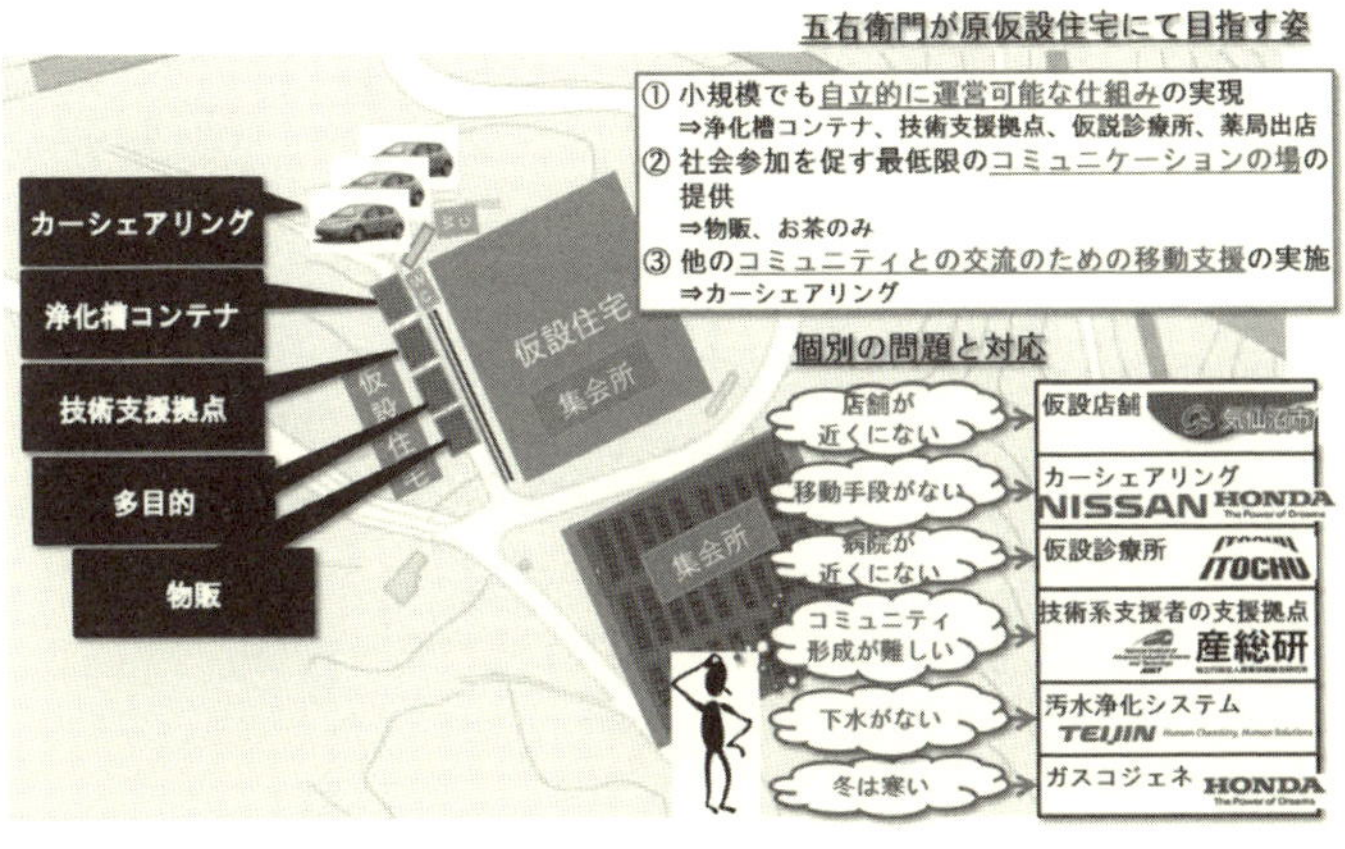

図5　仮設住宅でのスマートライフケアパッケージ（現状）

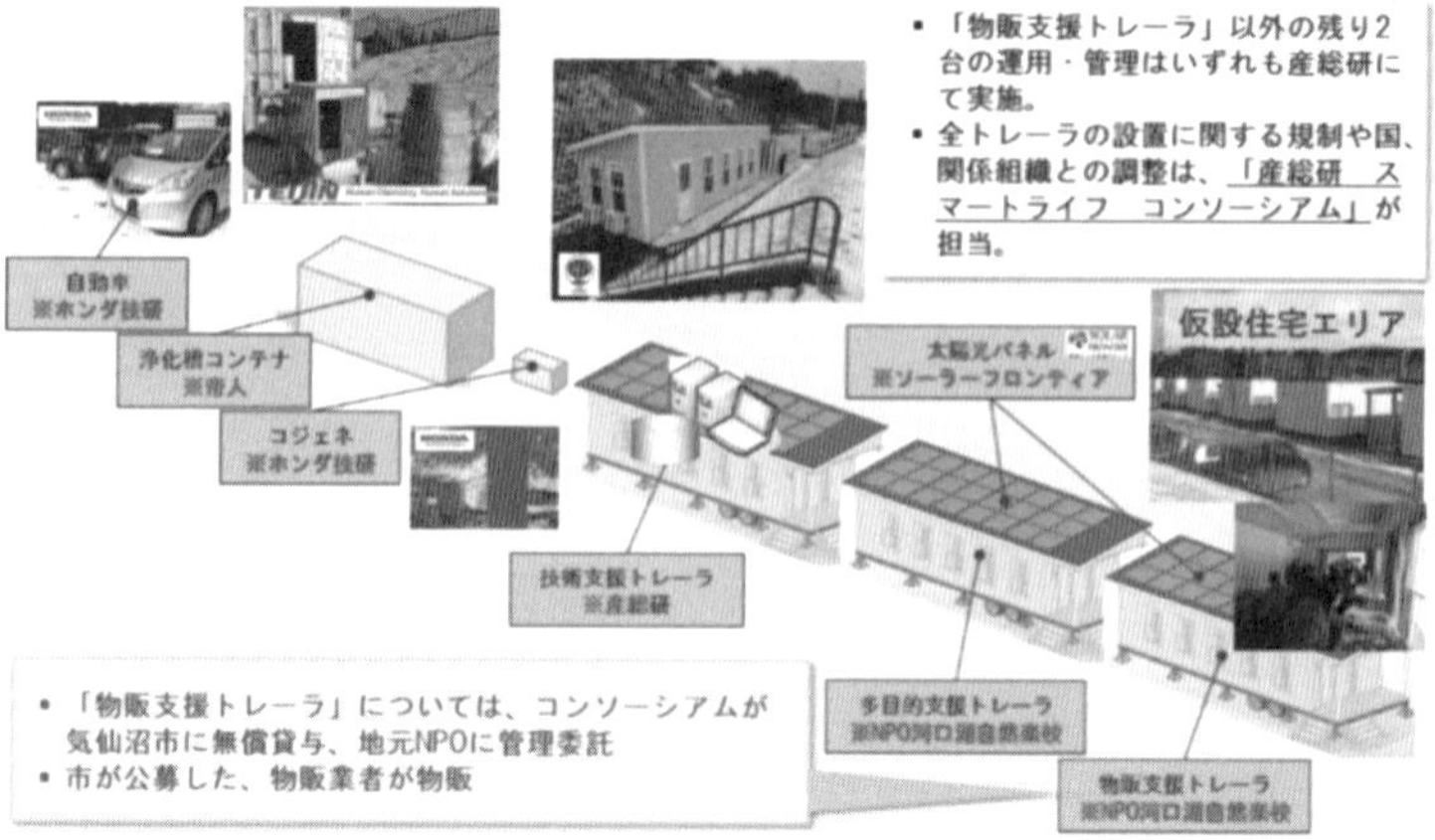

図6　トレーラの設置状況

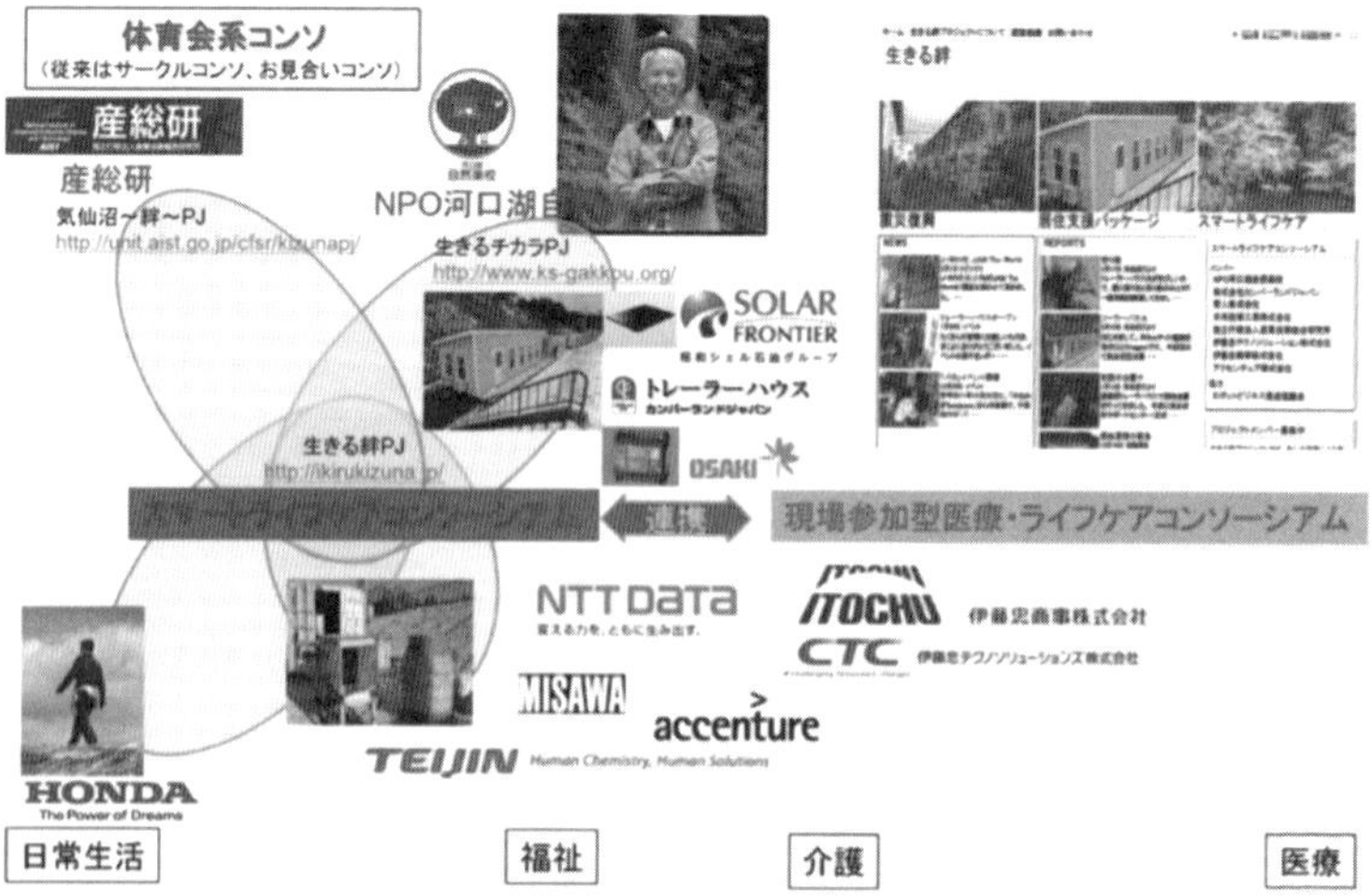

図7　プロジェクトに関連するコンソーシアム

気仙沼〜絆〜プロジェクトの実践体制

このプロジェクトでは、今後の高齢化社会でも深刻となる廃用症候群の予防に向けた社会サービスを実現するため、被災地の自治体が持つ復興計画と企業の有するスマートコミュニティ技術を、仮設住宅周辺に構築するトレーラーハウス拠点に結実させた。これにより、災害に強い持続的なコミュニティを実現するための、新たな街作りに向けたプロトタイプモデルを構築することを目標とした。

震災によりコミュニティが崩壊した被災地の復興において、〝つながり（絆）〟を支援するサービスコンテンツを乗せるためのプラットフォームとして、仮設住宅（気仙沼市五右衛門ヶ原仮設住宅）に、複数の企業が資材などを無償提供し構築したトレーラーハウス拠点を設置した。そこでは、産総研が有するセンサーネットワーク技術を導入したスマートコミュニティインフラを構築し、つながり支援のための情報収集プラットフォームの構築を行い、人間工学実験審査を行ったうえで、

①居住支援
②ライフケア
③情報支援
④エネルギー支援

⑤移動支援

などの具体的なサービスモデルにおいて、情報の収集・蓄積を行い始めた。各サービスモデルの実施状況（概要）は次のとおりである。

①居住支援

平成二三年度に完成したトレーラーハウスを用いた災害に強い居住支援パッケージは、社会的にインパクトが大きく、女川町の宿泊村協同組合によるトレーラーハウス宿泊村Ｅｌｆａｒｏ（エルファロ）の構築や、名取市におけるＲＶパーク構想でも、プロトタイプモデルの横展開が進みつつある。

②ライフケア

ライフケアとしては、日本運動器科学会と連携した健康プログラム、子供のライフケアなど、当初目標としていなかった領域にも積極的に入り込み、そのデータを集積しつつある。

③情報支援

仮設住民を対象とした情報支援システムとしては、仮設住民の健康チェックシステムをＫＤＤＩなどと協力しながら構築中である。同時に見守りロボットを企業などと連携しながら開発を進めてきている。

④エネルギー支援

トレーラーハウスでの電力モニタリングシステムを、仮設住宅に拡張し計測・解析を開始する予定で、仮設住民の心情を配慮しながら、慎重に準備を進めている。トレーラーハウス拠点の電力モニタリングシステムとしては、ＡＣ系に加えＤＣ系が完成し、夏場のエアコンと照明需要に耐えうることが立証された。これらの知見を活かし、ＪＳＴプロジェクトで製品化を予定している。

⑤移動支援

気仙沼周辺の交通網の再構築が進む中で、バスや車など移動手段の利用状況を見極めることが必要であったが、結果として実装は見合わせることとなった。移動支援の社会実装の機会を逸した最大の理由は、復旧・復興のタイミングを計りながら、地元の経済再建の疎外をしないように社会実装することができなかったためであると考えている。技術ではなく、社会実装の難しさが露呈したテーマである。

⑥モデリング

人と人のつながりのモデリングについては、単純なセンサー情報の見た目のつながりではなく、信頼度などが人の幸福に因果関係が強いことなどから、ソーシャルキャピタル指標を用いたアンケートを実施し回答を分析した。その結果、震災前に比べて近所で交流している人の数や、地域のイベントへの参加数が減少している状況が確認された。特に四七・八％の人が近所との付き合い頻度が減っていることがわかった。今後は一次的なデータとソーシャルキャピタルなどの本来のつながりとの関連性について検討を行いたいと考えている。

まとめ

今回の「気仙沼〜絆〜プロジェクト」は、これまでのモノづくりをベースとした産総研の研究とは異なり、コトづくりのためのヒトとヒトのコミュニティ形成という社会的課題を取り上げているところなどに、研究としての新しい側面がある。技術的にはエネルギーマネジメントや、見守りセンサー、ロコモーティブシンドローム、ノボレオン、サービスなどの技術を総合的に駆使して、直面していた社会問題に社会実装したといえる。

これらを俯瞰してみると、従来型の「要素開発型研究」と「システム開発型研究」が、いわゆる〝死の谷〟を乗り越えようとしてきたのに比べ、もうひとつの社会へ橋渡しの障壁である〝ダーウィンの海〟を乗り越えるための「社会実装型研究」であるといえる（図8）。

社会実装のためのイノベーションの方法論は、シュンペーターを始め、さまざまな学者が議論を進めているところであるが、今回、実際に現地の方との信頼関係を築き、その中で社会実装していく過程を通して、私たちが行き着いた社会実装手段は、「共創モデル」であるといえる（図9・10）。

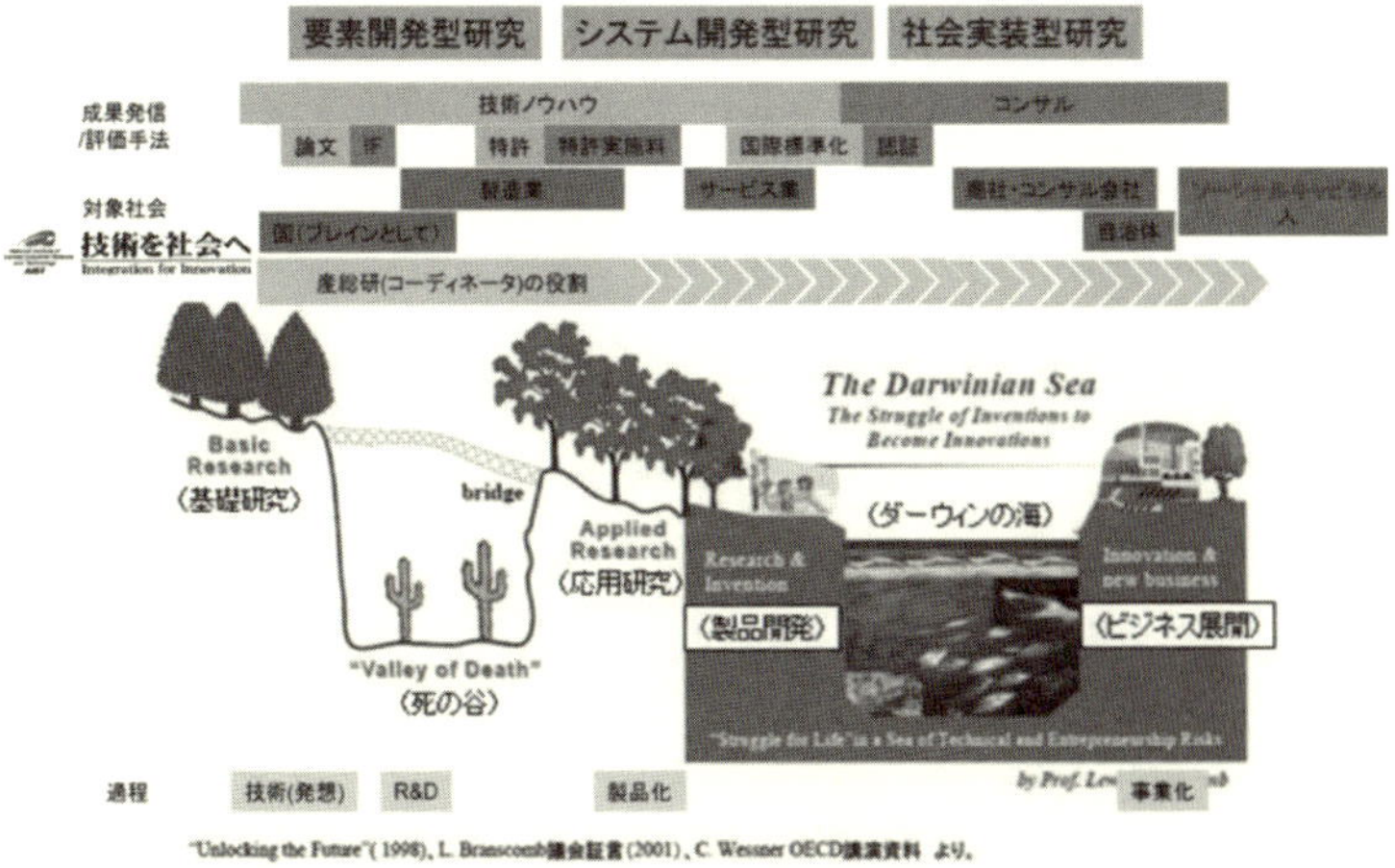

図8　“死の谷”と“ダーウィンの海”

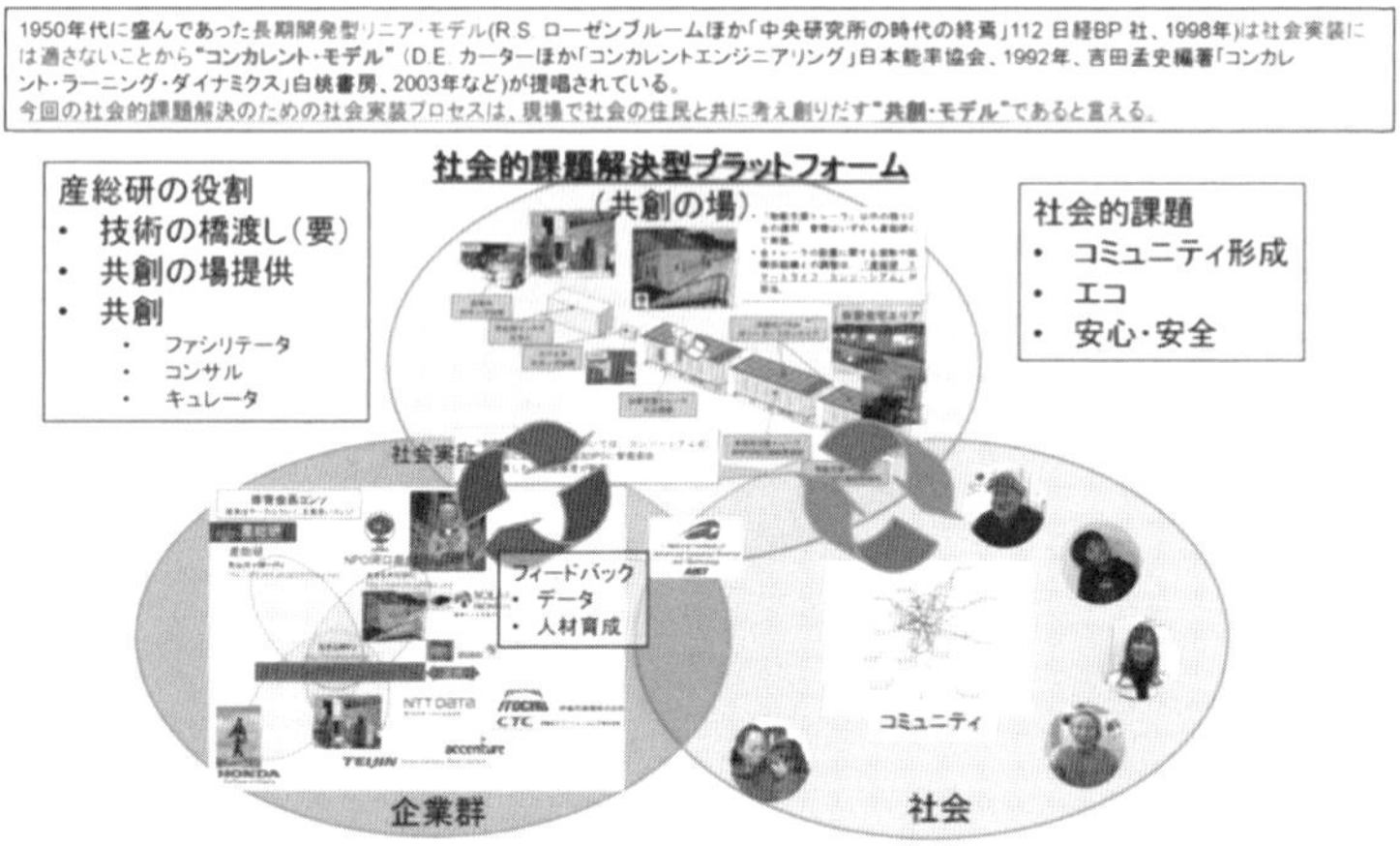

図9　社会実装プロセス

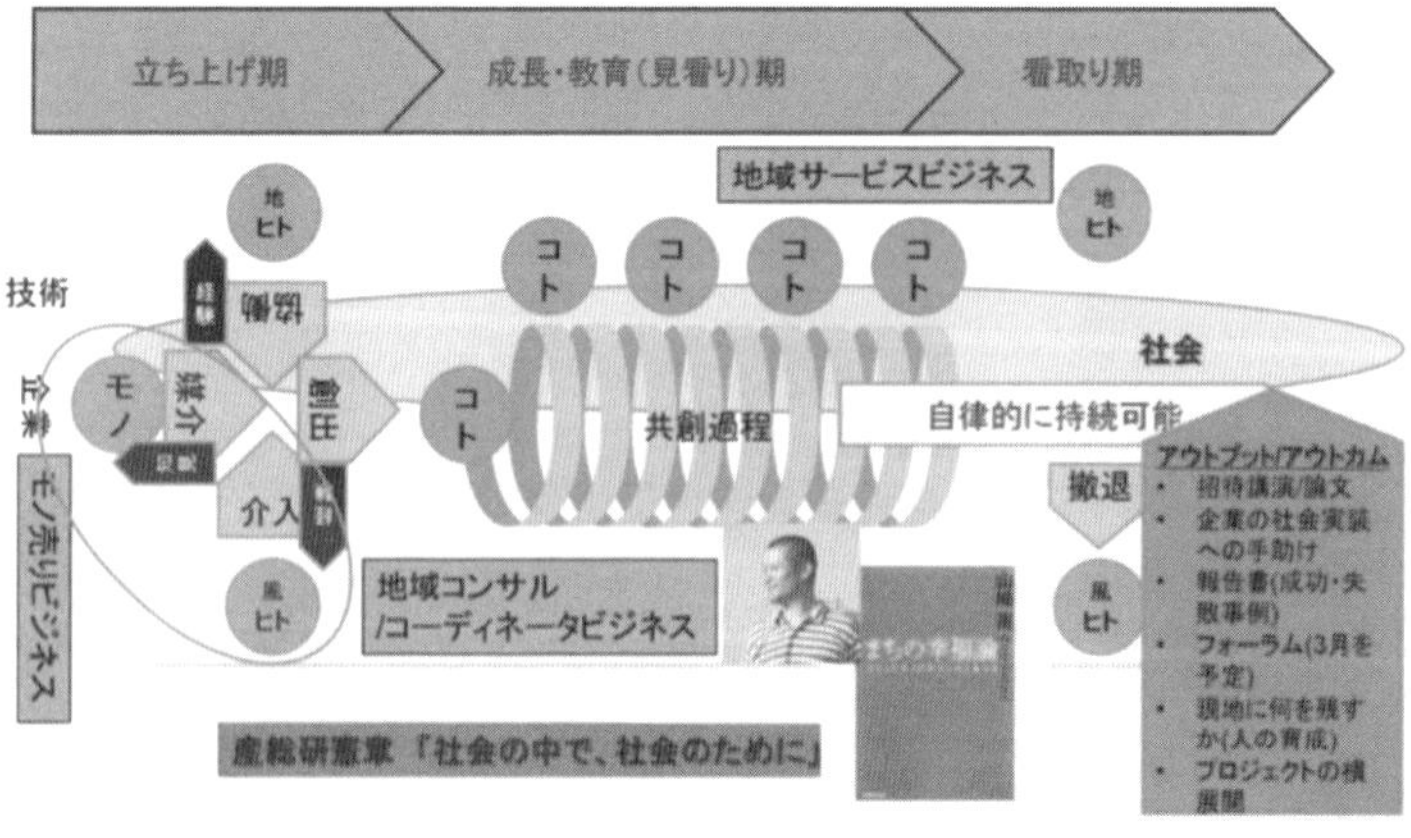

図10　共創モデル

第3章　復興支援におけるサービスと技術　気仙沼〜絆〜プロジェクトをとおして

第四章　医療・看護現場におけるサービスと技術

――佐藤洋、大山潤爾、本村陽一、松本武浩、岡田みずほ

はじめに

医療現場ではさまざまな機器が使われているが、機器の設計開発では想定しきれない事態（コト）が多く発生している。加えて、さまざまな異なる職種によるチーム医療体制の中で、各種のメーカーや用途が異なる医療機器を病院ごとに異なる環境で工夫しながら使うという現状がある。こうした予見できない不測の事態が生じる可能性がある、複雑で不統一な使用状況において、より安全で使いやすい機器を開発するために、機器であるモノだけではなく、そこで働く人々も含めたコトとして全体を理解していくことが安全・安心な医療環境構築のために必要である。本章では現在、産総研と長崎大学病院で進めている実際の医療現場発の看護ニーズに基づく医療機器開発プロジェクトの事例を紹介しながら、医療現場におけるニーズを抽出し、コトとしてとらえることが機器開発にとっていかに重要かについて述べてみたい。

医療と技術

医療現場では、さまざまな用途の医療機器が用いられている。血圧計や輸液ポンプなどの医療機器や、電子カルテといった医療情報システムは多くの病院で使われている。これらの機器やシステムの開発により、診断および治療を支援すること、また医療の安全と質を高めることは工学にとって非常に大きな役割である。医学と工学の融合による医師に対する支援では、特に高度な診断および治療の領域でさまざまな取り組みが行われてきた。また、情報技術の進歩により、電子カルテ等の医療情報システムを駆使してペーパーレス化が進んでいる。このように医療環境が技術的に進歩したことで、医療現場にもたらされてきた現象や変化とはいったい何だろうか。

国立八大学工学部を中心とした「工学における教育プログラムに関する検討委員会」による技術の定義（一九九八）は、「技術とは自然や人工の事物・システムを改変・保全・操作して公共の安全、健康、および福祉に有用な事物や快適な環境を作り出す手段である。それらの人間の行為に知識体系を与える学問が工学である」というものであった。そして「技術者とは工学を駆使し、技術にかかわる仕事をする職業人である。」としている。つまりこれまでの工学的あるいは技術的アプローチは「工学により体系づけられた技術を手段として有用な現象を作り出す」と読める。いわば「技術」から「現象」を導き出すのが仕事、という定義である。その後、二〇一〇年に日本においてワシントン協定に基づきJABEE（日本技術者教育認定機構）がエンジニアリング・デザイン教育の重要性を技術教育評価に盛り込んでいる。JABEEによると「エンジニアリング・デザインとは、数学、基礎科学、エンジニアリング・サイエンスおよび人文社会科学等の学習成果を集約し、経済的、環境的、社会的、倫理的、健康と安全、製造可能性、持続可能性などの現実的な条件の範囲内で、ニーズに合ったシステム、エレメント（コンポーネント）、方法を開発する創造的で、たびたび反復的で、オープンエンドなプロセスである。」としている。技術によりディバイスの市場への提供などのゴールを目指すことだけではなく、ニーズという社会やエンドユーザーの要求をある条件の下に満たす継続的なプロセスをエンジニアリング・デザインとして位置づけており、この能力の育成が欠かせないとしている。一言でいえば「現場を巻き込んで開発する」、ということであろう。

そして、最近では小宮山が日本工学アカデミー会長として次のように述べている。「〈前略〉質を求める市民や生活の場である地域が創造型需要の起点となるでしょう。まさに創造の源は多様性です。一方で、そのような需要を喚起するためには、工学に携わる立場から、課題を構造化し、課題解決による未来の可能性を提示し続けることも必要です。〈後略〉」つまり、ニーズは現場に多様に存在し、ニーズを満たす方策を示し続けることが現在の工学の役割であると、小宮山は考えているのではないだろうか。

このようにここ十数年の間に、技術者が主体的に成果を世に供給するという「技術が社会を構築する」という考え方から、技術者が技術の受給者たる社会や生活者の多様なニーズを現場でとらえるために、現場を巻き込みながら対話を積み重ねて対応し続けるデザイン思考によるプロセス、およびそれに必要なディバイスの提案という段階にまで踏み込みつつあるといえる。一歩踏み込んでいえば「ユーザーニーズが満たされている」という状態を創り出すのが技術の役割、というとらえ方である。

さて、医療現場に論点を戻してみる。医療現場にはさまざまな課題がある。先の議論から、技術者はその現場の課題を適切に設定し、解決するための手段を提供することを要請される。しかし、技術者が医療現場に入り込み医療従事者とともに課題設定を行い、解決策を見いだそうとする取り組みは欧米では日常的に行われているようであるが、日本では困難なようである。医学従事者および工学従事者間の連携により医療現場の課題を解決し、産業化に結びつける活動として近年注目され続けている医工連携は、医療側が課題を提示し、技術者がそれらの解決を手持ちの技術でモノとして医療側に提案するというプロセスとしてとらえることができる。このプロセスにより医療現場に多く生み出されたのは十数年前の「技術者の主体的な判断」により技術が先走った解決策ではないか。電子カルテ導入で職場を去る比較的高齢の看護師の存在や、機能を並べただけのユーザーインターフェース混在によりミスを誘発する医療機器の存在など、機器やシステムが医療現場に投入されたときに起こる事象を十分に考え抜いていれば防げることが起こっているのではないだろうか。これからの技術者は単に手持ちの技術をモノとして供給するのではなく、患者に供給する技術をサービスとしてパッケージングしたうえで提案していく責務があろう。治療機器ならば医師と治療法自体が患者にどのように作用するか、診断機器ならば治療のプロセスの中での役割を5W1Hで解く、看護師が操作する機器ならば治療や診断と機器の位置づけおよび医師―看護師―患者の役割分担まで考えることなどである。

「輸液ポンプ」という医療機器

輸液ポンプは救急時から入院時まで診療科にかかわらず、さまざまな状況で頻繁に使用される医療機器である。現在日本では約三三万台の輸液ポンプが使用されている。輸液ポンプの役割は点滴時の液量の滴下速度の正確な調節と、滴下総量のモニタリングを行うことである。設定値は輸液セットの流量、予定量（輸液総量）および滴下時間または滴下速度である。最近では電子カルテの普及、投薬記録の正確性を期すなどの背景から医師の投薬指示が厳密に行われるため、指示どおりの滴下を行うために本機器が欠かせないようだ。特にカリウムなど滴下量に注意を要する薬液を滴下するときなどは、操作ミス・設定ミスが医療事故につながるため本機器の重要性が増す。輸液ポンプは頻繁に使用されるため、病院評価機構への報告においても図1のようにヒヤリハット報告が人工呼吸器に次ぐ多さである。その原因として輸液セットの装着、点滴の滴下量と速度を調節するクレンメの開放手順の間違い、穿刺ミスなどさまざまであるが、滴下量関連の設定ミスが起因していることも多い。行政からも注意喚起がなされている。そこでは例えば、予定量と滴下速度を間違えて設定するなどの例が示されている。そして、これらのミスはユーザーインターフェースの問題として取り上げられてはいるが、ヒューマンエラーとして取り扱われ、現場におけるミスを減らすために看護師らの取り組みを要請される場合が多いようである。

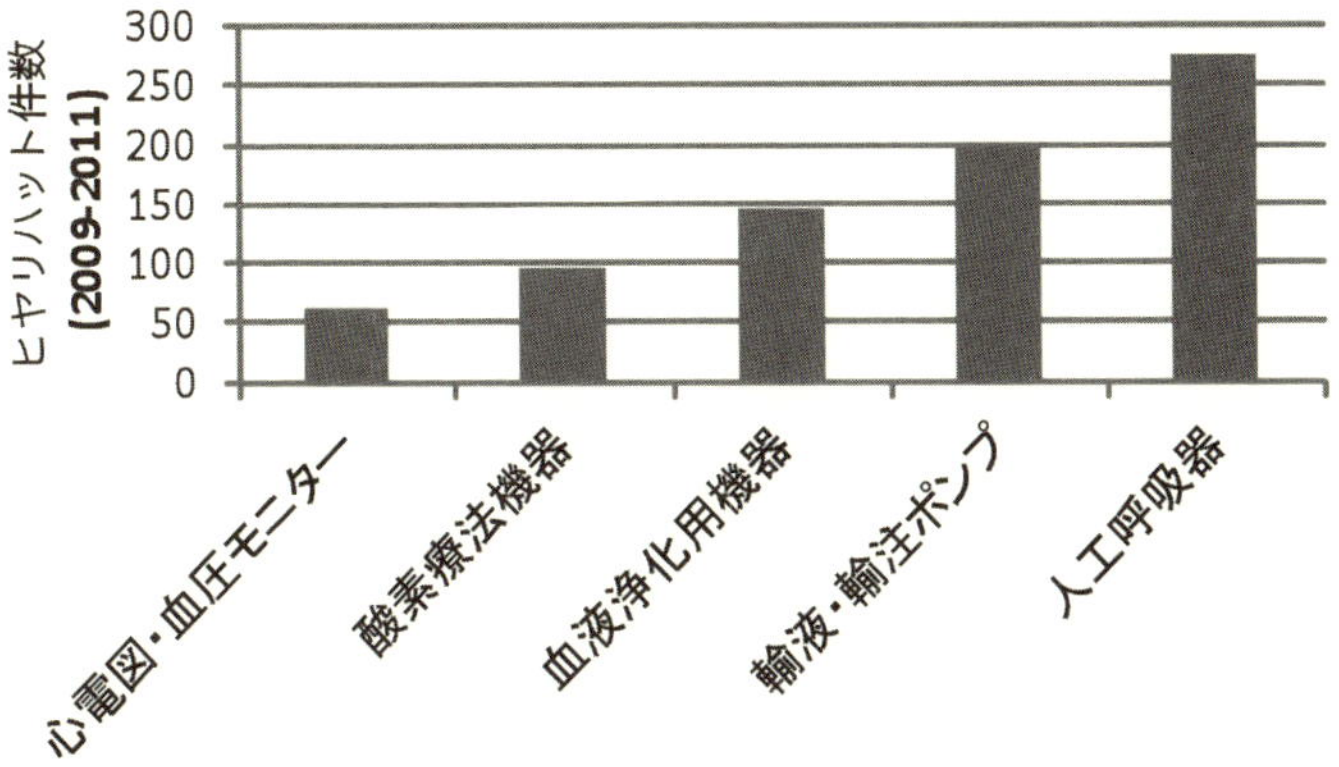

図1　医療機器ヒヤリハット報告TOP5
（日本医療機能評価機構データベース2009-2011よりデータ取得し作図）

看護業務改善のためのタイムスタディ

長崎大学病院医療情報部では看護業務の効率化、安全性および質の向上を目指し、看護業務調査・分析を行ってきた。タイムスタディにより看護師の業務量、業務フロー、動線、看護師相互の役割分担等を可視化するのである。一方、産総研サービス工学研究センターでは本村を中心として、長崎大学病院とともにタイムスタディを高度化する取り組みを行っている。具体的には医療サービス現場における現象を時間や場所に対応づけて記録することで、当事者の主観性も取り入れながら、さらに当事者以外にも共通了解可能な形式化、評価を可能にするデータベース構築を目指している。実際の活動として、図2に示すようなタブレット端末により業務を行った時刻、場所、その内容等を看護師自身が記録していくディバイスを開発し、実際に業務記録を試行した。図3は業務内容分析を行った結果である。

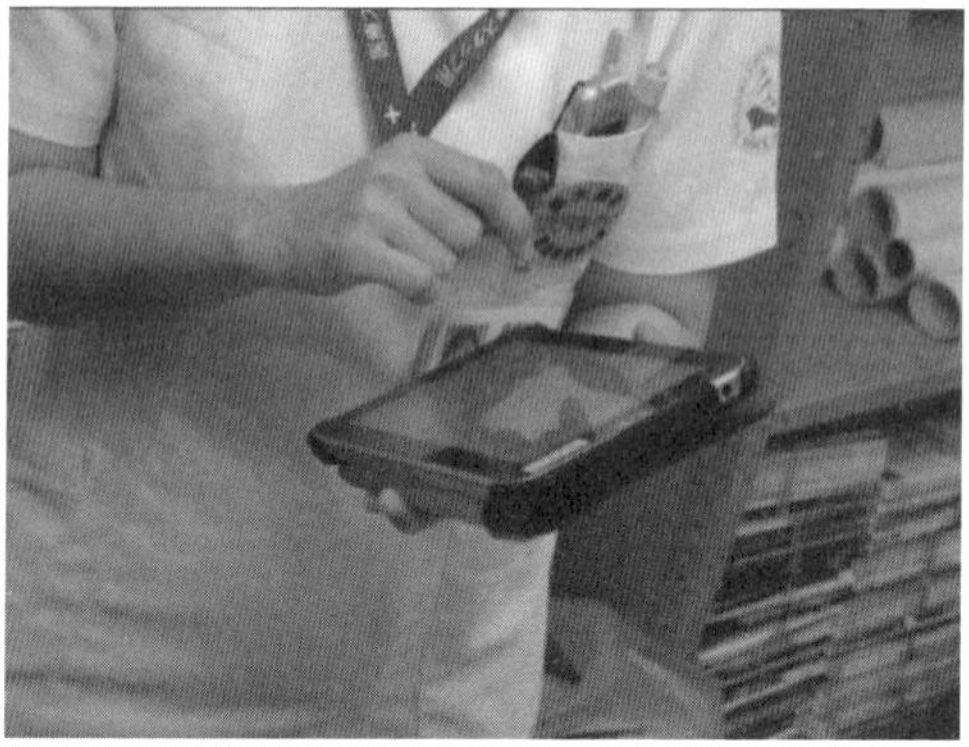
図2　調査に用いたタブレット端末

このプロジェクトは、現場の変革、それをもたらすディバイスの開発を医療サービスの現場を巻き込みながら行うという、現場参加型開発が実現されていることが特徴的である。長崎大学病院医療情報部および看護部は業務フロー・内容の見える化を切望していた。そして彼ら／彼女らがユーザーとして主体的に調査デザインおよびタブレット端末デザインに加わることにより、技術者に現場のニーズを直接的に伝えていた。さらにはデータ分析に対して主体的にかかわり、現場の考え方を積極的に分析に反映して結果の解釈を行っている。つまり現場も開発者も主体的に現場によりよい「コト」を生み出そうとしているのである。

次項では、この取り組みの続きとして輸液ポンプの改良に取り組んだ現場参加型プロジェクトについて紹介する。

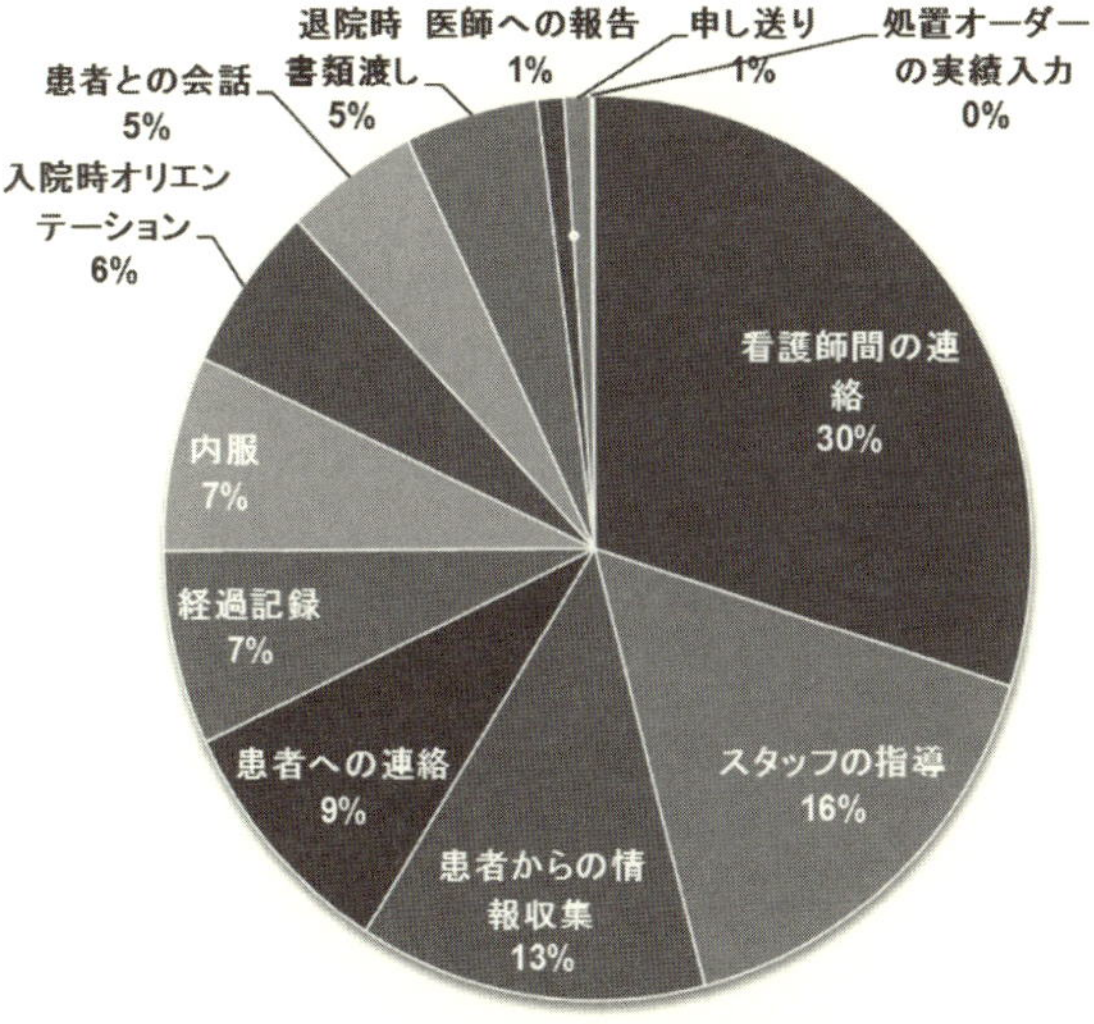

図3　長崎大学病院におけるタイムスタディ調査結果

輸液ポンプ改善のためのタイムスタディ

前項で述べた現場参加型タイムスタディプロジェクトに、新たなテーマとして「医療機器を改良した場合の業務フロー改善評価」を導入し、輸液ポンプについて取り扱うことを試みた。ここでのポイントは、医療機器というディバイスの改良というターゲットを医療サービスの向上というテーマと結びつけたことであろう。このテーマは人間工学研究者の視座からヒューマンライフテクノロジー研究部門のメンバーが中心となり導入した。

長崎大学病院とサービス工学研究センターの共通ターゲット（視点）は「精度の高い業務評価に向け、モバイル端末上で機能する看護業務のタイムスタディ調査用アプリケーションの開発」であるが、医療従事者と研究者という視座の違いから、そこに期待する立場上の成果は自ずと異なる。そのうえで「患者に寄り添う看護の実現」という活動のビジョンを共有していることが、ここでは大変重要である。そして、輸液ポンプの改良がこのビジョンにどのようにかかわるかについての共通認識が、このテーマ導入には不可欠であった。具体的には、現場の問題点を共有することにより異なる立場でできるだけ視点を近接させると同時に、それぞれの役割を明確化し推進する体制を構築することである。

さて、「患者に寄り添う看護の実現」というビジョンを具現化するためには、まず、看護師の時間的および心のゆとりが必要となる。そのため最初に、タイムスタディにより時間的ゆとりについて調べることとした。その際、図3の調査項目を見直し、日本看護協会業務基準集を参考に実際に作業にかかわる項目を設定した。さらに調査時には、輸液ポンプに関連する時間を割り出すためには、タイムスタディ項目に輸液ポンプに関連する業務にフォーカスを当てた調査項目を導入しなければならない。そこでポンプ操作に関しては調査を「診療・介護の介助」の中で行った。

対象者五名から調査への協力の同意を得られ、調査期間中に複数回の調査協力が得られた対象者二名については、それぞれ二回ずつ調査を行った。したがって、のべ七名分の看護業務データを対象とした。図4に調査結果を、表1に輸液ポンプに関する各作業の所要時間を示す。なおのべ七名中一名は業務中に輸液ポンプの操作を行わなかったため表1には記入していない。

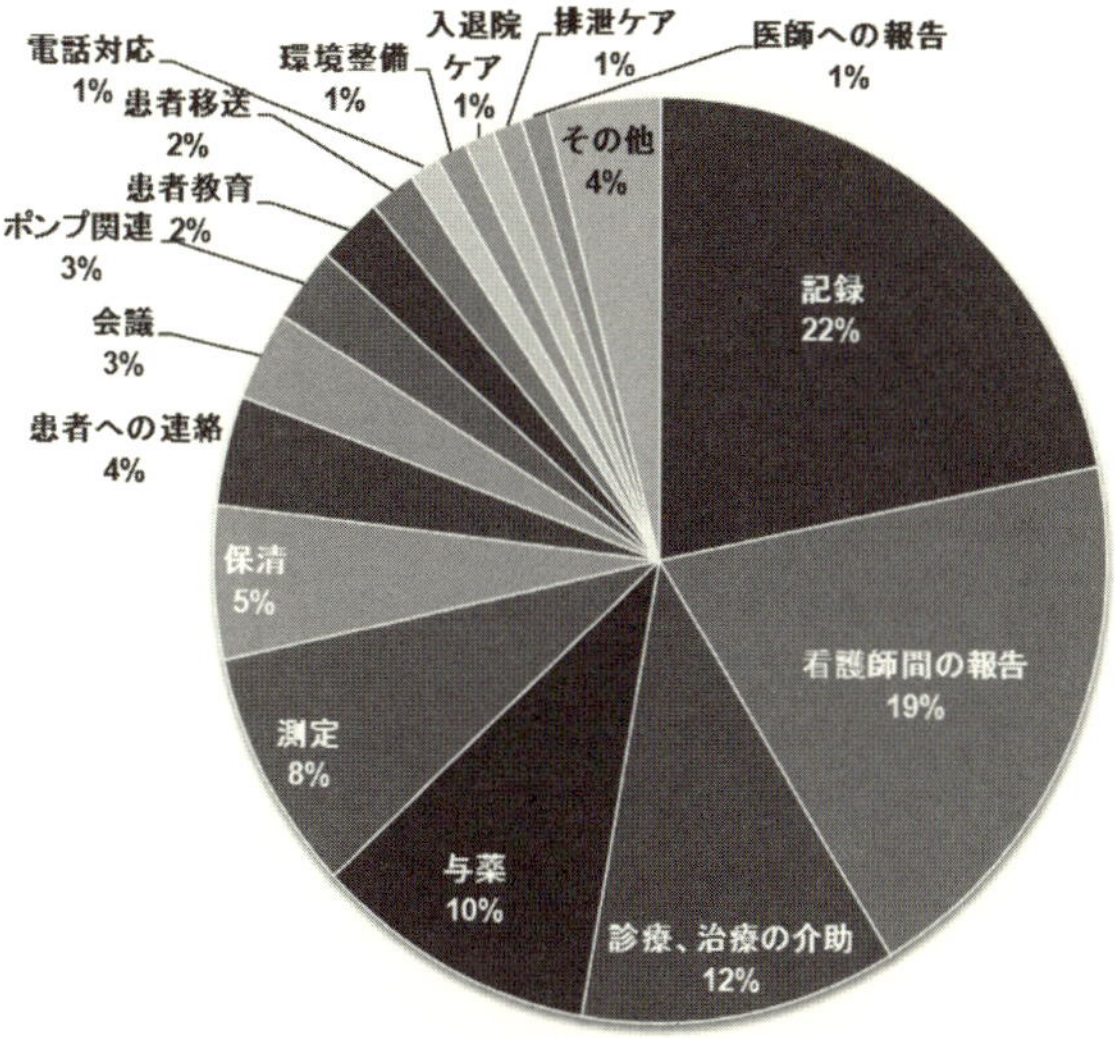

図4　看護業務タイムスタディの結果

表1からユーザーインターフェースに関する「制御操作の修正」および「制御以外の操作の修正」の作業を行った看護師は一名で、かつ要した時間も三〇秒程度であったことから、明確な問題を見いだすことはできない。また、警告対応に多くの時間を要しているため、この原因と対処方法について明確にする必要がある。このようにポンプ操作のみ取り出してみると輸液ポンプの改良が業務に与える効果は小さいようだ。しかし、事前準備および滴下確認に時間を要していることから、輸液ポンプに関連する他の要因も丁寧に見ていく必要がある。

一つは事前準備に関連する看護師間の情報共有についてである。図4から業務全体の十九％と多くを占めているが、件数としては全体で四四件であった。このうち点滴つまり輸液ポンプの使用に関する項目が六件あり、項目としては日常生活動作（一一件）、患者のバイタル情報（九件）に次ぐ件数であった。確認が必要であるということは、それだけ曖昧な情報であることを示しているだろう。また、図4から記録に要する時間も多く、日常、緊急を問わず輸液ポンプ使用時の投薬記録は欠かせない。なお、調査時

	看護師A	看護師B	看護師C	看護師D	看護師E	看護師F	総計
点滴内容の確認		5	35	620	7		901
ポンプなどの準備	207	27	7		29	23	293
ポンプ作業前の準備	145	98	560	42	36	271	1152
ポンプへの点滴取り付け操作	25			43			68
滴下状態の確認(滴数確認)	51	54		39			144
ポンプからの点滴取り外し操作	16						16
ポンプの片づけ				14			14
制御操作の修正					15		15
制御以外の操作の修正					25		25
ポンプ動作状況の確認					1		1
ポンプ処置での相談看護師同士での検討)			31				31
エラー警告対応記録		641	182		11		834

表1　輸液ポンプに関する各作業の所要時間（単位：秒）

には通常の記録に紛れてしまっているため、現在のところデータを分離できない状況である。もう一つはタイムスタディからは見えてこない、事前準備から投薬完了までの操作の状況である。表1から看護師間で所要時間および手順に差がありそうなことがうかがえる。

以上のように、タイムスタディを用いて輸液ポンプが現場にもたらしているコトの抽出を試みた。結果として、輸液ポンプというディバイスの改良のためには、タイムスタディだけでは見えない領域に踏み込む必要がありそうだということがわかった。この結果を輸液ポンプという側面からだけとらえるとすれば、医療現場においても技術者側でもこれ以上リソースを投入するかどうか、そして医療機器メーカーに働きかけてポンプの改良を行っていく活動を継続すべきかどうか、判断に迷うところである。しかし、「患者に寄り添う看護の実現」という活動のビジョンを共有し、現場の問題点を同時に同じ場所で観察したことにより、調査結果とは別に何とかビジョンを達成したいという情動がおきる。それがもたらすコトは「調査結果をさらに見ていくと業務フローのボトルネックがわかるかもしれない」、「調査ツールを新人教育ツールとして改造していくと単なる調査ではなく主体的な記録ができるかもしれない」、「いや、看護業務ナビゲーションとか医療機器の携帯マニュアルとして整備すると有用かもしれない」など、調査ディバイスの継続的な利用についての前向きな意思表示や議論である。「このデータじゃだめだ」といったネガティブな意見は発せられたことがない。その代わりに聞こえてくるのは「こういうデータが欲しい」である。つまり調査というイベントを通してそのイベントにかかわっているメンバーの意識が主体的かつポジティブになっている様子が実現されている。輸液ポンプについてのコト発見には至らなかったが、共有しているビジョンに向かってプロジェクトは前進を続けている。これは最初で述べた「多様なニーズを現場でとらえるために、現場を巻き込みながら対話を積み重ねて対応し続けるデザイン思考によるプロセス、およびそれに必要なディバイスの提案」の実践経過である。

看護業務において医療機器が持つべき特質

先に述べた、「患者に寄り添う看護の実現」というビジョンを具現化するためには、輸液ポンプを患者の前で操作する看護師の立場から見て、サービスの最終的な受給者である患者およびその家族に供給できるサービスとして何が不可欠だろうか。

まず、第一に医師の指示に基づく医療行為の介助をミスなく的確に行うことである。第二にサービスの受給者にサービスが行われる状況について説明し、受給者の理解を得ること、そして第三にサービスを最適な状態で遂行できるように受給者の状態をコントロールすることであろう。言い換えれば、プロとしての安全確保と医療サービスの質の担保に加え、これから何がどのように行われるか、そして患者や家族がそれにどう対処したらいいのかを受給者の立場で考え、そしてサポートしていくことではないだろうか。

医療事故情報収集等事業年報によると、ヒヤリハットの原因で上位の項目は、
①確認を怠った　…二五・六
②観察を怠った　…九・〇
③判断を誤った　…七・七
④勤務状況が繁忙だった　…八・七
⑤連携ができていなかった　…六・八
⑥患者への説明が不十分であった（怠った）　…五・一
（数値はヒヤリハット報告全約七万九〇〇〇件のうちの割合％）
であった。①〜③はプロとしての仕事が十分に行えていない状況であり、④は病院または看護師自身のマネジメントの問題、⑤、⑥は患者の立場に立てていない状況であろう。

このように考えていくと、医療機器は安全性と医療サービスの質を保持しながら医療業務を支えるために、操作が簡単、操作ミスが起こりにくい、確認が簡単、動作エラーが起こりにくい、いつでも想定したとおりに動作する、といった要件を満たし、前記の①〜③を誘発しないような機器として成立している必要がある。次節ではこれらの要件の確認を人間工学実験により行ってみる。

ユーザビリティ評価によりわかること

前節で述べたインシデント等のエラーが起こる原因は、本当に看護師だけの責任なのだろうか。本項では、機器の操作性に関するユーザビリティ評価のための実験を行ったので紹介する。実験は長崎大学病院において行われた。最初に、現在長崎大学病院において使用している輸液ポンプの操作について看護師九名のデータを紹介する。

まず、医師の指示を想定した滴下総量と滴下時間を参加者に伝え、水道水が入っている輸液バッグを輸液に見立てて輸液セットを輸液ポンプに装着し、穿刺は行わずビニール袋に水を排出するという方法で模擬した。輸液ラインの扱いの他は、患者が実際にいることを想定して操作させた。

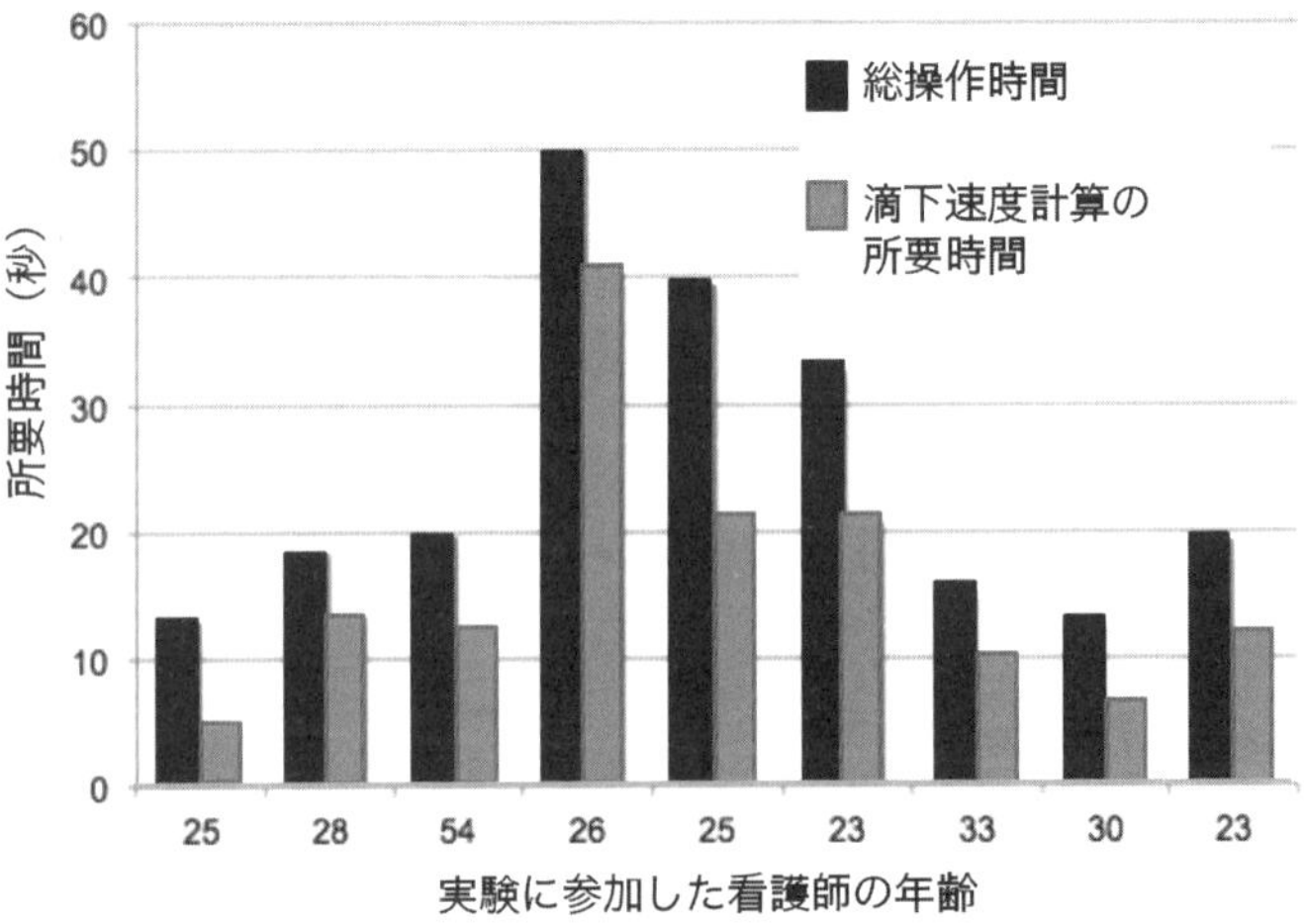

図5　看護師ごとの輸液ポンプ操作所要時間と滴下速度計算所用時間

図5に看護師ごとの総操作時間と、滴下速度の算出に要した時間を示す。滴下速度の計算に相当な時間を割いていることがわかる。また、このことは計算ミスの温床でもある。計算時間を差し引くと操作時間は一〇秒足らずである。

図6に九名の操作フローを示す。それぞれの矢印が各人の操作フローを示している。この図から操作手順は個人ごとに異なり、経路確認を行わない者も確認された。さらに個人内でも繰り返すことにより、違った手順が観察されたこともあった。

この実験から明らかなのは、ポンプのインターフェースデザイン

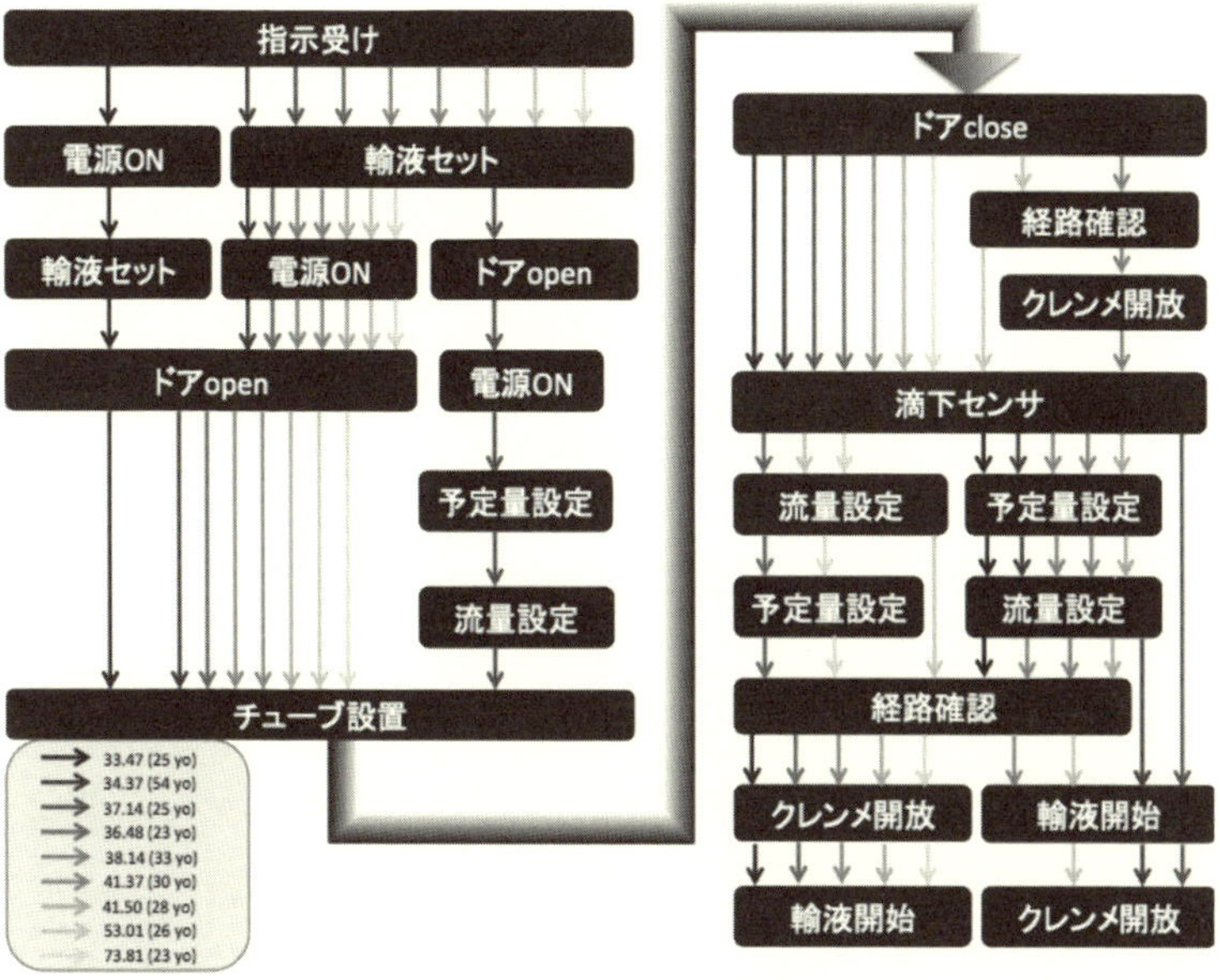

図6　看護師ごとの輸液ポンプ操作手順の違い。箱内の数値は［所要時間（看護師年齢）］を示す。

の前にポンプ操作の標準化と滴下速度の計算を行わせないこと、そして輸液状態および輸液経路を確認する動作を操作プロトコルに確実に入れることの三点が重要であることだ。

次に、ユーザーインターフェースが操作に及ぼす影響を計測するための実験について紹介する。二〇歳代の学生に実験に参加してもらい、輸液ポンプの操作盤をシミュレートしたタブレットPCを用いて操作に要する時間を計測した。用いたインターフェースは異なる二社の製品である。また、自動的に滴下速度を算出する機能を持った、単純なユーザーインターフェースを一つ作成して実験に用いた。なお、実験時には輸液ポンプを用いる目的、入力するパラメータのみを説明し、操作の練習を行わずに実験を開始した。

図7に実験の結果を示す。練習を行わなかったために、一回目の操作時間はいずれのインターフェースでもそれ以降に比べて長かった。一方、二回目以降はそれほど変化せず、使い方はすぐに習得できるインターフェースであることがわかった。また、新しく開発した単純化したユーザーインターフェースは操作時間が最も短くて済み、ポ

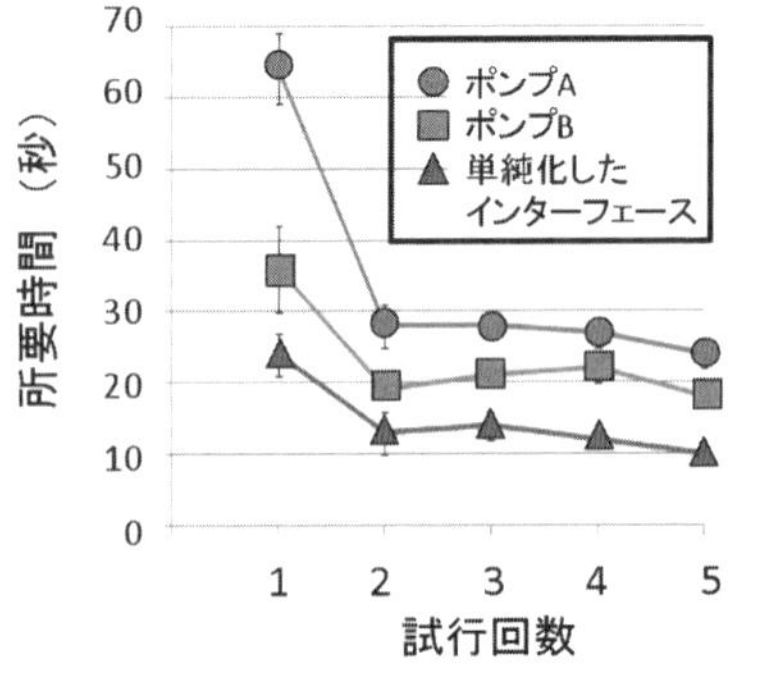

図7　ユーザーインターフェースの違いと操作完了までの所要時間（平均値および標準偏差）

ンプAの約三分の一の時間で操作が完了した。

新しいユーザーインターフェースは操作部が三つしかない単純なものであるが、このインターフェースを持つリモコンにより、どのメーカーの輸液ポンプも同じ操作パネルで操作できるとすれば、操作時間のみならず、機種にかかわらずいつも同じユーザーインターフェースを用いることができるようになる。、同一の機能を持つ複数の機器が院内にあっても、操作パネルという点では混乱が少なくなるのではないか。

品質管理という考え方―サービスの構造化とチーム医療

本章では輸液ポンプについて、看護業務全体の中での位置づけから操作現場のローカルな問題まで、プロジェクト進行の時間軸に合わせて全体的な紹介をしてきた。ここで紹介した内容は、「ニーズの開発」と呼べるのではないかと考えている。ユーザーニーズを直接的に解釈し、モノやコトをデザインするのではなく、潜在的なユーザーニーズを掘り起こすための調査（タイムスタディ）、そして調査結果を解釈するとともに現場においてその解釈が正しいかどうかを確認するプロセスの実施（ポンプ操作におけるユーザービリティ評価）、そして解釈した結果をプロトタイピングして実証する実験的検証（仮想ユーザーインターフェースによるユーザビリティ評価）を行うという一連のプロセスの実施そのものが開発行為である。

しかし、この改善を図った輸液ポンプを社会に届けるためのハードルはまだまだ存在する。現場におけるニーズをさらに網羅的に考えたリスクアセスメント、改良による効果効能が存在するかを定量的に示すこと、そして何よりこの改良により患者が利益を得られるという実証とその周知である。それができて初めて実際に製作および販売する企業への働きかけが効果を持ち、行政の認証または承認が得られるというものである。その過程を経て、やっと病院で使ってもらえるようになる。

網羅的に現場のニーズとリスクを把握するためには、現場に関する知識と経験、そして未知のディバイスが現場に投入されたときに起こると想定される事象に対する想像力が必要である。ここがいわゆるデザイン思考が必要なプロセスである。これは科学技術が目指してきた一般化および抽象化に基づき、工学は技術的適応範囲が広いものが善とされ受け入れられると想定してきたこととは対極的に、ローカルであってもごく希に起こると想定される事象であっても考え尽くすことが重要である。つまりユーザーの視座に立って、どれだけユーザーの状況を想像できるかが勝負である。関(巻末:参考文献参照)はITサービスについて、「サービス対象に対するサービスの網羅性の不備」と論じている。また、関はこの中でサービスの構造化、モジュール化によるオブジェクトベースの考え方が検証性の向上につながり品質管理を容易にすると述べている。つまり手順や業務項目の標準化を進め、項目単位でアセスメントすることにより項目単位の業務効率やリスクが評価可能になり、かつ属人性（特定の人しかできない状態）を排除できるのである。前述のプロとしての看護業務に対して、この考え方を当てはめることは合理的であるし、医療の質を管理することも可能となる。

さて、ここ数年医療サービスの質および安全性の向上を目指して「チーム医療」が厚生労働省により促進されている。

チーム医療とは、日本看護管理学会の定義によると「『患者を中心とした』医療提供体制で、主治医のもと患者情報や治療内容を共有しながら、医療専門職が対等な立場でそれぞれの専門性を活かした能力を発揮することにより、医療サービスの質向上に寄与する。」とされている。これまでは主治医が単独で判断し、その判断に基づく指示により他のスタッフがサポートしていたとされ、今後は他のスタッフも医師の判断支援となる知識と経験を投入しチームとして患者の治療にあたる、ということである。

例えば、長崎大学病院のチーム医療の実践例をあげる。病棟において患者に必要な支援が発生した場合、まず、看護師が病棟スタッフとカンファレンスを持つ。有効な手段が病棟スタッフだけでは実践できないと判断した場合、主治医にもカンファレンスに同席してもらう。栄養に問題があれば、栄養サポートチームが有効な手段を検討し、実践・評価を行う。退院後の療養に問題が発生しそうだと予測されれば、地域連携専門スタッフで支援内容を検討する。

「患者を中心とする」ことと「医療従事者がチームとなる」こととは同義ではない。チームとなって何を成すかが重要であろう。それは合理的な判断を行うことと、判断を共有することによる役割分担の迅速化であろう。先のサービスの構造化の議論を踏まえると、カンファレンス参加要請や他の職種の参画依頼をどういう基準で行うかの整理、つまり状況の構造化がチーム医療に欠かせないのではないか。関係するスタッフがあらかじめ網羅的に起こり得る状況を想像し、それぞれの状況を構造化し、構造の構成要素であるモジュールごとに役割と判断基準を設計することがチーム医療の本質ではないだろうか。

このようなチーム医療という、いわば医療におけるサービスの形態の変化により、医療機器に対する管理および運用方法は自ずと異なってくる。さらにチームがどのように情報共有を行うかにより機器が送受すべき情報の内容も変化するであろう。先にも述べたが、機器開発の際にもサービスのプロセスを解き、それらに対応したプロセスの一部を担う機器として位置づけることが重要である。

ニーズの開発とチーム医療という二つの文脈で、サービス対象に対するサービスの網羅性の重要性を論じた。このようなサービスの網羅性を考え構造化することにより、ディバイス投入時の効果の予測、新たな効果的業務フローの開発、新たな医療サービスの開発が可能になる。

おわりに――「つながり」の形成

輸液ポンプを題材に、医療機器というモノを改良することにより看護業務というコトの質を向上させる試みについて紹介した。「患者に寄り添う看護の実現」というビジョンの実現にはまだまだほど遠い状況ではあるが、プロジェクトメンバーはそれぞれの立場で、かつビジョンを相互に確認しながら前進している。現場にコトをもたらそうとするプロジェクトは、現場の前にプロジェクトメンバー間でコトの理解とビジョンの共有することが重要ではないか。

最後に「つながり」というキーワードで本プロジェクトの将来像をまとめてみたい。機器・システムと情報と人との三者をつなげるためにはそれぞれがつながろうとすること（業務フローの標準化、機器とシステムの間の標準化、介在するディバイスの標準化）が必要になる。これを成し遂げるには医療従事者と技術者だけでは不可能であり、医療機器メーカー、医療情報システムベンダー、およびそれらの業界団体、行政などのステークホルダーとつながらなければならない。医療機器と医療情報システムが有機的につながり機能しはじめるならば、業務フローが円滑化し、さらにコミュニケーションを促進する業務フローがデザインでき、「患者に寄り添う看護の実現」というビジョンが現実味を帯びてくる。

第五章　介護現場におけるサービスと技術

——西村拓一

介護サービスの現状

わが国では、高齢者人口の増加により、介護や支援を必要とする高齢者の数が増加している。厚生労働省の報告によると、六五歳以上の人口は二〇一〇年三月末時点で二九一〇万人（第一号被保険者）であり、その内、介護や支援を必要とする高齢者（要介護認定者）の数は五〇六万人に達している。こうした中、介護保険の総費用も八・九兆円（平成二四年度）に達し、国家負担も増えている。図1のように施設サービスだけでも三兆円近くに達しており、介護業務に従事する従業員の負担も大きいことから、サービス品質を維持・

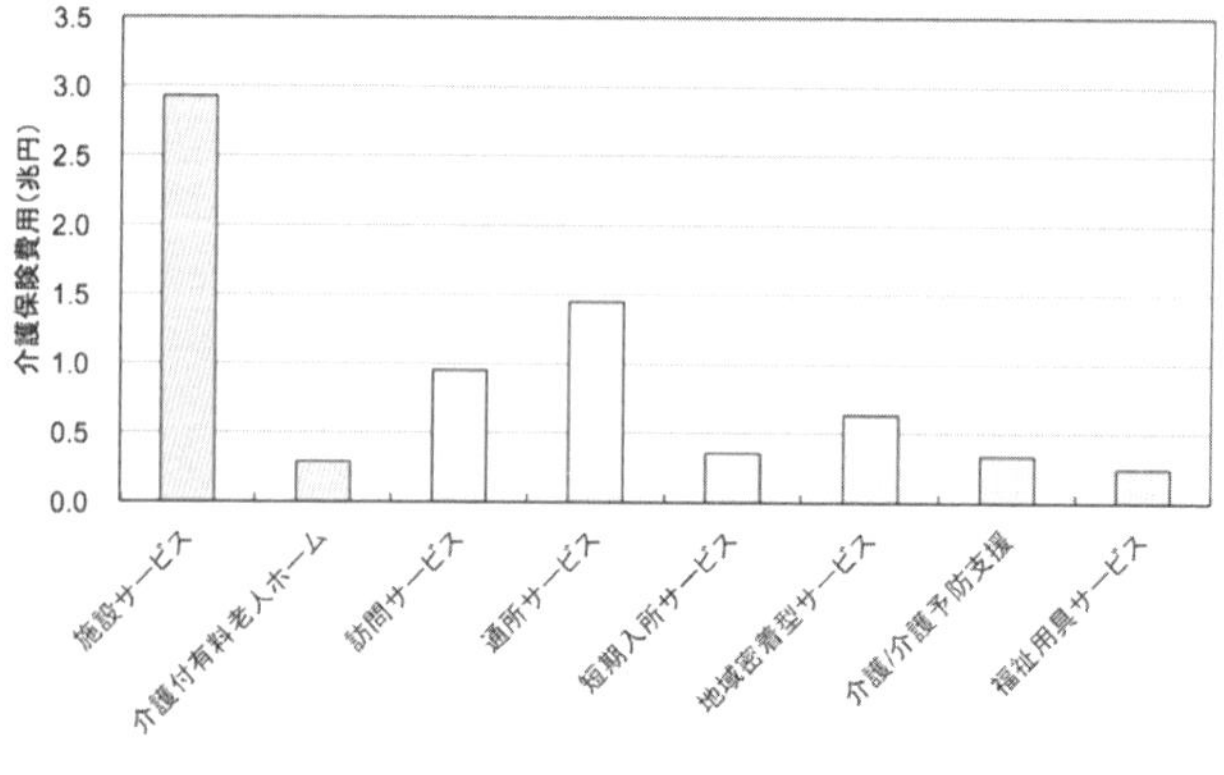

図1　介護保険の総費用（平成21年度）

改善し従業員の負担を下げつつ、業務改善を進めることが求められている。

業務分析による現状把握

介護現場の業務改善を進めるため、まず、どのように業務が遂行されているか調べる必要がある。業務は介護士・看護師・作業療法士・栄養士・医師などのチーム介護で進められており、各従業員は他の従業員の業務状況を把握することが困難である。また、規模が大きい現場では、リーダー介護士でも現場全体の状況を客観的に把握できないことが多い。

業務内容は、介護作業として、起床・就寝、体位変換、更衣・整容、移動、排泄、食事、清潔、コミュニケーション、環境整備、洗濯、買物、レクリエーションなどが含まれる。また、看護などの作業は、医療処置・薬品管理・バイタル測定・診察・身体機能への直接的働きかけ・リハビリなどがある。

これらの作業がどのように進められているか、時間・順番・場所などを把握するため、従業員の行動を観察するタイムスタディを実施することとした。しかし、介護現場でのサービス行為を記述するための行動分類コードが存在しなかった。特に、看護・介護業務の特徴として、多様なニーズが存在するために定型作業だけでは記述できず、ナースコール対応など割り込みが多い点が行動記録を難しいものにしている。また、声掛けなど並行作業が多く、同一サービスでも利用者さんの状況によって異なる作業プロセスとなるため、既存の分類コードは利用できない。

そこで、産総研サービス工学研究センター三輪洋靖主任研究員らは、介護現場の業務プロセスを記述可能とする新たな分類コードを構築した（図2）。三輪主任研究員は本コードを作成するために約二年間、複数の介護現場を数十日間観察し、現場の各業種や役割の従業員にヒアリングを繰り返した。

この分類コードを用いることで、介護現場のほぼすべてのサービス行為を記述できるようになった。実際のタイムスタディは、従業員の作業開始前から始まる。介護施設の部屋配置や従業員体制の把握、利用者さんへの配慮などを事前に把握す

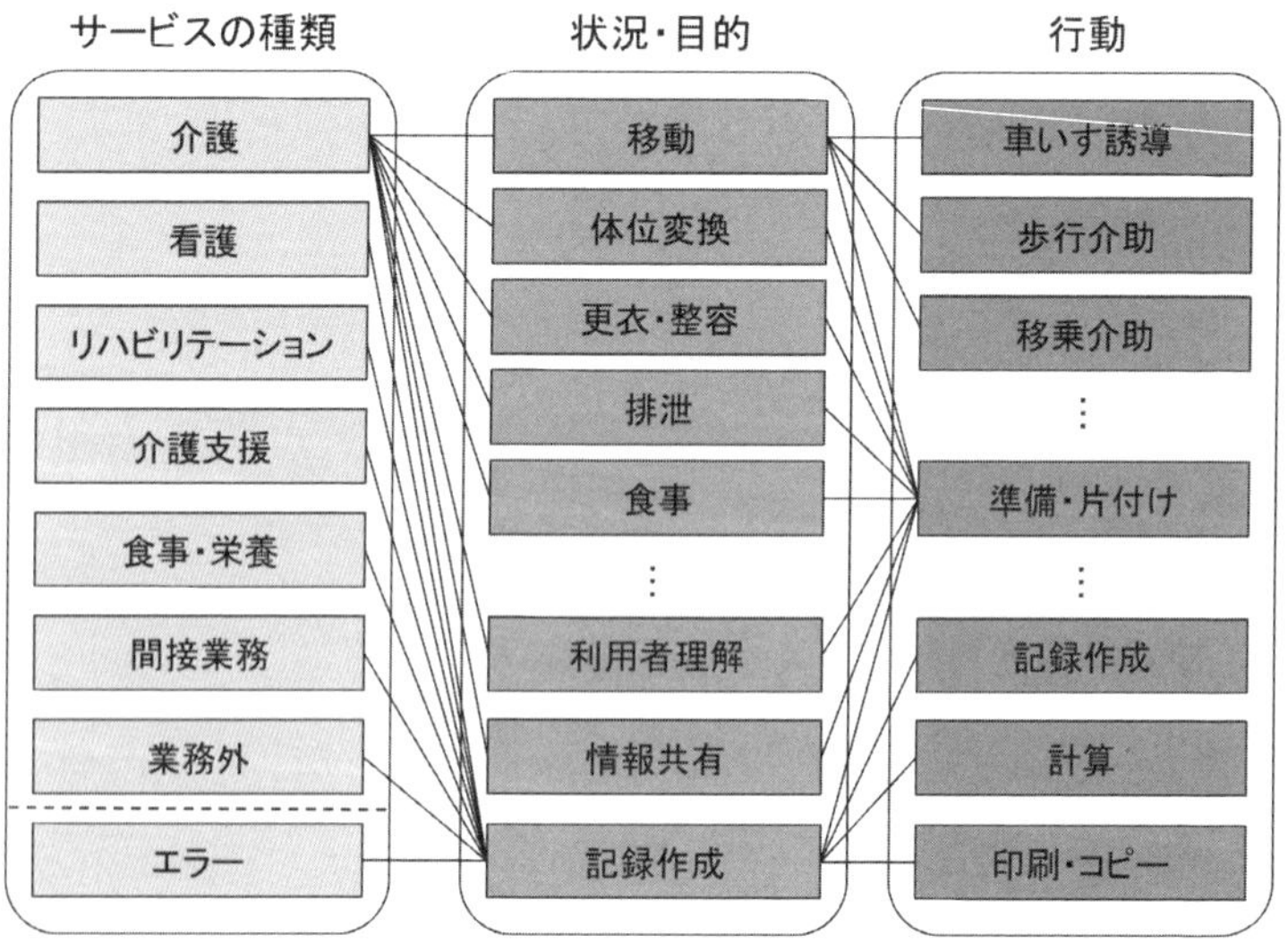

図2　業務観測のための分類コード

る。また、迅速にタイムスタディを進めるためには、介護現場での具体的な作業内容をある程度把握しておく必要がある。当日は、観察する従業員だけでなく、職場関係者に挨拶し趣旨を把握していただいたうえでタイムスタディを開始する。できるだけ業務を妨げないよう、かつ正確に記録できるよう従業員についてまわりながら一〇秒単位で変化する作業をノートに記録していく。一日八時間以上に及ぶ記録作業は体力的にも厳しいが、通常約四〇〇〜八〇〇項目程度の作業記録が発生するため精神的にも気を使う作業である。また、この手書きの記録をノートから電子化するために約五日の作業時間を費やしていた。

手書きでノートに記録するのではなく、携帯端末で直接電子データとして入力するツールを探したが、適切なツールが見つからなかった。そこで、図3に示すタイムスタディ支援ツールを構築した。タイムスタディの際、次の作業が始まったことはわかるが、作業名がすぐにわからない場合も多い。既存のツールは、まず作業名を記入した後に、記録を開始する「スタート」ボタンを押せるようになっていたため、作業名がわかるまで入力できず時刻がずれるという問題があった。

そこで、図3の新たなツールでは作業名を記入しなくてもすぐに記録を開始する「スタート」ボタンを押せるようにしている。また、作業名や作業位置を 階層式に選択できるようにすることで迅速な記録を可能としている。特にサービス現場では作業時間が短ければよいというわけではないため、品質も記録可能としている点が新しい。

図3の右側に示す通り、記録した内容はログとして表示され、随時編集し更新できるようにしている。このため、五秒から一〇秒程度の変化が激しい作業が発生している場合は「スタート&ストップ」ボタンのみを押しておき、後に長めの作業中に作業名や場所など記入できるようにしている。また、タイマーを二つ用意することで並行作業も記録しやすくしている。これらのシステム仕様は三輪主任研究員らのタイムスタディ実践経験から生まれている。

　このように実施したタイムスタディの結果を時間軸にそって可視化すると、図4に示すようなタイムライン表示となる。利用者さんとのコミュニケーション、移動、従業員同士の情報共有が介護作業の間に頻繁に発生していることがわかる。

　また、図5に示すように作業ごとに集計した可視化も行った。情報共有や移動（間接業務）など、利用者さんを直接介助しない間接業務が多く含まれていることがわかる。

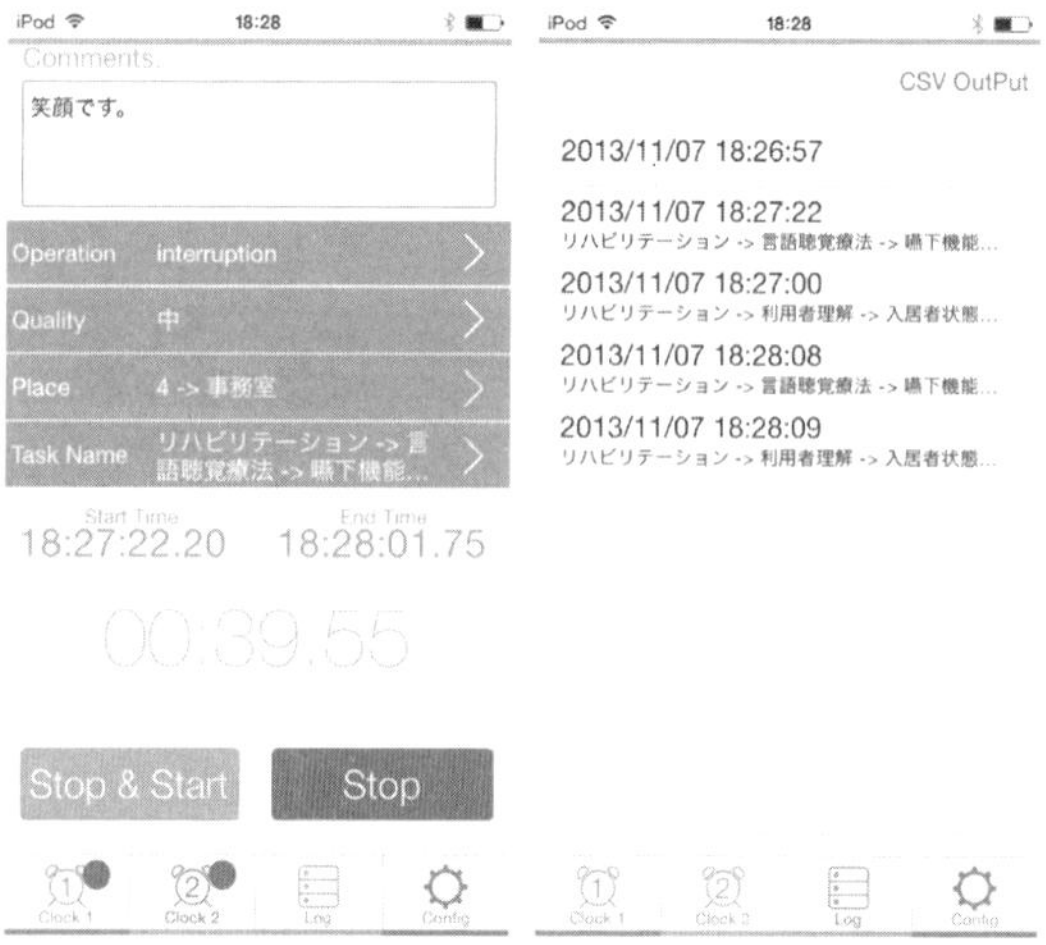

図3　業務観測のためのツール

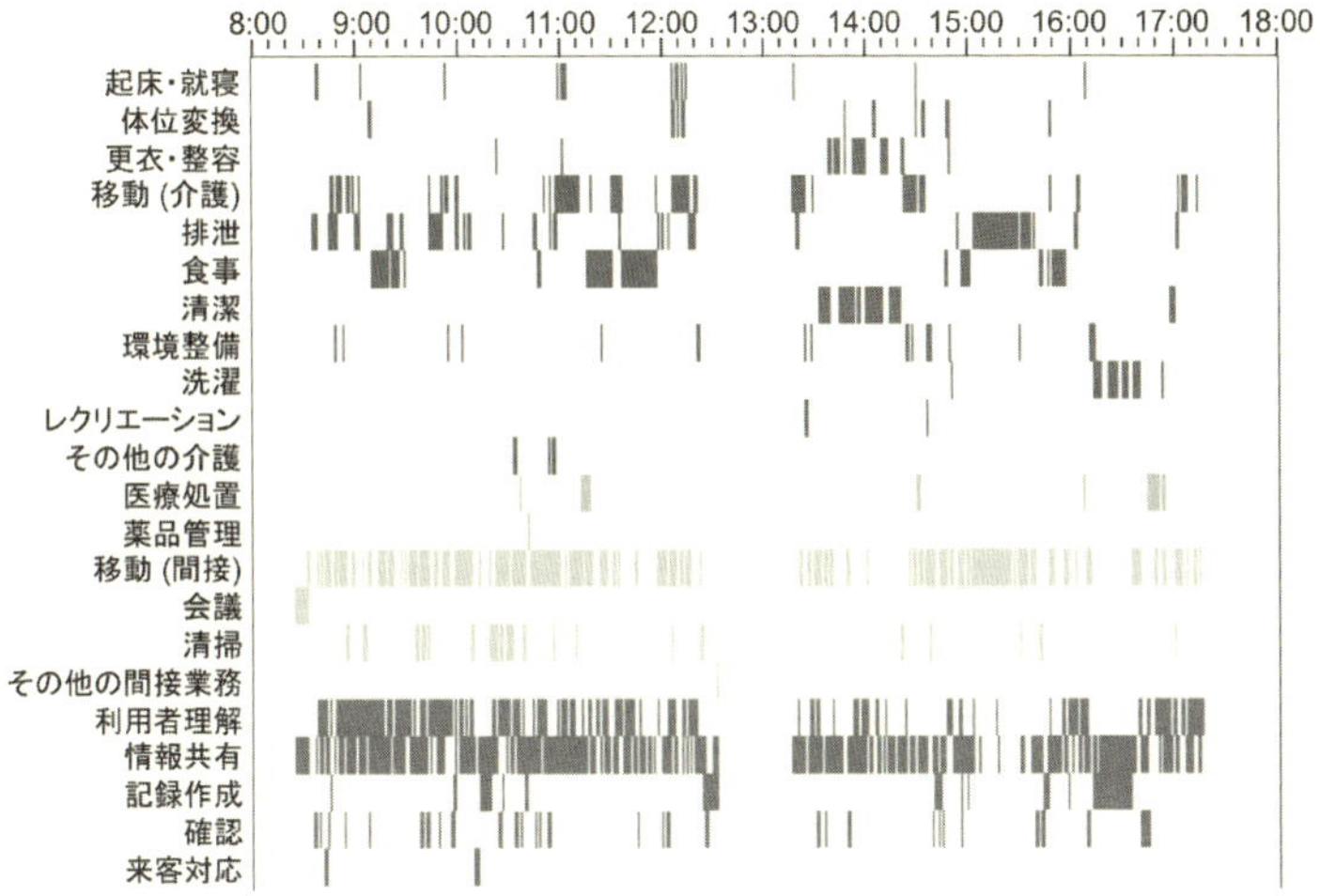

図4　業務観測結果のタイムライン表示

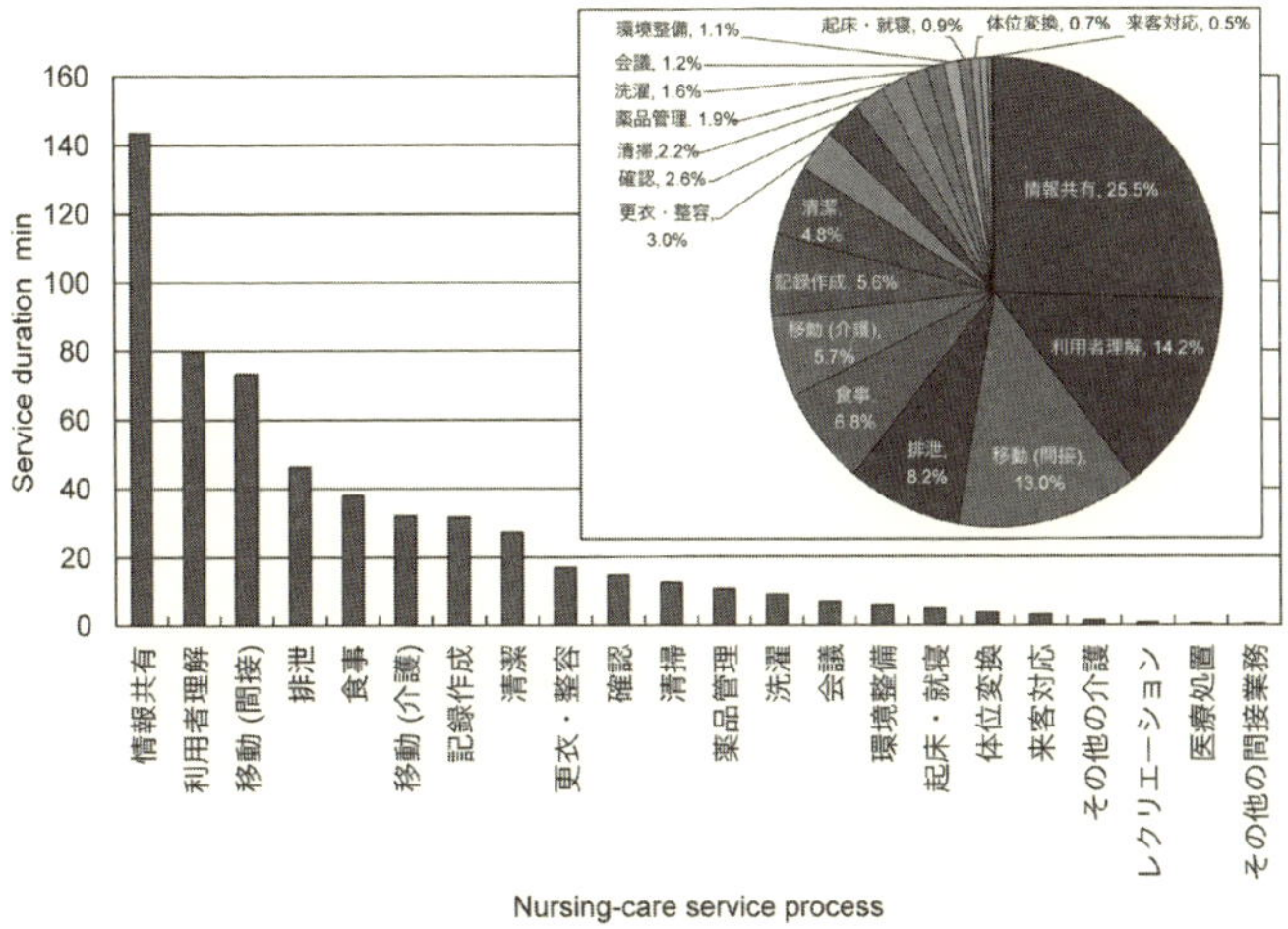

図5　業務観測結果の分析

このタイムスタディを具体的な介護施設従業員の業務プロセス調査のために実施した。この結果、図6に示すように記録と情報共有に関する業務は業務時間の約二五％を占めており、従業員にとって大きな負担であることがわかった。特に、転記作業や集計作業は、いったん電子化すればほぼゼロにできるためシステム化による効果が見込まれる。また、介護施設の場合、主な記録業務は申し送り業務の一環として行われることから、申し送り業務の支援に焦点を当てることとした。

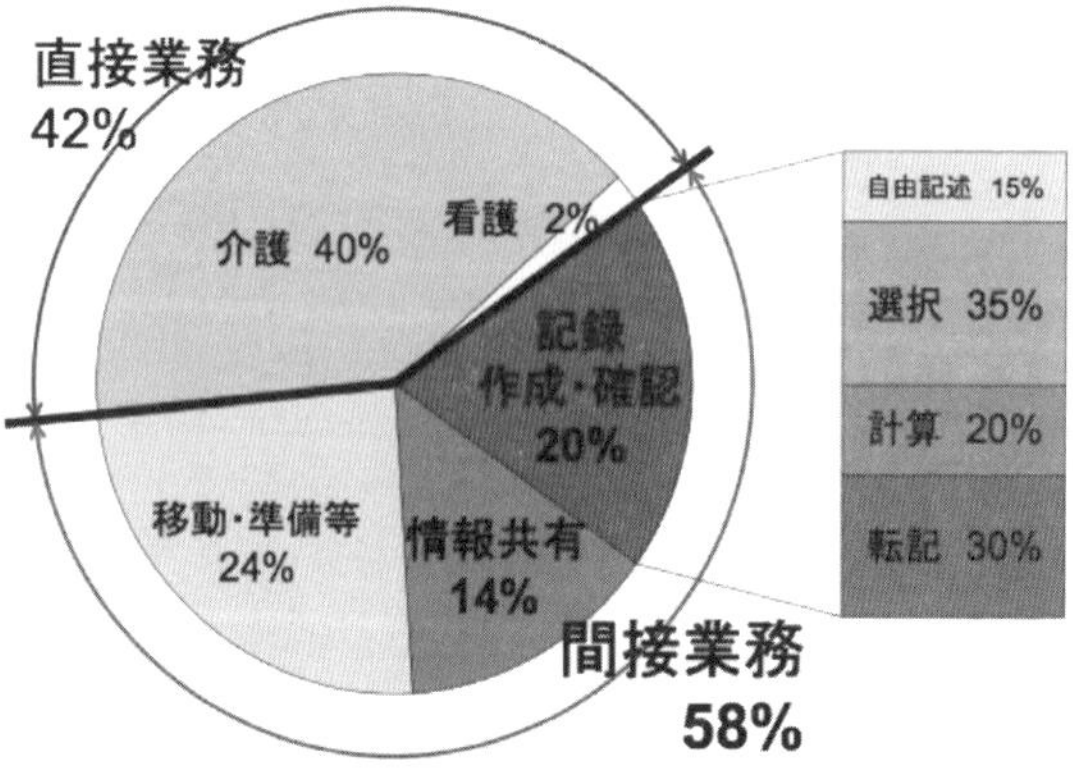

図6　記録・情報共有の割合

申し送り業務の現状

申し送り業務に関して、産総研サービス工学研究センター中島正人研究員らは、申し送りノートの調査・分析やヒアリングを実施した。その結果、バイタルや食事量などの公式記録ではなく、利用者さんの家族からの依頼や従業員の気付きなど、サービス品質向上やリスク低減に貢献する申し送りがノートなど紙面で行われていることがわかった。

公式記録に関しては、図7左のような記録端末からバイタルデータ（体温・血圧など）、食事や入浴時間などのデータを入力する。一方、公式記録情報ではないものの、業務遂行に必要な情報の共有のためには、図7右のような一冊のノートブックを二〇人の従業員が使用している。記録されている情報は、利用者からの要望、家族からの不満、事故、特別なケア（褥瘡・薬など）、管理情報（防災訓練・施設更新など）などである。このノートブックは詰所に置かれているため、介助時に参照したくても見に行くために手間がかかり、記入したくても一人ずつしか書き込めなかった。

公式記録入力用端末

情報共有用ノートブック

図7　申し送りの現状

申し送りノートの分析

申し送り内容の分析するために申し送りノートを電子化し、産総研情報技術研究部門濱崎雅弘主任研究員らがさまざまな角度から分析した。分析対象としたのは二〇一二年九月から一一月までの三カ月間（九一日間）に申し送りノートに記載されたものである。三カ月間の申し送りノートの記載回数は六九〇件であった。一日の申し送り回数の平均は八・五件で、中央値は八件、最大値は二一件であった。一件の申し送りは通常二行に分けられて書かれており、一行目が申し送りの宛先、二行目が申し送り本文となっている。

宛先には、特定の従業員や従業員グループだけでなく、表1のように利用者名が書かれていることが多い。これは内容がその利用者に関することであり、その利用者を担当する従業員に宛てたものである。利用者個人が半分近く（四七・八％）を占めている。次いで多いのが全体に向けたもので、この二つで全体の約四分の三を占める。また、全体宛や従業員宛の申し送りの内容も、約四分の一程度は

宛先	件数	例
利用者個人	329件	○○様
全体	188件	皆様
従業員	58件	○○さん
不明	33件	
グループ	18件	Aグループ
条件	13件	15日㈫入浴の方
役割	9件	洗濯係さん

表1　申し送りノートの宛先

特定または複数の利用者について言及したものであった。

よって利用者情報に関する申し送りが三八五件（五五・八％）、従業員全体宛の事務連絡が一三七件（一九・八％）と分類することもできる。この結果から、利用者個人の情報を担当者間で共有するための利用者情報データベースと、全体への連絡事項を共有する掲示板が、申し送りノートに求められている主たる機能であることがわかった。

分析対象となった申し送りノートには、発信者の明記は義務付けられていなかった。そのため、約半数にあたる三四八件の申し送りにて発信者が明記されていなかった。できるだけ記録入力を省力化したい現場では、発信者情報が省略される理由は容易に想像できるが、トレーサビリティやトラブル回避の観点からいって、明記されている方が望ましいことは間違いない。発信者情報の明記は、申し送りノートのモバイル端末化によって容易に実現可能であると考えられる。

記名されていた残り三四二件のうち半数にあたる一七六件が上位二名によって作成されていた。この二人が積極的に発信することが求められる立場であったということもあるが、同時に申し送りノートが物理的なノートであるため一冊しかなく、皆で共有しながら使わなくてはならないため、そもそも多くの人数が書くことが難しいという側面もある。この点については、モバイル端末化により全員がいつでも書き込み可能になるため改善される可能性が高い。

申し送り内容の分量については約半数が五〇文字以下であった。最大で三七〇文字程度のものもあるが、二〇〇文字以下が約九五％を占める。文字数が多いのは、複数の申し送り内容を列挙しているケースや、全体向けのアナウンスで比較的詳細に書かれているケースである。申し送り業務支援に求められるのは、利用者に関する簡潔な内容をいかに手早く入力できるか、という点にあるといえる。モバイル端末化の際に、申し送りを簡潔かつ個別案件ごとに作成するよう支援すれば、可読性も良くなるだろう。

以上の申し送りノートの分析から、利用者情報を構造化して保有し、手軽な入力によりコミュニケーションが成立する支援システムが役立つ可能性があるといえる。

申し送り業務の課題

これまでの申し送りノートを用いた申し送り業務の課題を記録・共有・確認のタイミングの点から整理すると以下の通りである。

(1)　記録のタイミング

一冊のノートブックを従業員全員で利用しているため、他の人が書いているあいだは使えず、記録事項の発生と記録作業の間に時間差や書き込むメンバーの偏りが生じてしまう。書くべき内容を忘れてしまったり、素早く情報を伝えられない、という問題が起こる。また、同様の記録も多く、同じ内容を何回も記入する手間も発生している。

(2)　共有のタイミング

従業員間の情報交換は、引き継ぎや朝のミーティングの間に行われる。そのため、記録事項の発生と記録確認の間に時間差が生じてしまう。また、申し送り内容が自由になりすぎ、冗長で読みにくい申し送りも生じている。

(3)　確認のタイミング

ノートが置いてある詰所でしか記録を確認できない。現場において確認が必要な状況が起きても、詰所に戻らなくてはならない。また、利用者に関する情報は、別のノートで管理されており、申し送りノートに書かれた情報を反映する手間が生じている。

現場参加型による支援システム開発

一方、申し送り支援システムを構築するにあたって、非常に注意すべき事例が看護の世界で発生していた。産総研サービス工学研究センター本村陽一副センター長らが佐賀大学医学部附属病院の看護現場を調査したところ、バイタル計測に活用すべく導入されたPDAが一部で使用されていないことがわかった。この原因をヒアリングしたところ、計測時に必要な患者情報がPDAでは得られず、体温や血圧など一項目ごとにログインして記入する必要があるため、入力に手間がかかるとの意見が得られた。つまり、作業時の必要情報に関して、導入前の予想と異なっていたこと、セキュリティを重視し過ぎて業務プロセスに合っていないユーザインタフェースを構築してしまったことが原因であることがわかった。

同様な事例は他にもさまざまな現場でも見られ、修正を求めたが開発企業は対応してくれなかったとの不平が挙がっている。しかし、開発企業側にヒアリングしたところ、事前にユーザーと打ち合わせをして業務に合ったシステムを開発しようと意図しており、また再三に渡る修正依頼も赤字覚悟で対応していたことがわかった。このようなことが発生する原因として、以下が挙げられる。

・現場関係者は新たなシステムの仕様書を見ても実際に試用できないと具体的に把握できない

・新たなシステム導入により業務プロセスも改善されるが、その変化が予測できないためシステム仕様も予測できない

・現場にはさまざまな職種、考えや個性の従業員が存在し、人によってシステムに対する要求も異なる

そこで、現場コミュニティが積極的に業務改善を進め、新たな業務プロセスとそのプロセスを支える技術的なシステムを同時並行的に開発する、現場参加型開発を進めている。図8左に示す通り、まず現場関係者のコミュニティ形成を進め、職場のミッションや業務フローに関する理解とシステム仕様に対する合意形成を、ワークショップなどを通して進める。この現場による自律的・継続的な現場改善とシステム開発アプローチを進めることで従業員の意識や行動変容が進み、業務で活用する「道具」であるシステム仕様も明確になる。

図8の右側には、多摩美術大学須永剛司教授、愛知淑徳大学小早川真衣子助教、佐賀大学医学部地域医療支援学講座（救急）山田クリス孝介助教、同学部附属病院看護部、同病院救命救急センター長阪本雄一郎教授らと共同で進めている表現ワークショップの様子を示した。このワークショップでは業務の主観的な振り返りを共有することで各従業員の業務見解が明確となり現場コミュニティの共感が促される。

さらに、産総研サービス工学研究センター渡辺健太郎研究

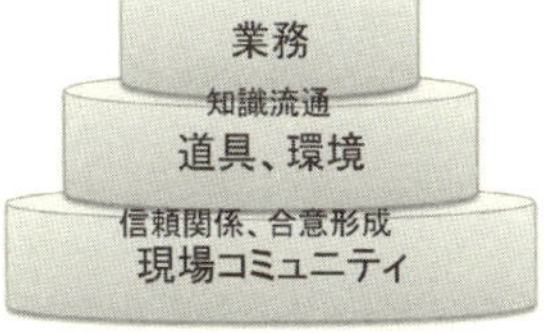

現場参加型開発の構成要素

コミュニティ形成のための表現および振り返り
ワークショップ（佐賀大、多摩美大と連携）

図8　現場参加型開発

員らは、この現場参加型開発を加速するために、図9に示すように現場でおきている業務プロセス（コト）を記録し、データベース化し検索や可視化・分析を行うことで、経験と勘だけでなく、工学的に現場改善を支援する技術を提案している。ワークショップ支援ツールや申し送り等業務支援ツールからのコトを位置センサーなど各種センサー情報と統合してコト・データベースとする。また、支援システムの各機能への改良コメントを収集する機能を内蔵し、システム操作ログを可視化することで、コトの記録を現場関係者が把握し教育支援や新サービス創出へつなげることができる。これによりシステム開発企業も現場の様子が把握しやすくなり、適切な仕様構築や手戻り工数の削減が可能となる。

申し送り支援システム

産総研サービス工学研究センター福原知宏研究員らは、

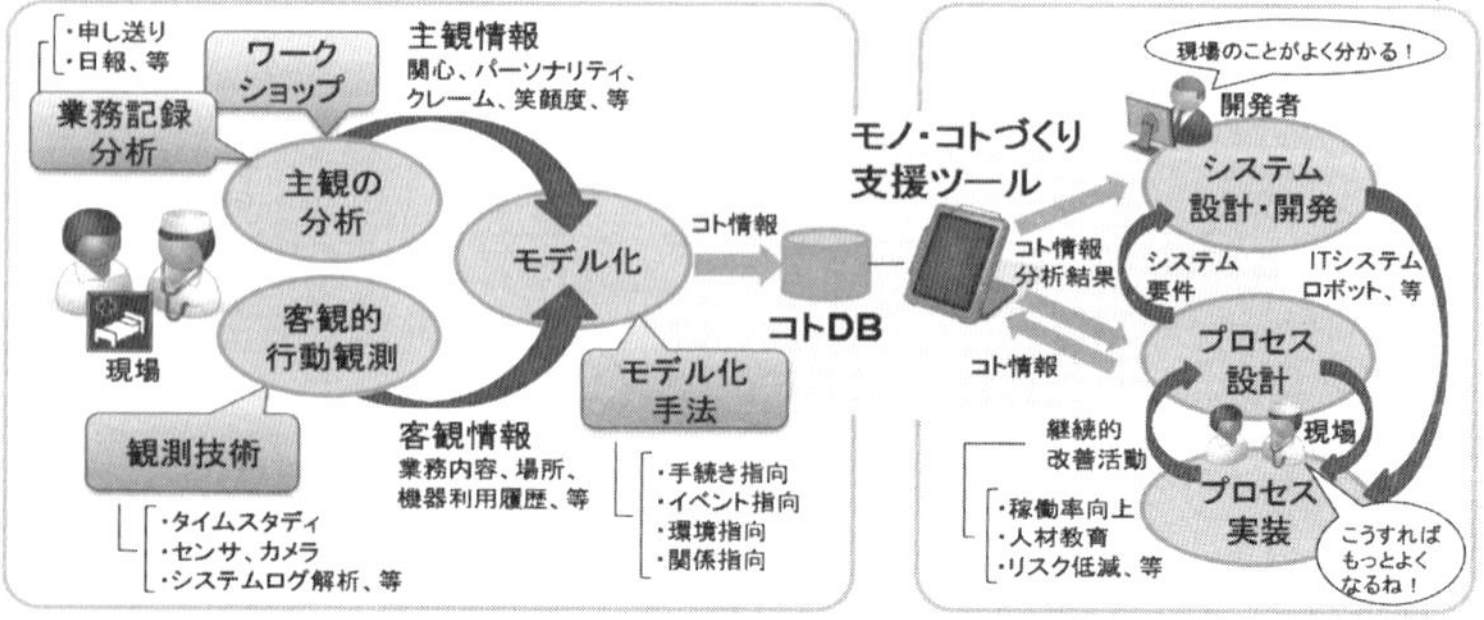

図9　コト・データベースによる業務改善支援

申し送り支援システムを構築する際にも、この現場参加型スタイルで開発を進めた。介護現場での情報共有支援システムはいくつか提案されているが、福原らのシステムは入力する情報を限定せず、記述項目を従業員が自由に追加できる点に特徴がある。また、コミュニティの共有知を用いた情報推薦による迅速なモバイル時の記録作成と閲覧が可能となっている。

本システムでは、現場作業の合間に小型携帯端末で迅速に記録や検索を行い、詰所などにおいて大型のタブレットを用いて記録情報の精緻化や高度な編集作業を行うことを前提としている。小型携帯端末では限られた画面サイズを数タップ選択することにより迅速に記録や検索ができるよう、他者や自己がすでにタブレットなどで記入した文章を候補として推薦している。

図10にシステムの利用例や端末画面例を示す。本システムでは、利用者情報および申し送り文書があらかじめデータベース構造を決定できず、現場コミュニ

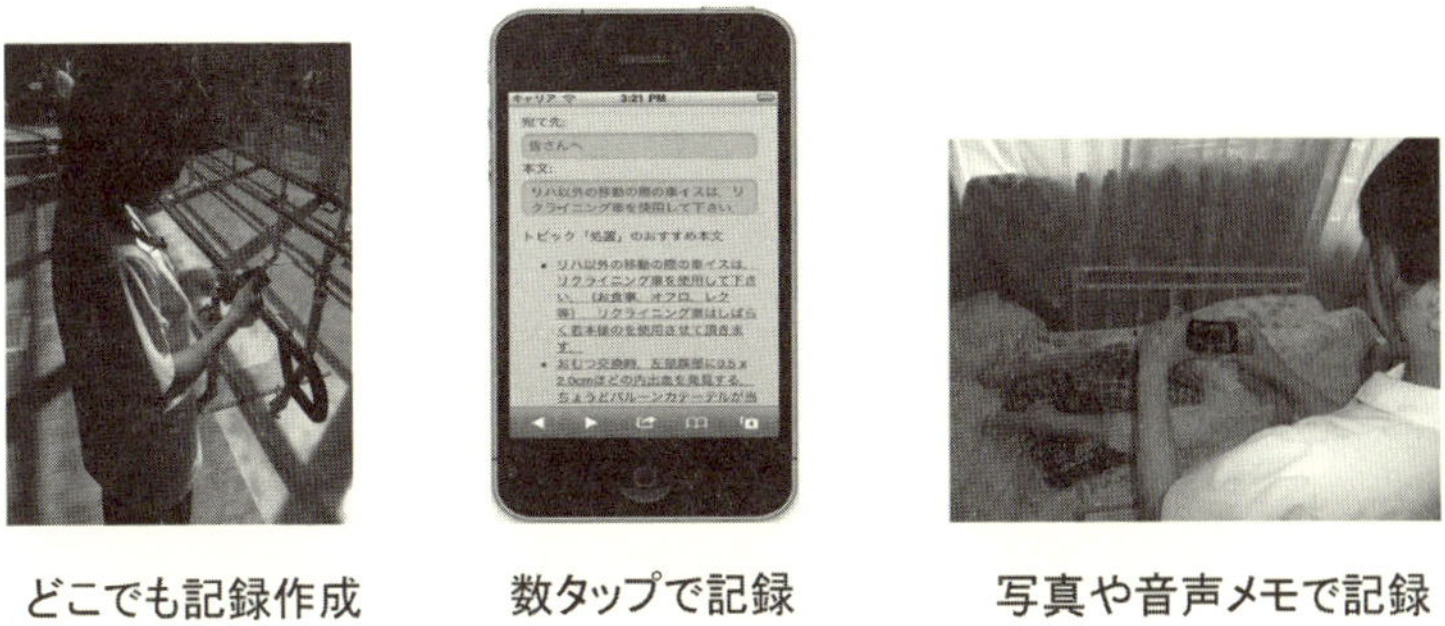

図10　申し送り支援システム

ティを構成する介護者や利用者、看護者や理念・常識に応じて変化するため、情報推薦を用いてさまざまな情報を集合知的に構築するSocial Infobox（SIB）システムをベースにしている。

本システムでは、利用者に関する構造化情報と日頃のコミュニケーションである申し送り情報の二種類の情報を扱う。利用者情報は食事や洗面方法など、利用者個別の情報を、申し送りは利用者の日々の健康状態や事務的な連絡などの情報を扱う。表2に利用者情報の例を示す。

申し送り情報は、従業員が実際に利用者にサービスを提供するうえで必要不可欠な情報である。その内容は、利用者への介助の方法、利用者家族からの依頼事項、事務連絡などを含む。入所型介護施設では、利用者は一定期間、施設で生活と療養を行うため、利用者が快適に生活するうえで従業員間での申し送り内容の共有が重要な役割を担っている。

しかし、申し送り本文は非常に多くの種類が存在し、本システムの情報推薦が効果的に機能しない場合があることがわかった。また、申し送り内容のうちで、利用者の構造化データに反映すべきものがあるにもかかわらず、「手間がかかる」「どの項

属性名	属性値
主食	全粥
副食	刻み
使用道具	スプーン、エプロン
ベッド柵	2本
移乗	3人介助（バスタオル使用）
その他	冷蔵庫にヤクルト3本あり

表2　利用者情報（属性名と属性値）の例

目を転記すべきか判断しにくい」などの理由で、反映できていないこともあることがわかった。そこで、次に述べるように業務フローから見直すこととした。

業務フローの変更

これまでの紙面のノートを用いた申し送りの業務フローは、以下のようになっている。

(1)　申し送りノートに申し送りメッセージ（案内、要求、手順、警告など）を書く
(2)　メッセージを読んで既読チェックや回答を書き込む
(3)　必要に応じて申し送りノートの内容を、利用者の構造化データに反映させる

メッセージを書くためには、例えば「全粥にして下さい」と内容を書くだけでなく、「Aさんの主食を」などのコンテキスト情報を書かなくてはならない。そのため、申し送り文章は長くなり種類も豊富になる傾向があり、ＳＩＢによる情報推薦機能が有効に働かない傾向があった。また、上記三項目では、介護者は申し送りノートを確認したうえで利用者情報を更新する必要があり、これまでの紙面によるノートに比べれば検査性が向上したものの、本システムにおいても手間がかかっていた。これまでの業務フローをそのまま採用していたた

めに、前節で挙げた問題が発生したともいえる。
そこで、現場コミュニティと議論して、以下のような申し送り作成後に必要に応じて利用者情報を更新する、新たな業務フローとすることにした（図11）。

「申し送り↓利用者情報」
・申し送り作成ページで申し送りを作成
利用者に関する申し送りの場合は、利用者および属性項目を指定する。これによりシステムは利用者の構造化データからSIBの情報推薦機能を用いて、属性値推薦を行う。従来の属性項目を指定せず、自由記述であったために長文化し再利用性が悪かったという問題が改善できる。
・メッセージを読んで既読チェックや回答を書き込む
・申し送り内容を自動的に利用者情報に登録
申し送り作成時に、利用者情報へ自動登録するチェックボックスをチェックすると自動的に当該利用者の当該属性へ反映される。

また、新たに利用者情報を更新することにより申し送りのドラフトを作成する機能を実装することにより以下の業務フローが可能となった。

「利用者情報→申し送り」

・利用者の構造化情報の属性項目を指定後、属性値を更新したりコメントを付け加える。システムは利用者の構造化データからＳＩＢの情報推薦機能を用いて、適切な属性値推薦が可能となる。

・システムはコンテキストを書き込んだ申し送りのドラフトを自動的に生成する。介護者は必要に応じてそれを修正することで容易に申し送りを作成できる。

・申し送りを読んで既読チェックや回答を書き込む。

実は、この双方向の新たな業務フローでは、従業員間で交わされるメッセージを構造化することで自動的に利用者情報（構造化知識）に追記できるようにするとともに、構造化知識変更時にメッセージを作成しやすくしている点で、さまざまなコミュニティでの情報共有と知識構造化に活用できる枠組みであるといえる。

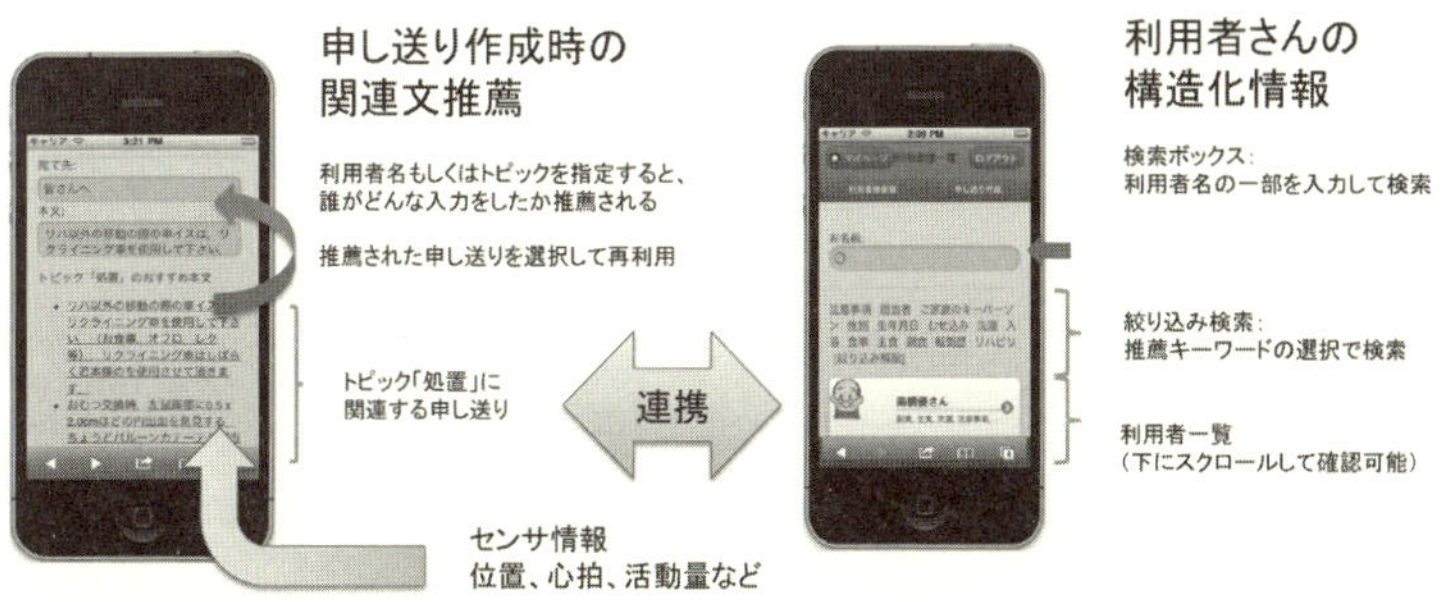
申し送り作成時の
関連文推薦
利用者名もしくはトピックを指定すると、
誰がどんな入力をしたか推薦される
推薦された申し送りを選択して再利用
トピック「処置」に
関連する申し送り
連携
センサ情報
位置、心拍、活動量など
利用者さんの
構造化情報
検索ボックス：
利用者名の一部を入力して検索
絞り込み検索：
推薦キーワードの選択で検索
利用者一覧
（下にスクロールして確認可能）

図11　申し送り作成と利用者さん情報の連携

簡易評価結果

本システムについて現場コミュニティにヒアリングしたところ、これまでは人手で申し送りノートを数カ月分確認し、利用者情報に反映させていたことが負担であったため、チェックボックスをタップするだけで反映されることは大変助かるとの意見があった。また、利用者情報を利用者ごとに確認後、修正した場合に自動的にドラフトが生成されることも情報共有に便利との意見が挙った。ただし、不要なドラフトが増えるため、利用者情報更新時にチェックボックスをタップした場合のみドラフトを作成する方がよいとの意見もあった。しかし、更新時の手間が増えるため、現状ではドラフトの削除が容易にできるようにしている。

先の論文のように、情報を書き込むより閲覧

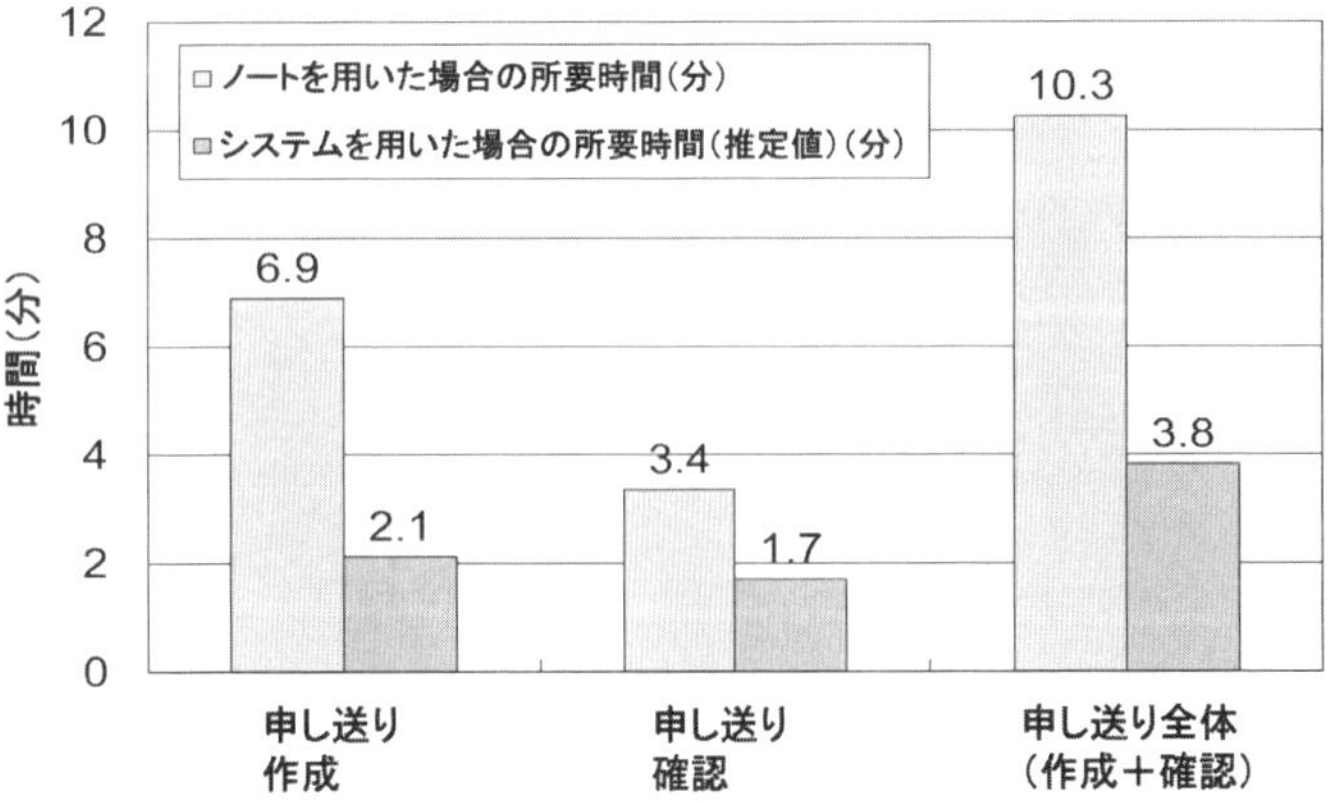

図12　簡易実験結果（推薦成功時）

する頻度が多いため、構造化データの閲覧は、利用者ごと、項目ごとに数タップでリスト表示されることが重要とのコメントがあり、実装している。本システムを評価するため、介護士二名、看護師二名に協力を仰ぎ、候補推薦が成功した場合のシステムとこれまでのノートを使った場合について、申し送り作成と確認に要する時間を計測した。申し送り確認作業は、申し送りノート一カ月分から、ある利用者に関するすべての申し送り事項を探してもらう時間を計測した。この簡易実験の結果、図12のように作業時間を約六〇％圧縮できる見込みを得た。

今後、本システムの試験運用を実施し、その中で量的な評価、波及効果の調査およびシステム改良を進める予定である。

今後の課題と夢

本章では、情報推薦による迅速なモバイル時の記録作成と閲覧を目指した、申し送り業務支援システムを紹介した。業務分析により、間接業務である申し送りの支援に焦点を定めた。申し送りノートの分析と現場ヒアリングを行い、申し送り作成手順を変更し、これまでの申し送り作成基点から、利用者情報の更新結果に基づき半自動で申し送りを生成することで、効率的な情報推薦と情報構造化を実現する手法を提案した。

今後の課題は、本システムを現場で日常的に活用し業務改善に役立てられるよう、得られたデータを図13のように分析・モデル化し、図14に示すようにサービス要素の効果を推定する技術を確立することである。これらの技術や開発方法論により、図15のように現場改善だけでなく、現場に必要なシステムやロボット介護機器の効率的な開発を実現し、各種周辺サービスの連携による新たな価値創出を実現したい。

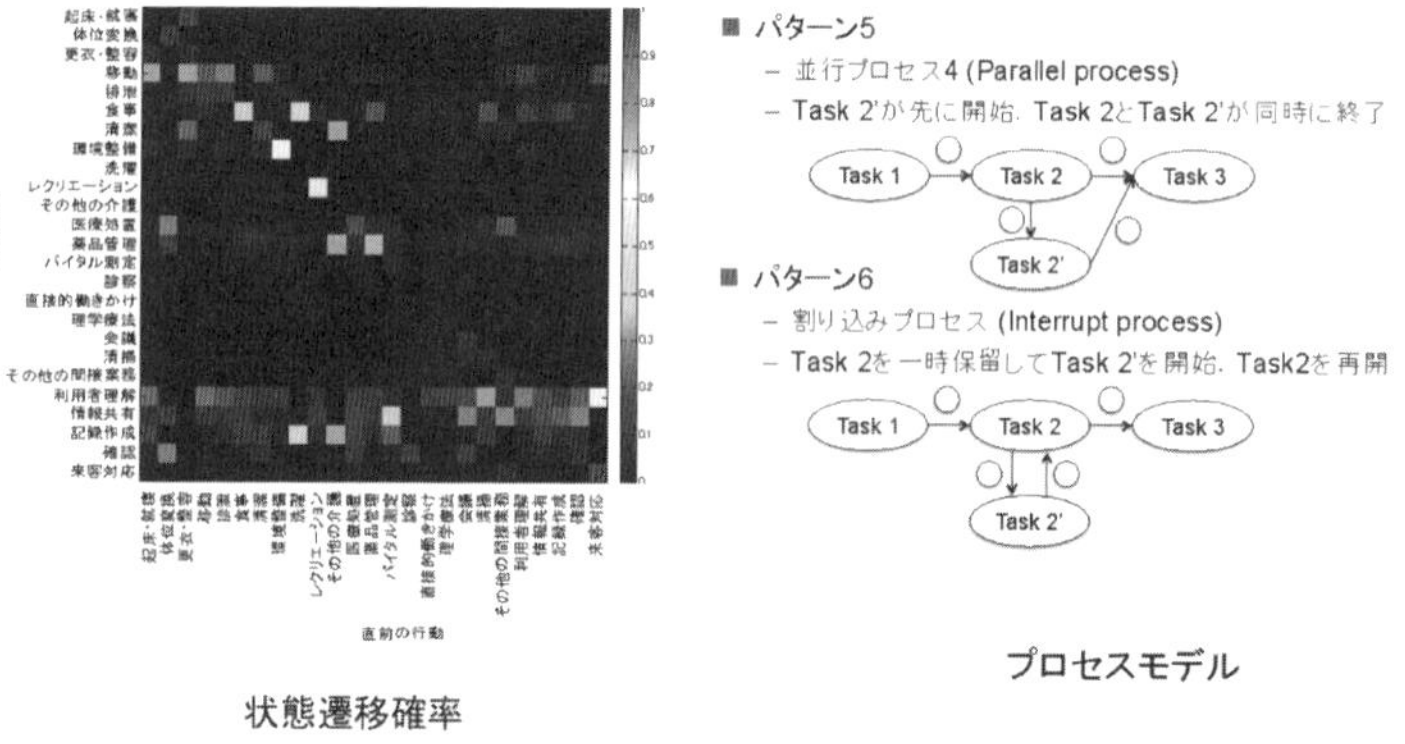

状態遷移確率　　プロセスモデル

図13　分析とモデル化

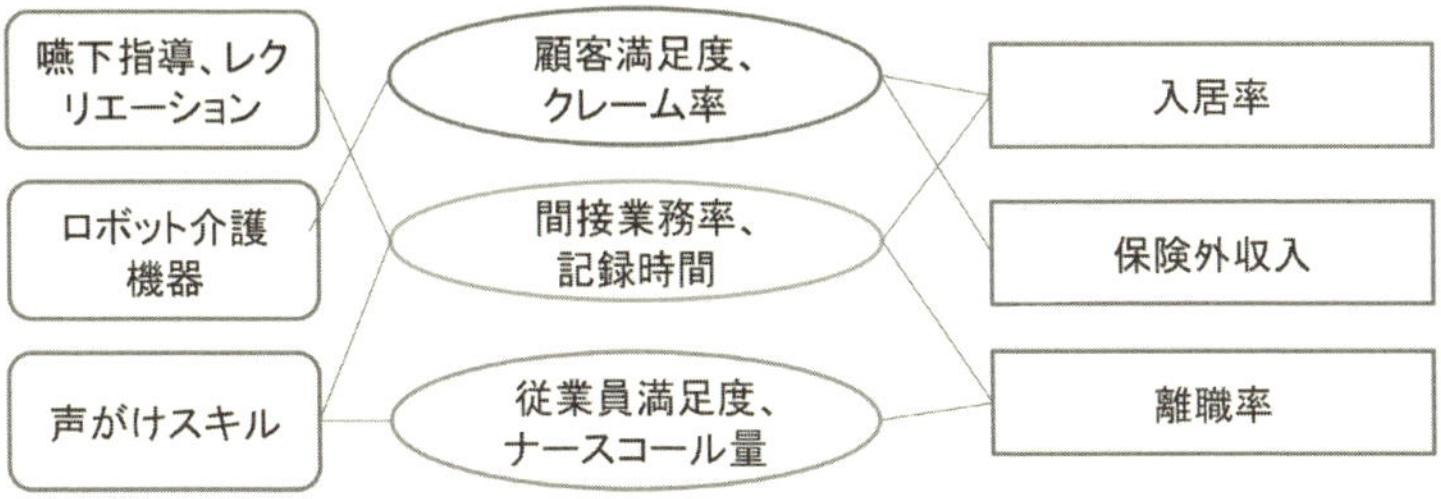

図14　サービス要素とKPIとの関連推定

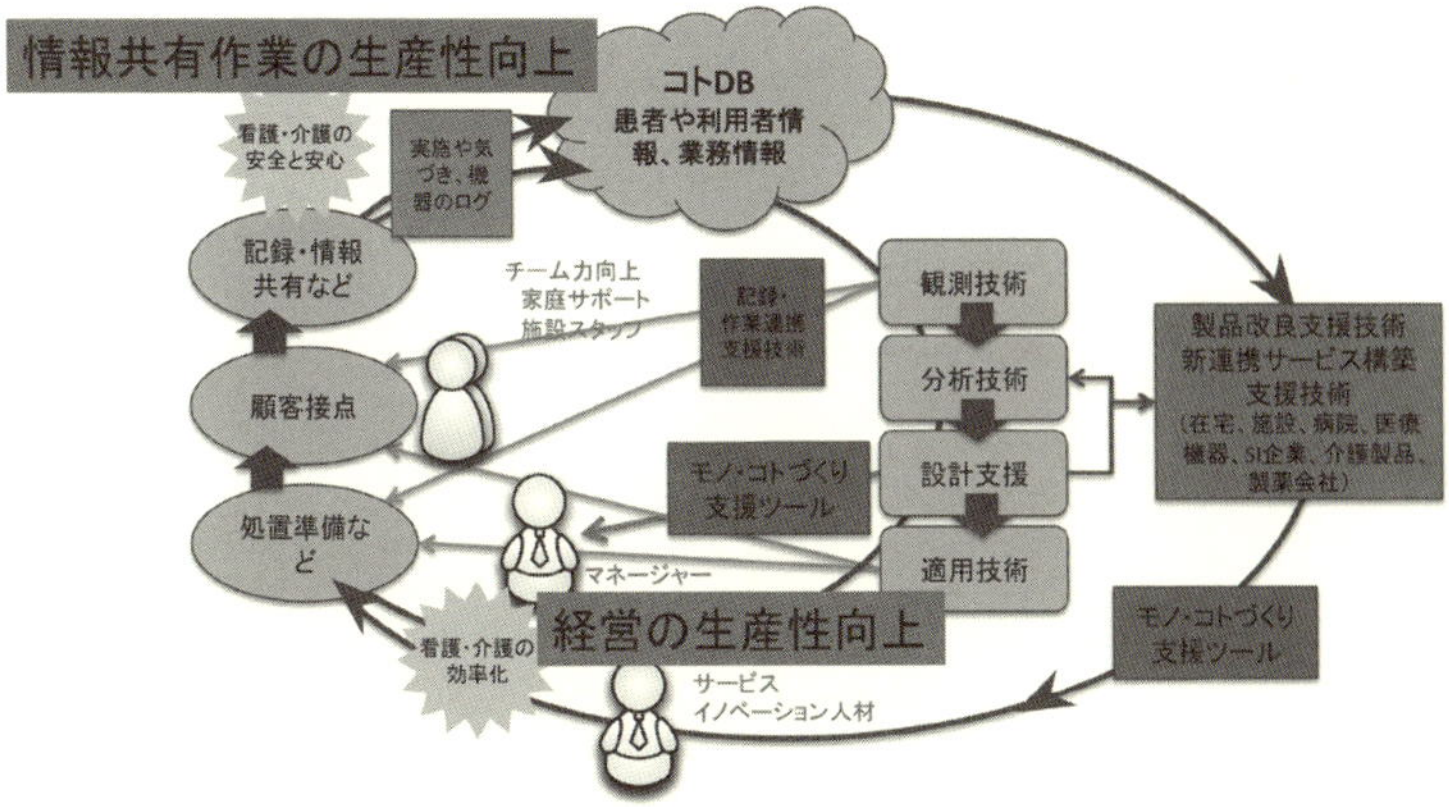

図15　今後の看護・介護サービス

謝辞

本研究は平成二三年度経済産業省委託事業 次世代高信頼・省エネ型ＩＴ基盤技術開発・実証事業（サービス工学研究開発分野）「本格研究による人起点のサービス工学基盤技術開発」並びに科研費（課題番号 ２４５００６７６、２５７３０１９０）の助成の下、実施されました。システムの開発と評価にご協力いただいた介護老人保健施設・和光苑（石川県七尾市）、有料老人ホーム・スーパー・コート東大阪みと（大阪府東大阪市）、介護付き有料老人ホーム・スーパー・コート平野（大阪市）、高齢者住宅・スーパー・コート南花屋敷（兵庫県川西市）、佐賀大学医学部附属病院の皆さまに御礼を申し上げます。

第六章　地域産業支援におけるサービスと技術

第一節　観光地のイベント評価

——山本吉伸

観光地への適用

サービス工学とは、勘と経験に頼ったサービス現場に、「観測・分析・設計・適用」のサイクル（サービス品質向上サイクル）を導入して、効率的かつ継続的にサービス品質を向上させる技術の総称である。多くのサービス現場では、このサイクルを経験と勘に頼っている。これは観光地での集客施策についても同様である。

地方観光地では「○○祭り」や「花火大会」などさまざまなイベントが実施されているが、どのイベントが効果的であったのかを客観的データに基づいて評価している例は稀である。例えば典型的な温泉地である城崎温泉（きのさきおんせん）では毎年、集客関連イベントを実施しているが、他の観光地と同様、各イベントの客観的な効果測定はなされていない。一般的に調査事業には大きなコストが必要となりイベントごとに実施することはできないし、調査事業は集客施策と異なり直接的に収益を増やすものではないために、町民がコストを負担することに心理的な抵抗を感じやすい。結局、次年度の投資を決定する際には経験と勘による選定が行われている。これでは効果的なイベントに注力するといった施策がとれない一方で、効果が疑わしいイベントであっても中止の決断が難しく、結果としてイベント数は増加し続け、二〇一〇年度には約三〇件に至っていた。街づくりに責任ある人々にとって、これは大きな懸念事項であった。

チャレンジ

そこで私たちは、城崎温泉の集客施策に品質向上サイクルの適用を試みたのである。サービス工学の考え方を適用すると、品質向上サイクルは次のようになる（図1）。すなわち、行われた集客施策を観測し（Observation）、経済的効果の高いイベントを発見し、どうしてそれがよかったのかの仮説を立て（Analysis）、翌年度の新しいイベントに反映して（Design,Application）また効果を検証する。集客施策の効果とは、端的にいえば地域内での顧客数の移動や増減である。そこで温泉街を訪れた観光客の移動や買い物行動を観測し、施策の効果を分析することで翌年度の施策を設計・適用するというサイクルが構想された。

だが、このサイクルの実現には大きな課題が二つあった。一番目の課題は「どうやって観測するのか」、二番目の課題は「だれが分析するのか」である。しかも、この品質向上ループは何年にもわたって継続的に運用されて初めて効果を生じる。研究プロジェクトチームが実証実験として実施するだけでは、実質的効果は期待できない。研究プロジェクト終了後も、地元の人々によってサイクルが回り続けるものを目指さなければならない。以下では、「どうやって観測するのか」「誰が分析するのか」を重点的に説明したい。

どうやって観測するのか?

「現在の顧客数を数える」だけであれば、利用可能な技術はいくつもある。各観光拠点で入場者人数を計測するだけでも、集客施策の調査として有益なデータを収集することは期待できる。しかし、観光地に調査事業を導入することは容易とはいえない。それは観光地がオープンサービスフィールドだからである。

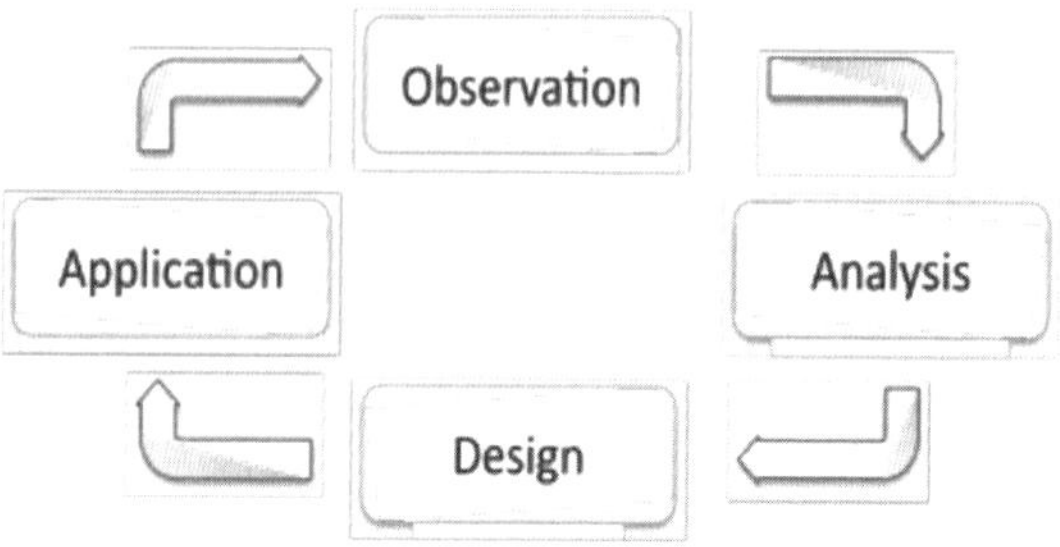

図1　品質向上のサイクル

(1) オープンサービスフィールドの合意形成コスト

以下のような特徴を持つ地域を「オープンサービスフィールド（Open Service Field）」と呼ぶ。

①一定の地域内に、小規模サービス提供者が多数存在し、競争的に共存している。各サービス提供者は対等な関係であって、主従関係はない。

②その地域には、特定の出入口がない。顧客はどこから来てもどこから帰ってもよい。その流入・流出を個々のサービス提供者は把握していない。

オープンサービスフィールドの例としては、商店街やショッピングモール、地方観光地がある。複数のサービスが集まった中を顧客が回遊する地域であっても、同一の運営主体のもとで運営されている場合にはオープンサービスフィールドには該当しない。著名なテーマパークの多くはオープンサービスフィールドに該当しない。

オープンサービスフィールドでは、多数のサービス事業者が独立してビジネスを行っているから、町全体の事業案も上意下達というわけにはいかない。街づくりに責任ある人々が調査の重要性を感じたとしても、個々の地元事業者が賛同しなければ実現できない。多くの場合、(a)費用の適切性判断の困難性と(b) 公平な受益者負担の難しさ、(c)きわめて高い合意形成コストが調査事業の障壁となる。

(a)　費用の適切性判断の困難性

街の集客数を向上させる事業ということであれば賛同を得やすい。だが調査事業は、これを実施したからといって集客数がただちに伸びるものではない。集客数が伸びるかどうかは個々の集客施策にかかっており、調査はその施策の結果を計測するだけである。地元経営者にとっては直接的に自店の売り上げに連動する話題とはいえないことから総じて関心は低い。仮に売り上げの向上が見込めるとしてもその増額分がいくらになるかは容易には見積もれず調査費用が適切かどうかの判断は難しい。

(b)　公平な受益者負担の難しさ

よしんば、街全体の利益になると判断できる事業であり、総額も見合うものだと判断できたとしても、その経費の平等な負担を合意することは容易ではない。オープンサービスフィールド内の競争関係の帰結として経済的格差が生じており、平等の意味すら共通概念ではない。小さい規模の店舗としては経済的余力のあるものが応分の負担をすべきだと考える一方、大きな規模の店舗としては街全体の事業のときに常に負担が大きいのでは公平ではないと考えることになる。

(c)　きわめて高い合意形成コスト

加えて、何か新しいことを始めようとすれば必ず反対を表明する人々が出てくる。反対の理由は誰でも無限に思いつくことができるが、その本質は新しいやり方の導入そのものに対する心情的不安や変化に対する拒否感にある。新しい技術や考え方を、誰もが歓迎するとは限らない。ビジネスを継続してきたとの自負がある商店主や宿主にとって、サービス工学などの新しい概念を勉強する動機づけは高くない。また、これまでとは異なるやり方に対して最初から積極的である人は少数派であろう。自店舗を維持してきた人（これまでの方法で成功してきた人）ほど保守的であることはやむを得ない。そしてオープンサービスフィールドにおいては、会議体の原則通り、すべての参加者が一票ずつ持っているのである。

(2)　OSF－POSコンセプト

調査システムを調査システムとして持ち込んだとしても、容易には受け入れられないことが予想された。地元経営者にとって、より受け入れやすいインセンティブが必要である。

一般的に、既存のビジネスの負荷を軽減してくれるものはインセンティブとなる。また、どのサービス現場でも「お客様が喜ぶこと」は経営者にとってインセンティブとなる。

そこで私たちはＰＯＳ（Point of Sales）システム（販売時点情報管理システム）に着目した。

小売店では「消費者が『いつ』『どこで』『なにを』購入したのかを知る」ためにPOSが使われているが、これを使う販売員にとっては調査システムというより日常の販売業務を潤滑に処理するための道具として認識されている。本来、レジスターとPOSとは異なる（POSはデータ分析を目的としている）が、レジとPOSをほぼ同等に扱うことは多い。

この例にならい、本プロジェクトでは、「観光地内を回遊する観光客が、『いつ』『どこで』『どんなサービスを』受けたかを知る」観測技術をPOS（Point of Service）と位置付け、観光地で必要とされる各種サービスを構築できるクラウドサービスwngと、そのサービスにアクセスする小型端末「オープンサービスフィールド型POS（以下、OSF・POSと呼ぶ）」を開発した（図2）。そして、そのOSF・POSを使うことを前提として、どのようなサービスを提供すれば「お客様に喜んでいただけるか」を宿や物販店舗の経営者に尋ねることとした。

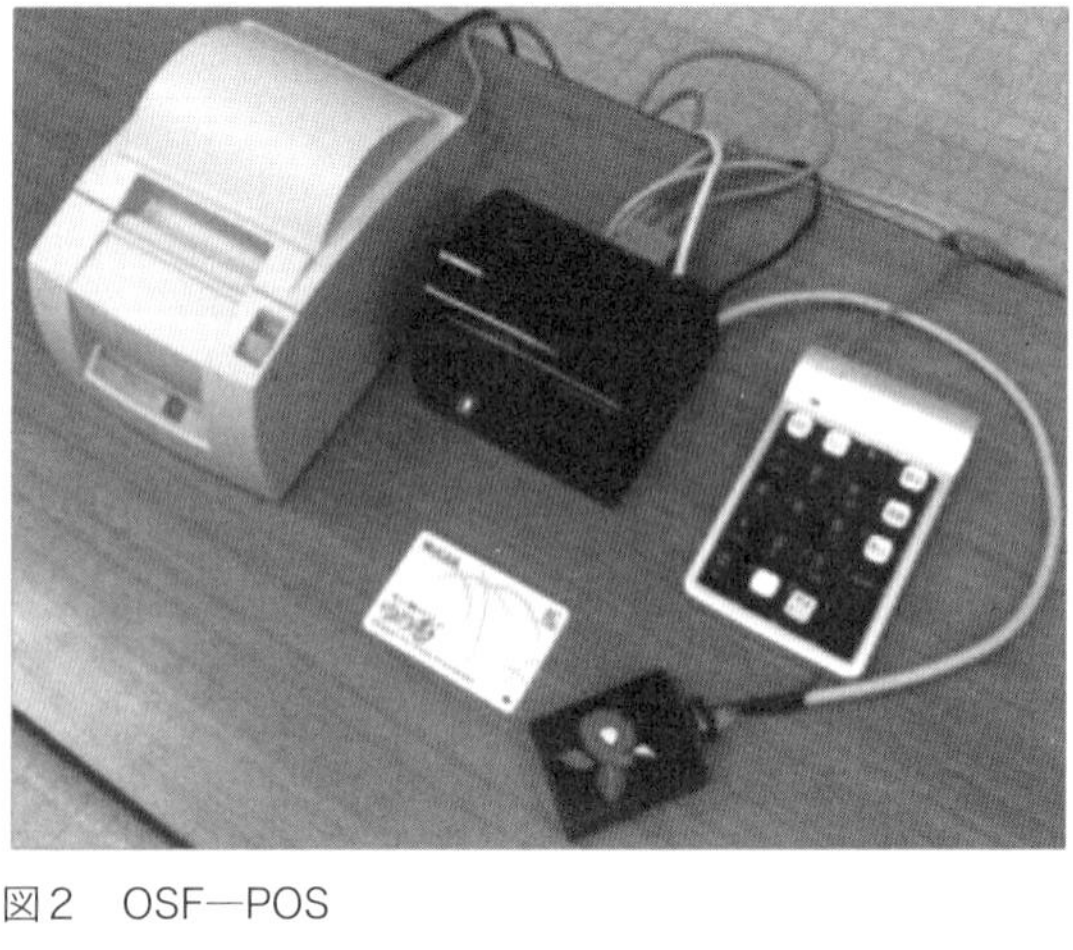
図2　OSF—POS

(3)　OSF - POS上の各種アプリケーション

①町営クレジットカード

一番に要望として挙げられたのは「町営のクレジットカード（つけ払い）ができないか」というものであった。城崎温泉では古くから「つけ払い」の文化が根付いており、宿泊客がゆかたのまま飲食店等を訪れても、支払いは宿へのつけが効くのである（チェックアウトのときに料金をまとめて支払う）。これは大変好評なサービスではあったが、深夜や翌朝に個々の宿に代金の回収に回ることは飲食店等にとっては負担であるために、すべての飲食店がつけ払いに応じているわけではなかったし、飲食店以外ではごく一部の土産物店で実施されているにとどまっていた。提案者である商工会長は、このつけ払いサービスを、少額のソフトクリームやジュースといったものに拡張して、より多くの人につけ払いサービスを提供したいと考えていた。

②外湯券

つけ払いの要望とほぼ同時に、複数の地元関係者が「外湯券の電子化」を要望として挙げた。旅館内にある風呂に対して、外にある共同温泉浴場を外湯と呼ぶ。城崎温泉には七つの外湯があり、「外湯めぐり」がもっとも中心となる観光資源で、ほぼすべての宿泊客が宿で外湯券をもらってから街中を歩く（図３）。

　旧来の外湯券は紙で印刷されており、宿泊客は外湯にいくたびに一枚ずつ外湯券を渡して入浴する。だが紙方式にはいくつかの問題があった。

　宿は定期的に役場の温泉課に券を受け取りに出向き、すべての券の裏側に屋号のスタンプを押す手間がかかる。また、一人で一〇枚も二〇枚も持ち出す宿泊客もいるので、外湯券が足りなくなることもある。ゆかたの袖に、客の忘れた大量の外湯券が入ったまま洗濯してしまうなども、宿の不利益になる。さらに温泉課でも、入浴者数を調べるために、回収した紙の券を手作業で数えなければならず、集計は常に三カ月前のものだった。そして、一人がいくつの外湯を利用したのか、何時に利用したのかなど、詳細な行動を把握することもできなかった。これらの不利益の他に、なにより宿泊者にとって不利益があった。

　宿泊者であればフロントに山積みされた外湯券を何枚

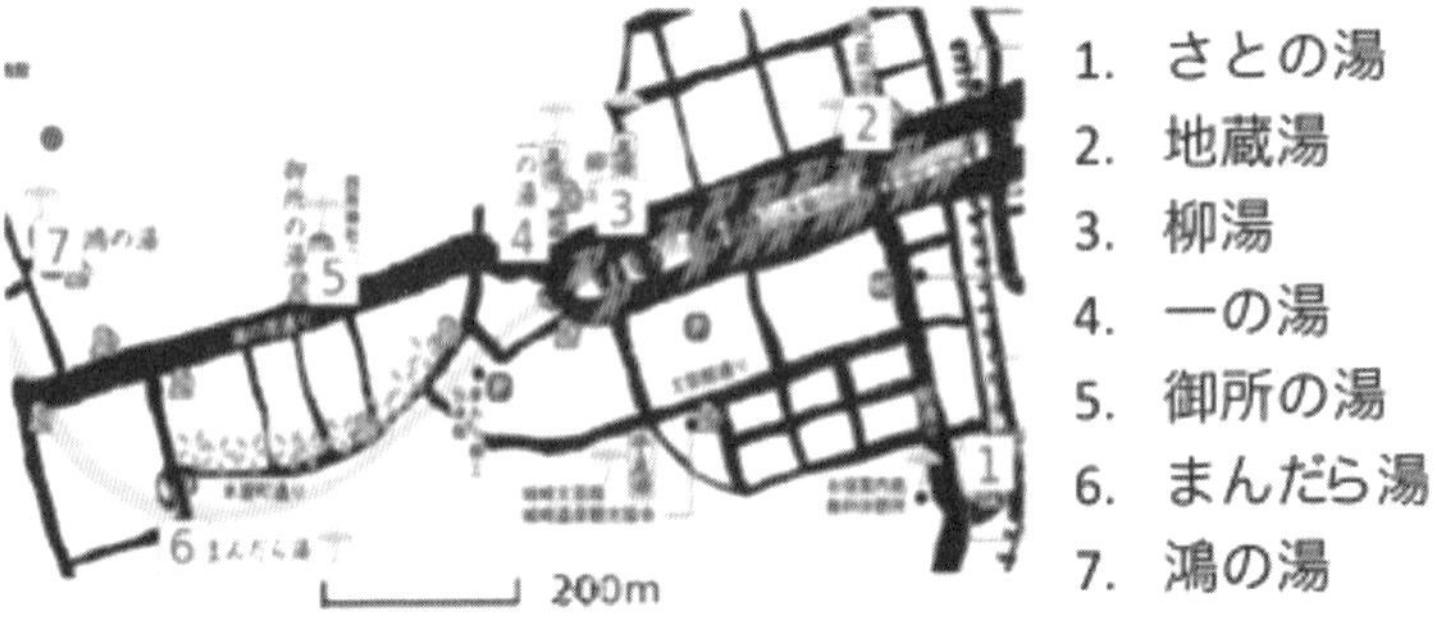

図３　城崎温泉と外湯の位置

でも持ち出すことができる。ところが、「どうせそんなにたくさん入浴しないだろう」と考えて外出する宿泊客は意外と多い。券が足りず戻ってくることは（自己責任であるものの）大きな不満となった。逆に、何枚でも自由に持ち出すことができるため、入手した外湯券をネット上で売る者も出ていた。そこで宿泊者以外の者が不正に入手しても入浴できないようにするため、宿泊者であることを別の手段（たとえばゆかた姿）で確認する必要があり、本来は朝一〇時まで入浴可能であるべきところ（ゆかたを着ることができないために）「チェックアウト後は利用できない」という宿泊者にとっては不利益なルールを導入せざるを得なかったのである。

これらの要望を統合して、外湯券の電子化が企画された。

これらのアプリケーションは、ＯＳＦ‐ＰＯＳで印刷されたＩＤ付の券を持ち歩くことで利用できるようになる。外湯の入口にあるＯＳＦ‐ＰＯＳに券を提示すれば

図4　外湯に設置されたOSF-POS

図5　OSF-POSでの買物

外湯に入場できる（図4）。男女別に入場口が異なるので、入浴時に当該IDの性別も判明する。町営クレジットカードを申し込んだ人ならば、ビールを購入するときに券と暗証番号を提示するだけで購入できる（図5）。なお請求書は宿のOSF－POSから自動的に印刷され、チェックアウト時に清算する。

(4) OSF－POSの要点

OSF－POSの導入の最大の効果は、サービスを利用するすべての観光客にIDを割り振ることができるようになったことである。一つのIDで各種のサービスを利用するたびに、ログとして行動履歴が蓄積されることになる。

このIDは偶然によって配布される番号なので、どのIDが誰なのかはわからない。仮にログ上のIDと行動履歴を第三者が見たとしても、そのIDを持っていた人にアクセスすることはできない。これにより顧客のプライバシーを完全に守ることができる。

データの活用

OSF－POSの導入以後、外湯の入場者数や混雑状況、街全体での売上高などはだれでも閲覧できるようになった。これらのデータからいろいろな分析が可能となる。

(1)　回遊行動のグループ構成推定

同じ宿から出発してほぼ同じ時刻に同じ拠点を移動している人々は、同一グループである可能性が高い。二〇一二年一二月のデータを分析したところ、単独で行動しているのは三五六一人（一二％）、大人のみの二人組一一四二四人（四〇％）、うち男女混合の二人組（大人のみ）は八一八四人（二九％）、男女混合の三人～五人の組六一五五人（二一％）、大人と子供（子供券）の両方を含む三人～五人組三二六二人（一一％）であることがわかった。

これらの推測方法の妥当性を検討するため、一二月一六日～一九日の四日間、一二月一六日～一九日の四日間、全七カ所の外湯の出口でアンケート調査を実施し、その中で同行者の人数と子供のいる家族かどうかなどを尋ねた。アンケート印字は合計二四四四件、回収は一六一九件（回収率六六％）であった。

親子グループと推定された人のうち、一人でもアンケートに答えて、その人が子ども連れの家族であると回答しているものを正解としたとき、推定精度（正解率）は九二％であった。OSF - POSのデータ分析から、実用的な精度でグループ構成を推定できることがわかった。

ところで、一一％の親子連れは多いのか少ないのか。「平成二二年版　観光白書」（国土交通省）によれば、国内観光旅行に占める家族旅行の割合は五一・四％と最大のシェアを占めている（財日本交通公社「旅行者動向二〇〇九」）。家族旅行といっても必ずしも子供券を必要とする子供がいる家族とは限らないし、親子連れの場合には宿から外出することを避ける傾向があると想像されるから、推定結果と直接比較することはできないが、その点を勘案しても一一％は少ないといえる。城崎温泉では若いカップルか熟年夫婦をモデルにしたポスターしか作成していなかったが、親子連れをモデルとしたポスターも作成するようになった。

⑵ 滞留・経路分析

個別の宿泊客にＩＤが割り振られているから、「自分のところの顧客がどこにいるのか」をリアルタイムに知るこ

図６　ある宿の宿泊客の散策状況

りすることが可能になる。
とができる。図6は、A宿の宿泊客が特定の時間に街中のどの地域を回遊しているのかを図に表現したものである。例えばB地域の店舗がA宿でクーポンを配布したとすると、そのことによって宿泊客がB地域にどのくらい訪れたのかなどの効果を測定することができる。顧客に新しい体験を提供するという観点から、現在は人が少ないところの魅力を強調して紹介したり、人が多くいく地域のランキングの変化を見ることで顧客のニーズの変化を察知したりすることが可能になる。

外湯への立ち寄り状況は直接的に利用されている。鞄店では付近の外湯の入浴者の男女比を確認し、男性客が多い日はビジネスバッグを店頭に並べ、女性客が多い日はファッショナブルな製品を店頭に並べるなどの工夫がなされている。

ところで、改札口に設置されたOSF－POSでは、入場時の時刻しか記録できない。しかし、入場時の時刻の蓄積から各観光拠点の滞在時間を推定することができる。図7左は、「さとの湯から他の外湯」に移動した人数と、さとの湯に入場してから他の外湯に入場するまでの時間をグラフにしたものである。図7右は「地蔵湯から他の外湯」の場合のグラフである。観光拠点ごとにこのようなグラフを作成することができる。このグラフから、さとの湯から他の外湯にいく人の多くが地蔵湯に向かっていることがわかる。また、地蔵湯からさとの湯への移動時間は四九分であるのに対し、さとの湯から地蔵湯に移動する時間は七六分であって五五％も長い。これは、さとの湯に滞留する時間と地蔵湯に滞留する時間の差が表れており、さとの湯のほうが五五％長く滞留していると考えられる。

これらの分析を通じて滞留時間を推測することができるし、このグラフはある観光拠点から次の観光拠点に移動する確率分布を示しているから、三〇分後の混雑予測なども可能になる。

(3) 閑散時間分析

地元飲食店にとって、昼食時間に町に人が多いことが望ましい。図8は、七時から二三時まで外湯が開いている時間中の利用者数をグラフ化したものである（二〇一〇年一二月累計）。朝食前に外湯に行く人は一定数いるものの、一〇時を超えると全く人がいなくなる様子がわかる。一〇時までは宿泊客がいるのだから、滞在時間をあと二時間延長してもらえるような企画を推進すべきであるといえる。

実は、昼間の時間帯に活性化案を打つべきではないかという提

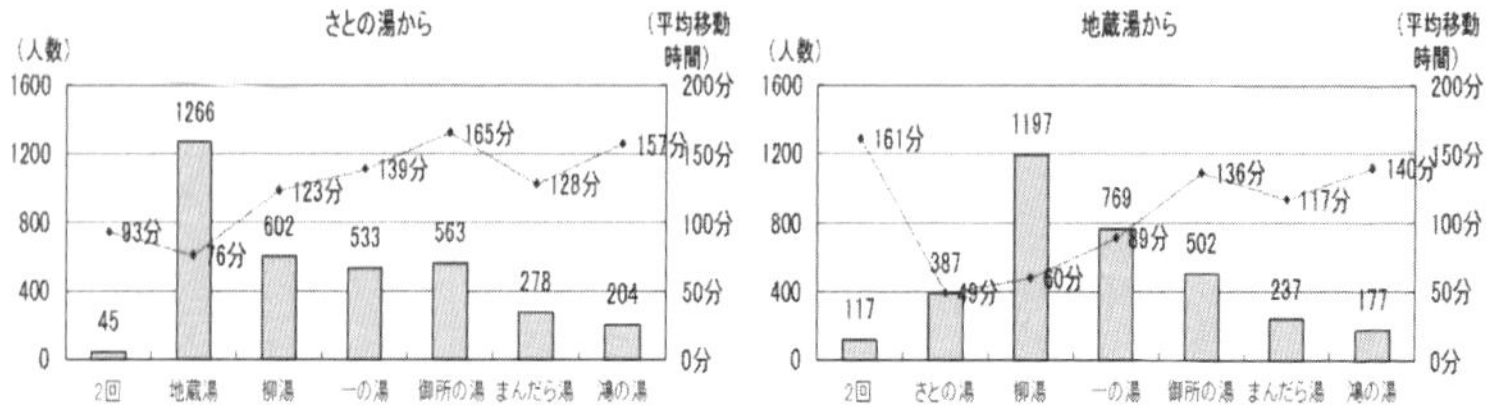

図7　さとの湯からの移動（左）、地蔵湯からの移動（右）

案は、以前から存在していた。しかし、議論の席上で「昼間に混雑したら現場が混乱するのではないか」などの、心情的反論ないし根拠のない反論が出されてしまうと再反論できず、結局議論が進まないまま放置されてきたのである。

サービス工学技術がもっとも典型的に役立つのは、このような場合に数値の形で「この時間帯がいかに空いてしまっているのか」を認識させてくれることである。このグラフを見れば、どれほど集客施策を打っても現場が混乱するほどの大混雑には程遠いということがはっきりとわかる。実際、城崎温泉でもこのグラフが提出されてから、昼間の時間帯の施策について無意味な反論は姿を消した。

グラフが示されてから二年経過したのち、二〇一三年度からはチェックアウトした日の一〇時～一五時三〇分の時間帯であれば割引料金で入浴できる外湯券の発行を開始するに至った。このような券は初期投資もまったく不要であるし、もともとチェックアウトした人が正規料金で一日券を買うということはほとんどあり得ないことであるから、割引入浴券の創設は利益の純増をもたら

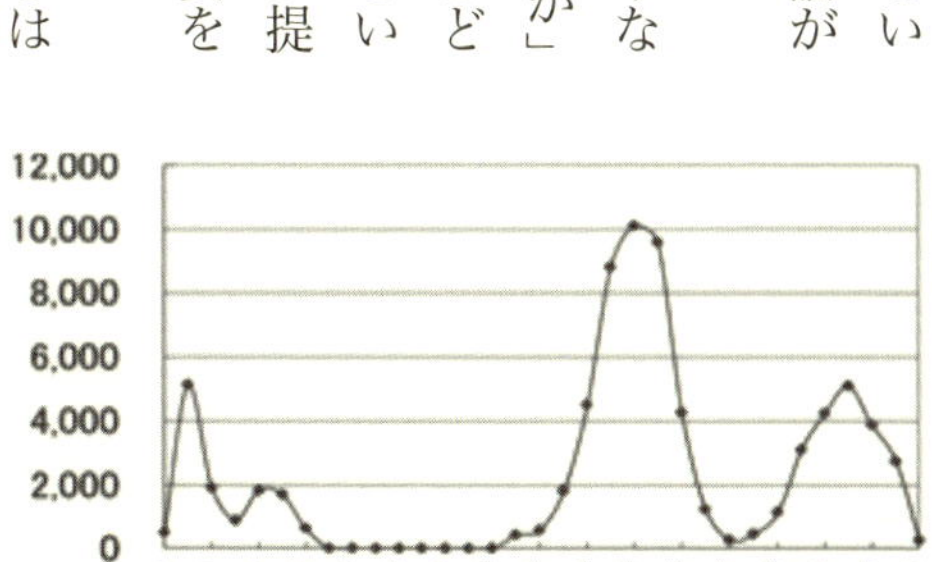

図8　7:00~23:00の外湯利用者数（2010年12月累計）

す。時間帯別入浴券が実現できるのは、チケット改札が電子化されていることが大きい。人手によって改札していては細かな条件にとても対応できなかったが、電子化されていれば判定はシステムが行うのであるから、現場への負担は増えない。

だれが分析するのか

品質向上サイクルの実現にとって、最大の問題は「だれがデータを分析するのか」にある。膨大なデータを得ても、分析する人がいなければ品質向上サイクルは実現できない。プロジェクトの初期段階では、地元住民によるビッグデータの分析は期待できない、との議論がなされた。地元でまちづくりに関与している人の多くは、普段は飲食店を経営していたり床屋さんだったりと、本業を持っている。しかもビッグデータを初めて見る人がほとんどである。確かに分析ツールは世の中にたくさん存在するものの、それらのツールを使いこなすにはデータ分析のための高度な知識と習熟が必要になる。分析ができたとしても、その解釈を自動化することは一般には困難である。このことから、データ分析の経験を積んだ者が必須であるとの見解は成り立ちうる。

しかし、専門家を雇う余力のある観光地はそれほど多くない。やはり地元の人々によって分析がなされることが必要である。それゆえ、地元の人々でも分析ができることを実証することが本プロジェクトの重要な目標の一つであった。

(1) 回遊イベントの効果

私たちはまず、データをみて気がついたことがあればメールで投稿できるようにメーリングリストを作った。そのメーリングリストに次のようなメールが流された。

「昨日は旅館のつけ払いが一一件　合計二万一六二五円ありました。一一件のつけ払いは今まで最高です。

全体のつけ払いも昨日が一番多かったようですね。

お客様の数はお盆の方が多いのに、つけが多いということは、灯ろう流しなどのイベントで町を散策されている人が多かったということでしょうか。」（八月二六日に投稿された宿のご主人からのメールの抜粋）

図9は二〇一一年八月の総宿泊者数とつけ払いの総売上高をグラフにしたものである。八月はお盆の時期（一二日〜一六日）がもっとも混み合う。しかし売上高の推移をみると、必ずしも宿泊者数とは連動していない。また八月の平日はほぼ毎日花火大会を実施した。しかし平日の売り上げに相関は見られない。

ここで八月二六日の売上高をみると、八月最高値であることがわかる。しかし宿泊者数をみると決して多くない。利用店舗数と人数をみると八月平均は九・一店舗、一四・七人利用なのに対し二六日は一四店舗（五〇％増）、二四人利用（六〇％増）となっている。一人あたりの立ち寄り店舗数は八月平均が一・四店舗で、二六日の一・八店舗は微増にすぎない。一人がたくさんの店に寄って多くのお金を使ったのではなく、普段より多くの人が店に立ち寄ってお金を使ったと見るべきである。

図10は同年九月のグラフである。一般的な月は、宿泊者数に売上高が連動していることがわかる。また、二六日にも売り上げが伸びているわけでもない。したがって給料日効果

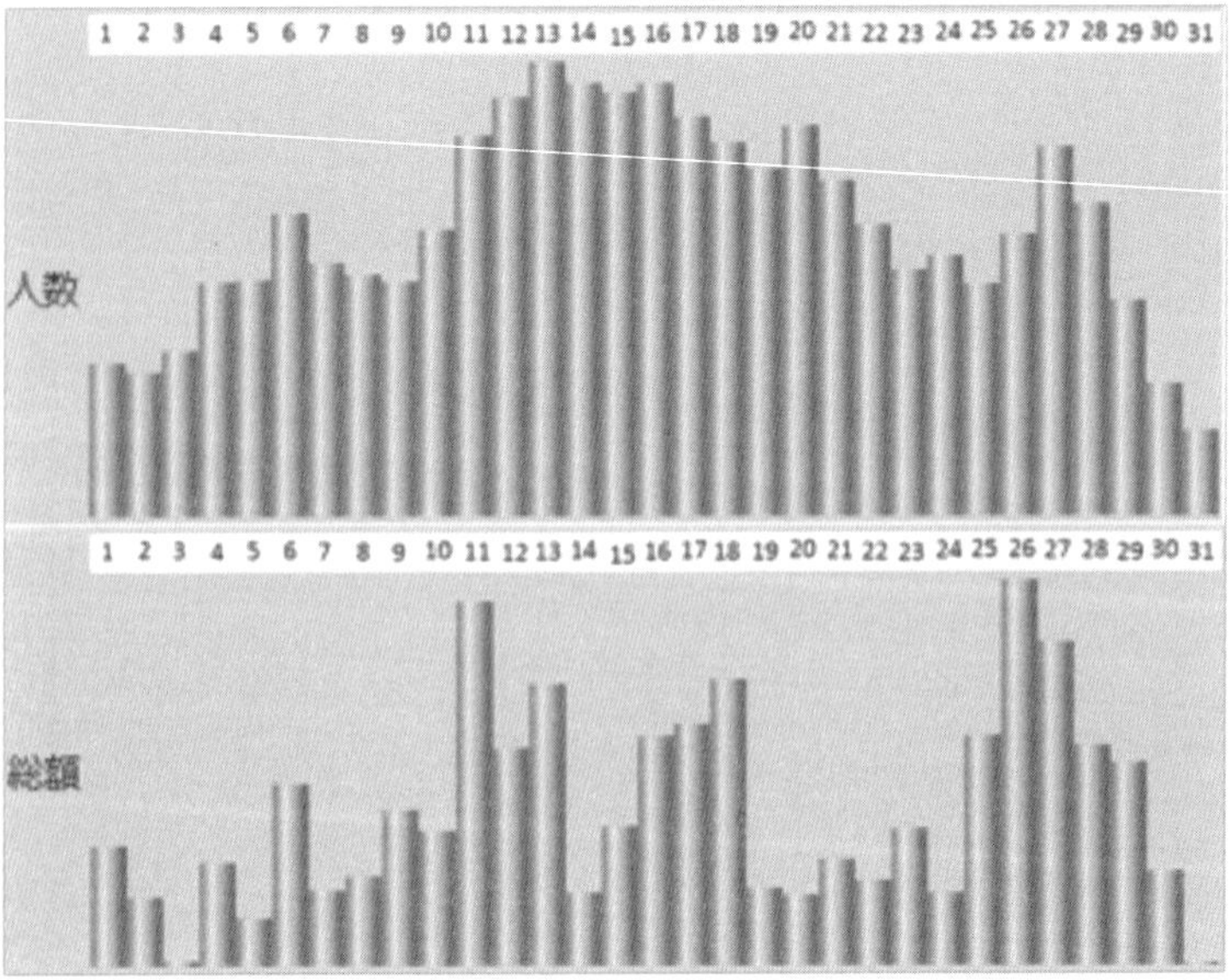

図9　2011年8月の総宿泊者数（上）とつけ払いの総売上高

（給料日として設定されることが多い二六日に売り上げが伸びる効果）が八月に現れたとは考えにくい。

八月二六日には、灯ろう流しが行われていた。灯ろう流しは、祖先の霊を弔う趣旨で川に灯ろうを流すイベントである。街中を流れる川にそってゆっくりと流れる灯ろうを見ながら二時間ほど街を散策するのである。

歩き回ることで、買いたい商品・店舗と出会うチャンスが増えたのではないか。また、歩き回ることで、買う理由（喉が渇いた、など）が増えたのではないかと考えられるから、地元店舗の経済効果という観点から

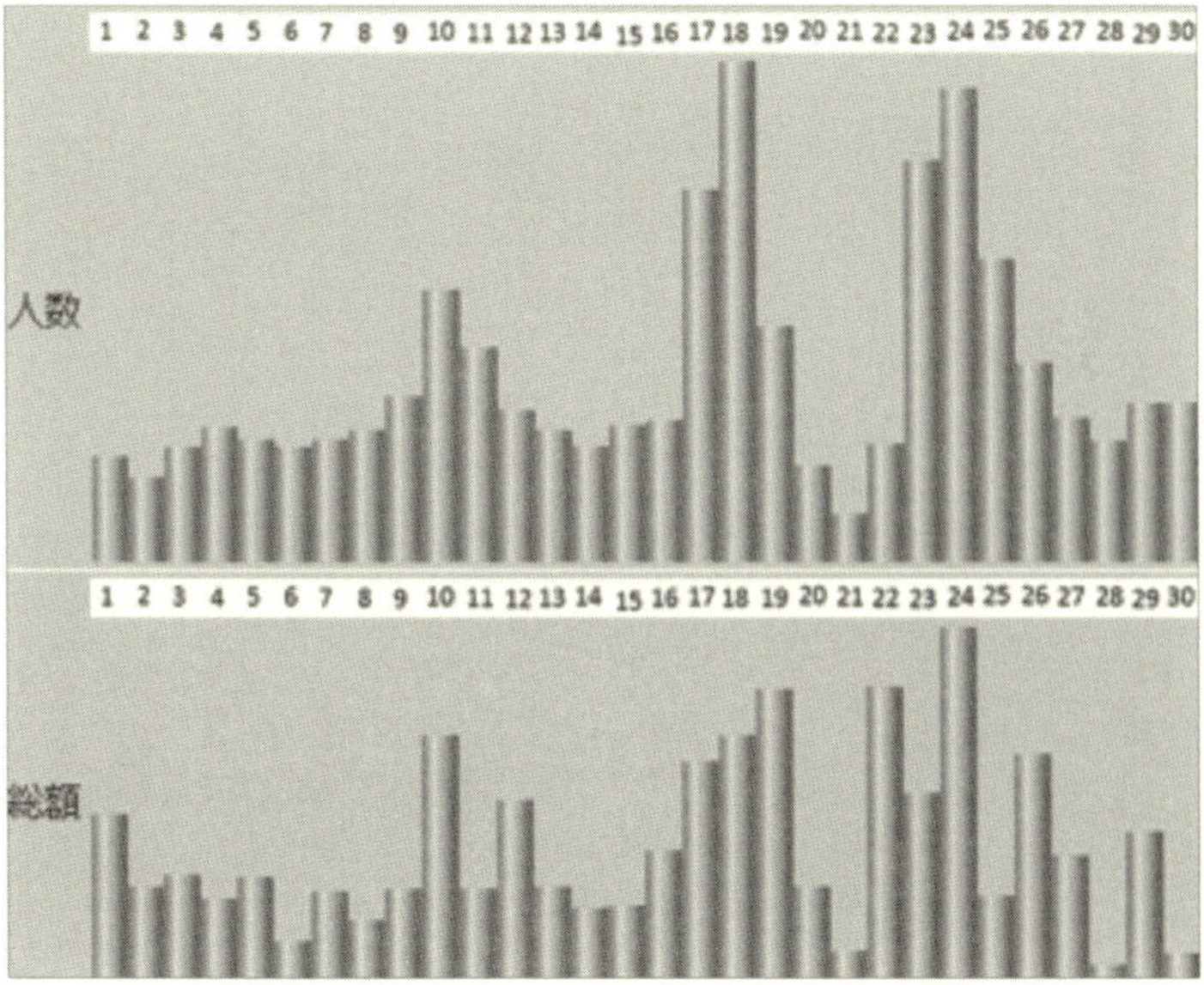

図10　2011年9月の総宿泊者数（上）とつけ払いの総売上高

は回遊型イベントを実施すべきであると仮説を立てることができた。

⑵ 購入インセンティブの効果

二〇一三年の二月、総額三〇〇〇円以上の買い物をすると、旅館案内処のレンタサイクル二時間無料、または城崎文芸館入館無料または城崎ロープウェイ二割引のいずれかの特典を付けるキャンペーンを実施した。このような購入インセンティブを、どのようにデザインすれば効果があがるかを分析することが求められる。

これについても、前述のメーリングリストに次のようなメールが投稿された。

「昨年二月と比べ、利用額は二割強伸びていました。特典の効果といえるのでしょうか。」(三月一日に投稿された事務局長からのメールの抜粋)

本インセンティブを実施していなかった二〇一二年二月の総売上は三九万九九〇一円、三一五人が利用して客単価一二七〇円であった(図11上段)。一方、本インセンティブを実施した二〇一三年二月の総売上は五〇万四五四三円、二三七人が利用して客単価二一二九円であった(図11下段)。これは売上高で二六%増、客単価で六八%増であったから、本インセンティブは大きな成果をあげていることがわかる。継続的に観測することで、いわゆるインセンティブキャンペーンの効果が薄れていくタイミングを見つけることができれば、その時点で新たな企画を打つことも期待できるだろう。

(3) 気づきを促進する五方策

前記(1)(2)の事例は顕著な例として紹介したものであり、これ以外にもデータは活用されている。強調すべき点は、日々のデータの発見や検証は本業を持つ地元関係者によって行われている、という点である。

ここで生じる疑問は、この結果が城崎温泉でなければ得られないものなのか、それともどこの観光地でもみられる汎用的な現象なのかということであるが、残念ながらその結論を本稿で出すことはできない。

しかし、本プロジェクトでは単に

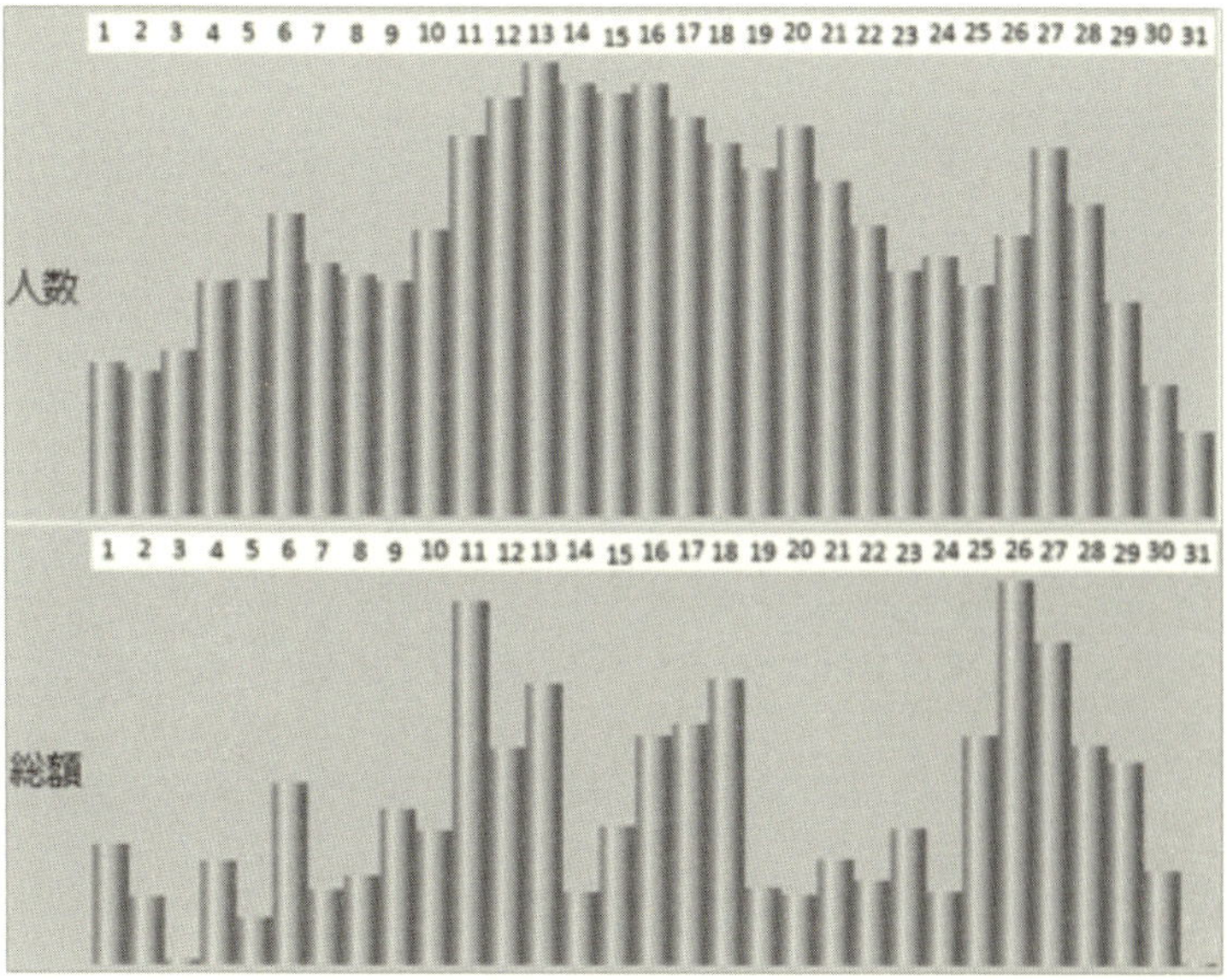

図11　2012年と2013年の2月売上総額の比較

メーリングリストを用意しただけではなく、「気づき」の機会を増やす工夫を取り入れている。効果の定量的評価は困難であるが、それらの工夫は汎用的に利用可能である。以下、本プロジェクトで「気づき」を増やすために効果があったと思われる五方策について述べる。

(a) 頻繁にデータを見る機会を提供する

街全体の宿泊者人数や総売上高を、視覚的に見やすい形（グラフ）で提供するということは当然に必要であるが、そのようなデータを頻繁に見てもらうことも重要である。宿泊客がつけ払いしたときなどに発信される「店主への確認メール」の中に、街全体のデータを表示するページへのリンクを埋め込んだ。街全体のデータを見るＷｅｂページはパスワードによる制限がかかっているが、店主に届くメールのＵＲＬにはパスワードもあらかじめ埋め込み、ワンクリックだけで表示できるようになっている。

(b) リアルタイムで見てもらう

ビッグデータを活用とする企業の多くは、すでに大量に貯まったデータを分析したいと期待する。しかしデータ収集から数週間後になってから見ても活用できないことが多い。データの分析は「気づき」が重要であるが、数日後～数カ月後に売り上げのグラフを見ても「その日に何があったのか」をはっきりと思い出せるとは限らない。また、グラフ上のわずかな変化に気づけないことも多い。統計処理をしてしまうと変化を変化として見出すことができなくなることもある。それゆえ「今日は忙しかった」などの印象が残っているうちに、データを閲覧してもらうことが必要となる。「今日はいつもより○○であった」と感じる日にこそ、その理由の仮説も作りやすくなるように思われる。そのような観点から、データサイエンティストといった分析の専門家よりも、現場の店長やスタッフにこそデータを見てもらう必要がある。

(c)　アイデアや気づきを地元関係者間で共有する

前述のとおり、データを見てアイデアを投稿するメーリングリストが用意されていた。思いついたアイデアを気軽に投稿できる場がないと、そのまま個人の気づきとして終わってしまう。多くの人と気づいたことを共有することで、さらに新しい気づきを促すことにつながると期待できる。

(d)　比較を提示する

前記(2)の事例は、月間の売上集計を前年度と比較したものである。地元経営者にとって、「昨年度比」「先月比」というのは非常にわかりやすい比較対象といえる。経験的には、「昨年度比」「先月比」を提示すると「なぜこのような差が生じたのか」の仮説を生成しやすい（多くの人が仮説をどんどん生成できる）。

(e)　データ収集を他人事にしない

技術上の工夫以外に、もう一つ私たちが重視した観点がある。それは、データ分析を含めてシステムの活用を他人任せではなく自分の問題として認識してもらうこと、である。単に「お客様」としてシステムを購入しただけでは、すべてが他人まかせになりやすい。自分たちがデータを集めているのだという積極的な立場にたってもらうことは、「気づき」の促進にとって重要なことであると考えられた。

そこで私たちは「システムに名前をつけてもらう」という方策を採用した。先行研究によれば、名前を付けることで、名前を付けた対象物に対する親しみは向上し、大切に思う気持ちが増強される。

私たちのシステムは、正式には「ｗｎｇサービスＡＰＩ」との名称を持っているが、これはあえて発音しにくいものが取り入れられている。本システムを持ち込んだとき、地元関係者に命名をお願いし、決まった名前が「ゆめぽ」であった。これにより命名した人々はシステム導入の推進派となり、他の人にもこのシステムは自分たちのもの、という認識を強めることとなったと思われる。

おわりに

本稿で紹介した事例では、データ分析の経験を積んだ者が必須であるとの見解は必ずしも妥当ではないことが実証された。プロジェクトが終了した現在でも、城崎温泉では毎日の宿泊者ログが収集され、今日も一人以上の地元関係者が街全体のグラフを見ている。本プロジェクトで目指した目標は達成されたと評価しうる。ただし、品質向上サイクルは、効果的な集客施策を自動的に取捨選択してくれるシステムではない。集客施策・イベントの評価は一面的なものである。例えば花火は投資金額に比べると飲食店や物販店にとっては経済効果が低いと評価されるイベントではあるが、観光地を宣伝するポスターの図柄として美しい。訴求力も大きく、単純に結論を出すことはできない。それでもなお、実施した施策に反応した人の動きのデータを収集することで客観的な評価に常に関心をもって施策を検討できることと、客観的なデータの提示によって合意形成を推進されるので常に変化をもたらすことができるという点は、集客施策の品質を効率的に向上させることになるはずである。

第二節　地域産業支援に向けたサービス工学の適用

水産物の産直電子商取引による生産者収益の改善　—宮下和雄

日本は国土面積が小さく、陸上の天然資源には恵まれていないが、海洋に関して日本は自他ともに認める資源大国である。日本が経済的主権を持つ排他的経済水域の大きさはアメリカ、フランス、オーストラリア、ロシア、カナダなどに次ぐ世界第六位であり、暖流（黒潮）と寒流（親潮）が大陸棚で出会う三陸・常磐沖の海域は世界三大漁場の一つに数えられる。しかし、大きく豊かな海洋を擁しながらも、日本の漁業者の生活は決して豊かとはいえない。そこでの本質的な課題は、わが国の水産流通制度の閉鎖性や複雑さにより、漁業者が捕った魚を適切な価格で販売できないことにある。そうした状況の中で起きた二〇一一年三月の東日本大震災で大きな被害を被った東北太平洋沿岸の漁業者には、漁業の将来展望を不安視し、漁の再開を断念した方々も多い。本節では、まず国内漁業の現状と課題を流通・販売の観点から論じ、さらにそうした問題点を解決し、地域漁業の再生を支援するためのサービス工学の展開として、新たな流通販売チャネルの創出に向けた取り組みを紹介する。

日本の水産流通の現状と課題

水産物の市場流通の特色は、図1に示すように産地市場と消費地市場という二段階の卸売市場を経由することである。水産物は、①鮮度・品質の保持が困難、②規格化・差別化が難しい、③水揚げが小規模零細・分散的で変動性が高い、などの特徴を持つため、水揚げ後すぐに港近くにある産地市場で、集荷・分荷と第一次価格（生産者価格）形成が行われる。産地市場では仲買人たちが水揚げの状況や取引関係のある消費地市場での需要動向を見極めながら、競り取引による買い付けを行い、消費地市場へと出荷する。大都市近郊にある消費地市場では、全国から集荷された水産物に対して、仲買人たちが顧客である小売業者などの意向を考慮しながら競りに参加し買付を行う。

このように水産物の取引は、産地市場と消費地市場という遠隔地にある拠点間の情報の非対称性を、個々の市場参加者が独自に解消しながら進められるため、水産物の流通プロセスは非常に複雑になり、①流通時間がかかる（一般的には産地から消費者に届くまでに二〜三日間程度必要）ため、鮮度が落ち商品価値が下がる、②消費者価格が低

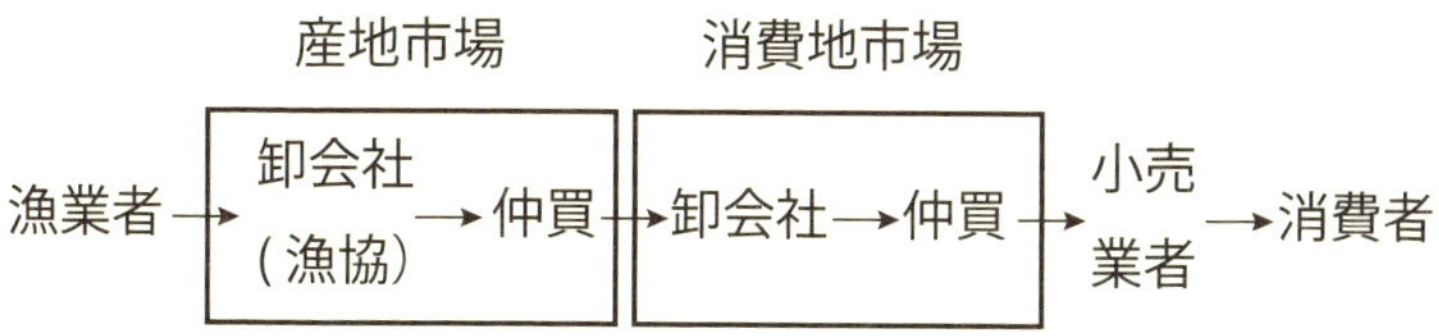

図1　水産物の市場流通プロセス

迷している中、中間流通コストが大きいため、生産者受取価格が抑えられる（図2に示すように水産物は小売価格の約二五％、それに対し青果物の場合は約四三％）、③産地から消費者に至る商品のトレーサビリティ保証が困難、などといった問題がこれまでも指摘されてきた。そのため、漁家収入は低迷を続け（平均年収は二〇〇万円台）、新規就労者が参入しないため、現在、漁労人口の平均年齢は六〇歳を超える状況にある。

国内の水産業全体が低迷する中、国内漁獲量の二割を生産し国内漁業の最大拠点の一つである三陸地方は、二〇一一年の東日本大震災に際して地震と津波、原発事故による大きな損害を被った。被災した地域における水産業を復興するには、道路、港湾、上下水道などの社会インフラの復旧は第一義的に必要であるが、先に述べた水産業における本質的な問題を解決するためには、単に旧に復するだけではなく、水産業を利益の出せる産業に変革し、次世代の担い手を引きつけるための有効な施策が求められる。

筆者らは、水産業の今後の継続的な振興にとっては、漁獲量拡大のための技術開発だけでなく、むしろ水産資源の保護、育成に

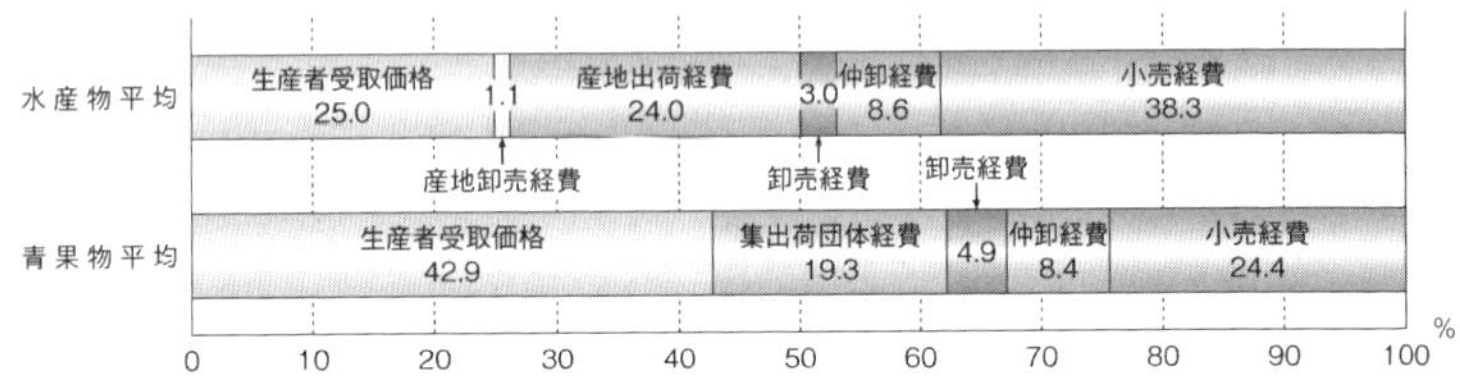

図2　水産物と青果物の価格構造
出典：平成22年度　水産白書

配慮しながら選択的に漁獲した水産物から、生産者に最大限の収益をもたらすための新たな水産市場制度の設計が重要であると考えている。本節では、漁業者の収益改善を目指して、これまで私たちが蓄積してきたオンライン・ダブルオークションメカニズムに関する研究成果を活用した水産物電子取引市場を構築する取り組みを紹介する。

オークションによる生鮮品の市場取引

魚介類や野菜などの生鮮食材は、その収量や品質が自然条件に影響されるため不確定で、事前には予測困難である。そのため、生鮮品の売買は主として現物市場で行われており、取引が行われる前に売買の対象となるすべての商品が生産され、市場に並べられている必要がある。経済学的には、現物市場における商品の生産コストは埋没費用と見なせるため、これまでの生鮮品市場においては、生産者の入札価格は０とし、購買者のみが買い取り価格の入札を行うことで価格決定プロセスに参加できる片側オークションを実施し、需要曲線と供給曲線が交差する点（競争均衡解）で取引を行うのが、生産者と購買者の利益の総和（総余剰ともいう）を最大にする方法であり、現実の多くの生鮮品市場でもそのような運営がなされている。そうした市場では、図３に示すように供給量が q2 の場合、（価格０における）需要量が q1 であれば成約価格 p1 で取引が成立するが、需要量が q3 しかない場合には需要曲線と供給曲線が交わる成約価格は0となり、生産者の収益も0となってしまう。そのような場合への対応として、生産者が取引開始前にその額以下では商品を販売しない適当な最低入札価格、すなわち留保価格を設定することで価格決定プロセスに影響を及ぼし、総余剰を犠牲にすることで収益を改善することが可能ではある。

例えば、図3において、需要量がq3の時に留保価格をp1と設定すれば、成約量はq4となり、留保価格を設定しない場合より、取引全体からは図中の灰色三角形部分の余剰が損なわれることの代償として、生産者は収益p1q4を得ることができる。もし事前に需要曲線が判明していれば、生産者の収益を最大化するように留保価格を設定することは可能である。しかし、現実の取引においては、生産者は購買者の需要を事前に正確には予測できないため、生産者が適切な留保価格を設定するのは極めて困難である。その結果、これまでの生鮮

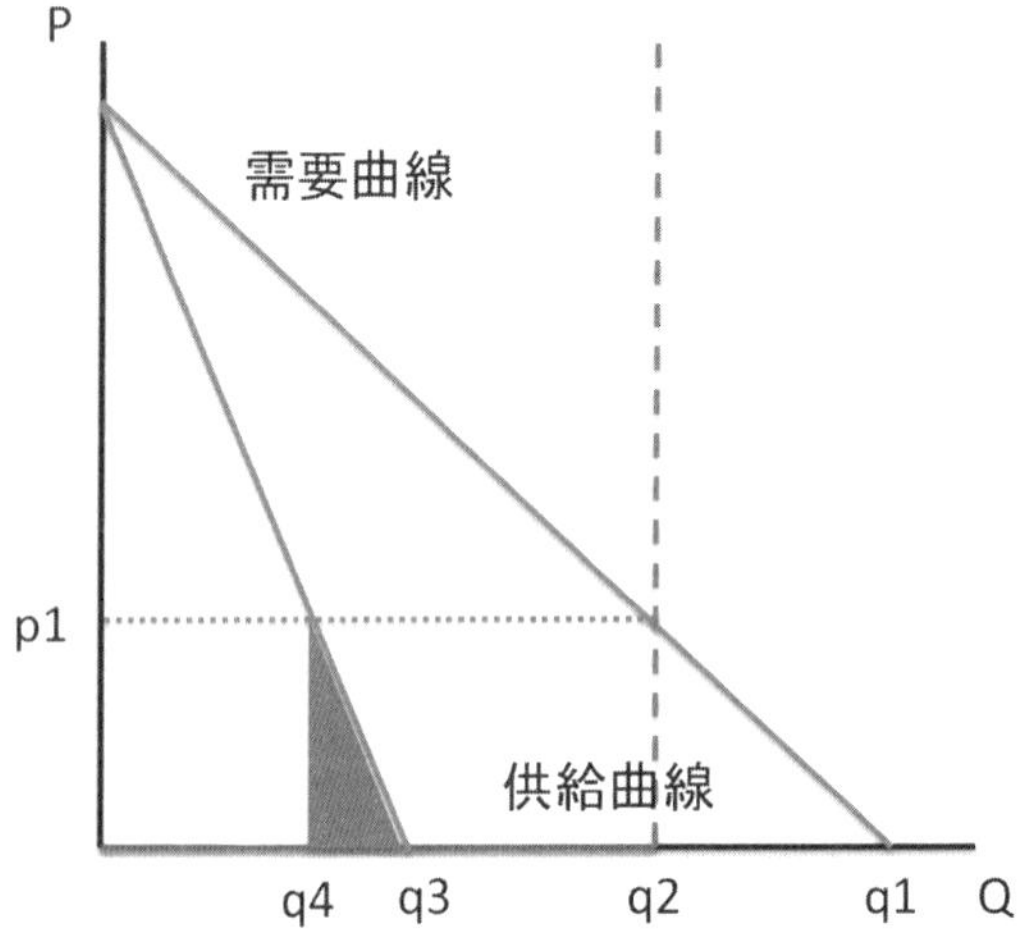

図3　消耗材を対象とした片側オークション

品市場では、売り手である生産者は取引における価格決定プロセスに有効に関与できておらず、生鮮品の市場取引において生産者の収益を改善するための適切な方法が求められている。

そのうえ、生鮮食品は消耗財であるため、取引が成立せず売れ残ってしまった商品はその価値が失われてしまい、生産者にとって大きな損失となる。例えば、先の留保価格を設定した際のオークションの例では、q4個の商品は取引されるが、残るq2－q4個の商品は取引されず、その中で有効期限を越える商品に関しては価値が失われてしまう。しかし、常に新たな買い手が参入してくる市場では、取引期限が迫っている売り手の商品を既存の買い手と優先的にマッチングし、残りの商品は新規に参入してくる買い手とマッチングできれば、そうした損失を抑えられる可能性がある。すなわち、商品の時間的な特質に基づいて、q2個の商品から今回マッチングすべき最適なq4個の商品を選択することが可能である。これまでの経済学における均衡価格理論はもっぱら静的な市場を前提としており、すべての売り手、買い手が揃って一斉に一度だけ入札を行う市場を解析の対象としてきた。しかし、実際の電子取引市場は、売り手、買い手が個々の取引期限を持って任意の時間に続々と取引に参加し、取引が成立するか取引期限に至るまで継続的に取引を行う動的な市場であり、前述のように売り手、買い手の時間的制約を考慮したうえでの最適な取引を実現するためには、需要と供給の量と価格のみに基づいたこれまでの静的なオークションではなく、商品や取引に関する時間的要素を組み入れたオンラインオークションの仕組みを構築する必要がある。

商品の売れ残りによる生産者の損失をできるだけ抑えながら、売り手、買い手双方の取引参加者による公正な価格決定を実現するため、筆者らはオンライン・ダブルオークション（以下、ＤＡ）に基づく生鮮品市場取引システムを開発している。オンラインＤＡでは取引参加者が任意の時間に市場への参加、退出を繰り返し、買い手だけではなく売り手も取引に対して入札を行う。取引参加者は、入札により取引対象となる商品に対する希望価格と取引希望量を指定するが、その入札は取引参加者の退出により無効となる。取引参加者の入札参加時刻、退出時刻（すなわち、入札有効期限）および入札内容は、個々の取引参加者の個人的な情報であり、他の取引参加者はそれらに関して不完全な情報しか持たない。したがって、オンラインＤＡでは、現時点の入札状況だけではなく、将来の入札状況の不確かさについても考慮に入れた割当決定を行う必要がある。

非消耗品を対象としたＤＡ市場では、取引されなかった商品の残存価値が保たれるため、取引に参加した売り手の利益が損なわれることはない。したがって、非消耗品の市場においては、買い手の最高値入札と売り手の最安値入札をマッチングして取引の総余剰を最大化することが、取引参加者全体の収益最大化となる。一方、生鮮食品などの消耗品を対象としたＤＡ市場においては、取引参加者全体の収益を最大化するためには、取引の総余剰を高めると同時に、取引されなかった商品の価値喪失に伴う売り手の損失を最小限に抑えるために、取引量（流動性）を増大させる必要があり、静的なＤＡ市場に関しては流動性最大化を実現する手法が近年いくつか提案されている。

しかし、売り手、買い手が任意の時間に参加、退出を繰り返すオンラインDA市場においては、将来の入札状況に関する不確かさを前提としながら、入札の価格、数量だけではなく、入札有効期限も考慮したマッチングを実施することが求められる。すなわち、オンラインDA市場では、現在マッチング可能な入札よりも大きな余剰を生む入札が近い将来、市場に参入してくる可能性がある。ただし、より大きな余剰を期待して将来の入札を待てば、現時点で有効な入札が時間切れになり、売り手の商品価値が失われてしまう可能性もある。そのため、生鮮品のオンラインDA市場では、現時点でマッチング可能な入札を即座にマッチングすることによって得られる収益と、将来の入札を待ってマッチングすることの期待収益とのトレードオフについて常に適切に判断する必要がある。

オンラインDAに関する研究は、経済学と計算機科学の境界領域として、組み合わせ最適化やゲーム理論に基づく基礎的な研究がいくつかなされてきたが、既存研究では、生鮮品取引のように取引の失敗が売り手の損失を引き起こす可能性は考慮されていないため、直接それらの研究成果を生鮮品市場に適用することはできない。そこで、筆者らは、生鮮品取引における生産者の損失を抑え、市場全体の収益を改善するための、新たなオンラインDAシステムの開発を目指している。

生鮮品向け電子商取引市場の制度設計

オークションに基づく取引システムを開発するには、(1)売買注文のマッチングに関する割付規則と、(2)約定価格の決定にかかわる価格付け規則を決定する必要がある。対象とする取引において望ましい結果を実現するよう、上記規則を適切に構築するプロセスはゲーム理論における制度設計（メカニズムデザイン）と呼ばれる分野で研究が進められており、近年ではその分野の研究者がノーベル経済学賞に選ばれるなど大きな注目を集めている。

生鮮品に限らず、飛行機の座席やホテルの空き部屋のような消耗財の取引においては、取引期限間近になるまで取引が成立していない場合には、売り手は商品の本来の価値よりも低い価格を提示したり、買い手は本来希望する価格よりも高い値段を提示するような戦略的行動を取ることにより、それぞれの収益をできるだけ改善することを図る。筆者らの目的は、取引参加者がそうした戦略的行動を取らないでも、取引が失敗する可能性を低く抑え、取引参加者全体の収益を最大化することが可能な市場制度を設計することである。

(1) 割付規則の設計

通常のDAにおいて、総余剰を最大化する割当規則は、売り手の入札を売値の昇順に、買い手の入札を買値の降順にソートし、それらの入札が交差する価格（競争均衡価格）を求め、競争均衡価格以下の売値を持つ売り注文と競争均衡価格以上の買値を持つ買い注文をマッチングすることである。この割当規則を「価格」に基づく割付規則と呼ぶ。「価格」に基づく割付規則では入札の時間的要素が全く考慮されていないので、筆者らは生鮮品取引のためのオンラインＤＡにおいて、注文不成立に伴う売り手の損失を最小に抑えるため、注文有効期限が迫った売買注文の成約を優先する「危急度」に基づく割付規則を考案した。

危急度に基づくマッチングを実施するため、まず売り手の注文Siに対する危急度C(Si)を以下のように定義する。式中、Q(.)は注文の未成約量を意味し、T(.)は注文の有効期限までの残り時間を意味する。

$$C(S_i) = \frac{Q(S_i)}{T(S_i)}$$

同様に、買い手の注文Djに対する危急度は以下のように定義される。

$$C(D_j) = \frac{Q(D_j)}{T(D_j)}$$

マッチング処理においては、まずすべての注文の危急度が計算され、危急度の大きな売り注文から順に、その売り注文とマッチング可能な買い注文が危急度順に割付られ、マッチング可能な買い注文が無くなると次に危急度の大きな売り注文のマッチングが行われる。「危急度」に基づく割付規則は、「価格」に基づく割付規則とは異なり、総余剰の最大化を考慮したルールではないため、その割当結果が効率的である保証はない。しかし、取引失敗による売り手の損失可能性を考慮すると、危急度に基づく割付規則によって得られる取引参加者全体の利益は、通常の価格に基づく割付規則の適用によって得られる利益を上回ることが期待される。

(2) 価格付け規則の設計

売り注文と買い注文がマッチングされた後、取引実施のための約定価格が決定される。先の定式化に基づく割付処理では、一件の売り注文に対し複数の買い注文がマッチするが、本論文では取引の公平性を期すため、一回の割付処理では一件の売り注文に対する約定価格は、すべての買い注文で同一（均一価格方式）とし、同じ売り注文にマッチした買い注文中の最低価格と定める。図４の例では、売り注文 S0 は二件の買い注文 D1 と D2 とマッチングし q2 の量が約定価格 p2 で取引されることになる。

一般に入札取引において、取引参加者に正直な価格を申告させるためには、約定価格の算出に自身の入札価格を反映させない工夫が必要である。本研究で対象とする水産物の取引では、買い手は取引によって生じる余剰よりも、落札した商品を消費者に再販することで大きな収益をあげることができるため、取引が失敗することによる損失を避けるため正直な価格（すなわち、支払っても良いと考えている最高価格）を申告する可能性が高いと想定できる。さらに、約定価格を売り注文とマッチした買い注文の最低価格とすることで、約定価格は売り手の入札価格とは無関係に決まるため、売り手も自らの価格を戦略的に操作する必要がなくなり正直な価格（すなわち、売っても良いと考える最低価格）を申告するよう動機付けられる。

⑶　シミュレーション実験

提案したオンラインＤＡ規則の有効性を検証するため、図５に示すマルチエージェントを用いた市場取引シミュレータを実装し、「価格」に基づく割付規則と「危急度」に基づく割付規則による取引結果を比較する計算機実験を実施した。

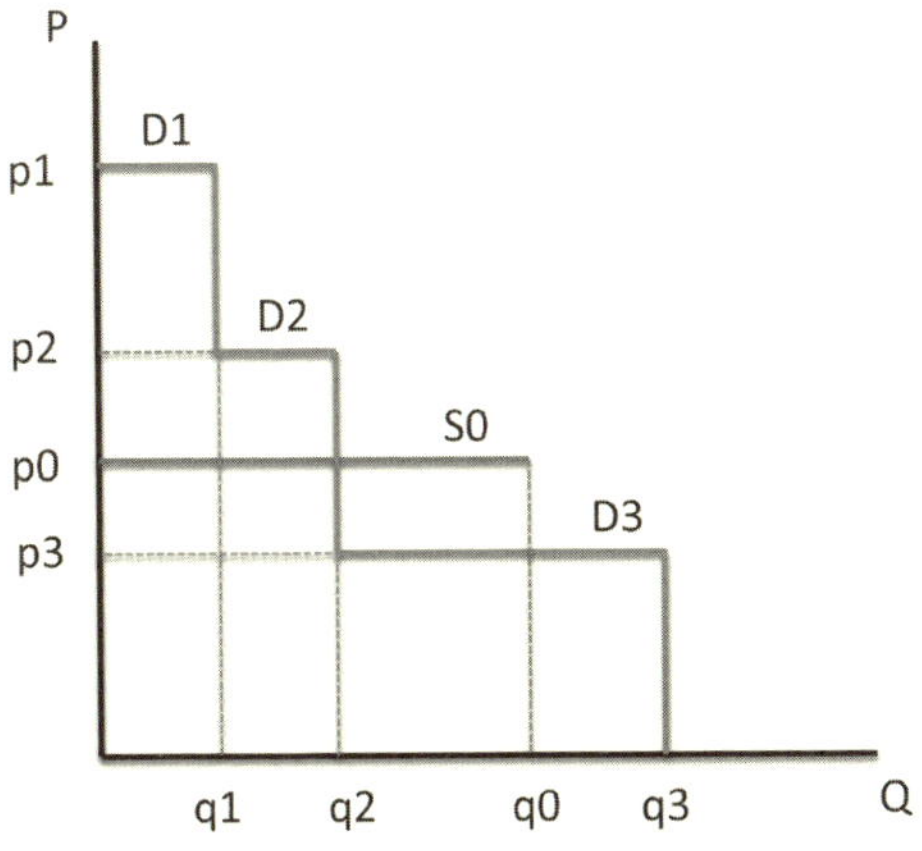

図４　価格付け規則の適用例

図6は、実験で用いた売り手、買い手の持つ（真の）需要供給曲線を示す。図では需要曲線と供給曲線が中央で交差しており、競争均衡においては市場に参加した取引参加者の半数の取引は失敗するような状況を示している。実験では、入札における取引参加者の持つ異なる戦略的行動をシミュレートするために、以下の二種類のエージェントを用いた。

●正直申告エージェント（TR）

このタイプの取引参加者は、常に自らの真の価値情報を入札する。

●適応的申告エージェント（AR）

このタイプの取引参加者は、一定の値の範囲内で、確率的に自らの真の価値情報を操作して入札を行う。すなわち、取引期限まで猶予があり取引失敗のリスクが少ない状況では強気の入札を行って自らの余剰を拡大しようとし、取引期限が迫って取引失敗のリスクが高まるとより慎重な入札を行う。売り手ないしは買い手は、一つの市場に参加し同一の問題に直面した合理的な経済主体であるため、実験では、売り手、買い手それぞれの立

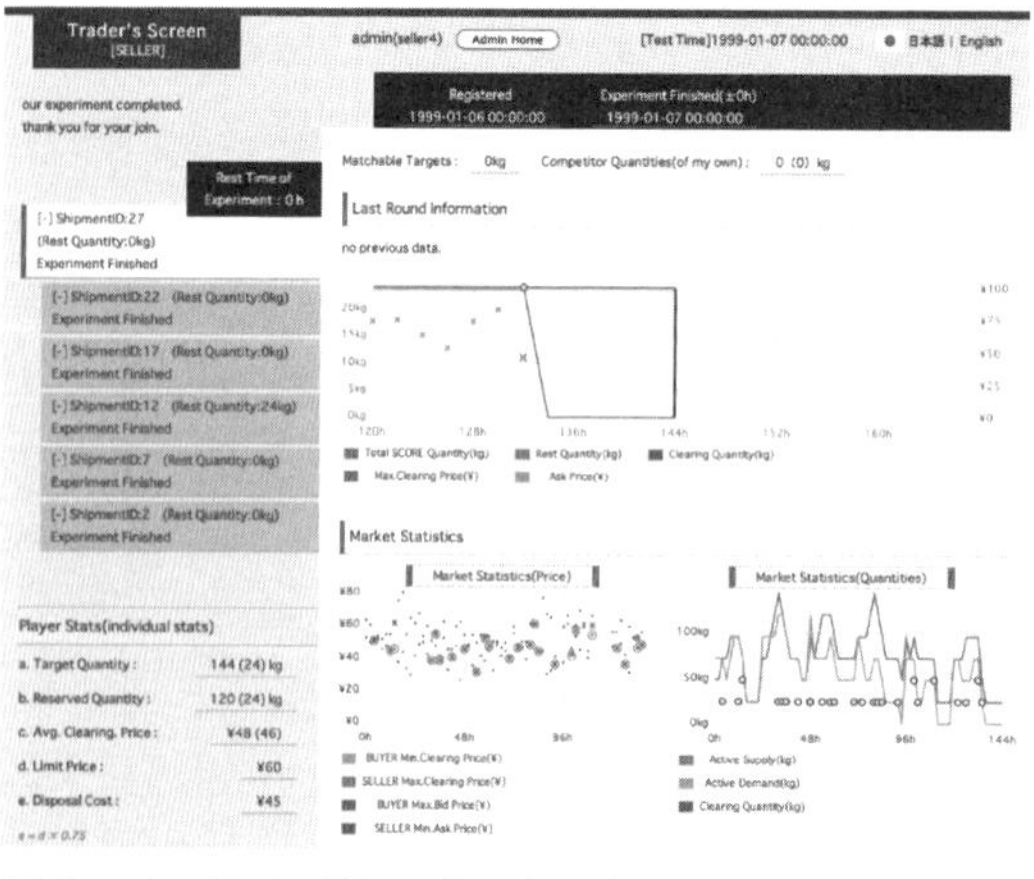

図5　オンラインDA シミュレータ

場のエージェントは戦略的対称性を示す、すなわち同じタイプのエージェントとして振る舞うものと仮定した。

実験では、各エージェントの入札における取引参加時刻は乱数を使って決定され、すべての実験結果は乱数のシード値を変更して一〇〇回の試行を行った平均値と標準偏差値で示す。

表1、2は「価格」に基づく割付規則ならびに「危急度」に基づく割付規則を用いたメカニズムによる実験結果を示したものである。各表において、行は売り手の入札戦略、列は買い手の入札戦略を表している。個々のセルにおいて、左側の二段の数字は売り手の収益（即ち、取引余剰―売れ残り損失）の平均値と標準偏差（下段括弧内）、右側の数字は買い手の収益（即ち、取引余剰 ＋ 再販利益）の平均値と標準偏差（下段括弧内）を表している。

表1は、価格に基づく割付規則を用いたメカニズム

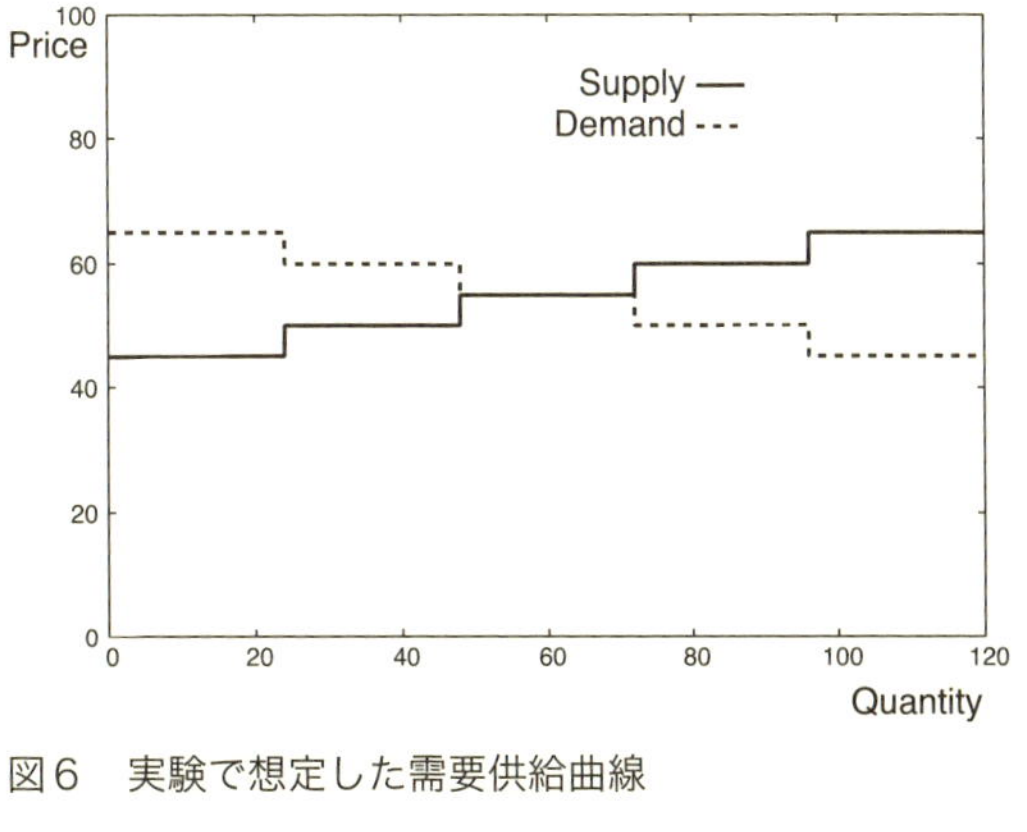

図6　実験で想定した需要供給曲線

では(S,B)＝(AR,AR)なる戦略組が、唯一のナッシュ均衡解であることを示している。すなわち、このメカニズムでは、自らの収益を高めることを追求して、売り手も買い手も適応的に入札を行うことになる。ただし、その場合においても売り手の収益は買い手の収益の三割程度に過ぎず、公平性の点から売り手にとって望ましい市場とはなっていない。表2では、(S,B)＝(AR,AR)と(S,B)＝(TR, TR)の戦略組がナッシュ均衡解であることがわかる。すなわち、危急度に基づく割付規則を用いたメカニズムでは、戦略的な入札行動を取らず、正直に自らの価値を申告しても、売り手と買い手の双方が望ましい利益を得ることができる。その場合には、売り手の得る収益は買い手の収益の約九割近くになり、売り手にとってより望ましい市場であると言うことができる。また、売り手、買い手双方が戦略的入札を行う均衡解においても、売り手の得る収益は買い手収益の四割ほどと、価格に基づく割付規

S\B	TR		AR	
TR	872 (3,650)	8,136 (1,077)	-2,012 (1,809)	7,910 (503)
AR	7,080 (590)	11,860 (518)	4,451 (897)	13,968 (849)

表１　「価格」に基づく割付規則による実験結果

則を用いたメカニズムよりも改善している。

したがって、本実験の事例においては、取引失敗時に商品の残存価値が失われる特質を持った生鮮品取引に関して、危急度に基づく割付規則を用いたメカニズムの方が、通常の価格に基づく割付規則を用いたメカニズムに比べて、生産者にとって公平な取引を実現しやすいメカニズムであることがわかる。

水産物電子商取引システムの実現

筆者らは前述のオンラインＤＡメカニズムに基づいた水産物の電子商取引システムを構築し、漁業者と購買者の直接取引を実現することで、漁業者の収益を改善することを目指している。しかし、小規模な漁業者は、生産量が限られているうえに、水揚げは不確実で変動が激しいため、大規模で安定的な取引を望む購買者と直接取引を行うのは困難である。実際の取引で

S\B	TR		AR	
TR	8,340 (2,292)	9,649 (396)	609 (1,606)	8,767 (393)
AR	8,047 (566)	11,202 (487)	5,323 (869)	13,533 (816)

表２　「危急度」に基づく割付規則による実験結果

は巨大なマーケットパワーを背景に、スーパーなどが四定条件（定時・定量・定価格・定品質）と呼ばれる厳しい制約を生産者に課すことも多い。

そうした問題を解決するため、筆者らは水産物の直接取引を行うための電子商取引システムのアーキテクチャとして、CANT（Collective Advance Negotiation Trade）を提案している。図7に示すように、CANTでは、複数の漁業者と複数の大手購買者が取引を行う中で、大手購買者からの大口注文に対しては、複数の漁業者からの水揚げを割り当てる。それにより、一対一では困難であった小規模漁業者による直接取引が実現可能である。また、CANTでは水揚げの不安定さに対応するため、現物取引だけではなく、水揚げ予測に対する予約取引も可能としたうえで、以下の二段階の資源割当を行う。

(a)　水揚げ予測に対する予約注文

漁業者、購買者はそれぞれ事前に水揚げ予測、予約注文をシステムに登録する。さらに、それぞれが相手の予想、予約の状況を確認しながら、安定した取引を実現するために自らの生産計画、販売計画を修正することが可能である。ここで登録された水揚げ予想、予約注文は、オンラインDAメカニズムによって水揚げ前に割当決定される。

(b)　水揚げ実績に基づく割当調整

天候不順などの理由により、水揚げ予測が実際の水揚げと乖離した場合、水揚げが不足する注文に対する事前の割当はキャンセルされる。割当がキャンセルされた注文に対しては、オンラインＤＡメカニズムにより他の水揚げ実績や水揚げ予想とのマッチングが行われ、水揚げ不足による失注が生じないよう対応される。

上述した動的な資源割当は、資源を提供する生産者が集団として連携することにより、初めて実現可能である。ＣＡＮＴに基づく水産取引により、漁業者が連携することで、漁獲量の少ない零細な個々の漁業者にとっては、現状では対応できない大手事業者からの大口注文にも、集団として対応することが可能になる。

(1)　実証実験

三陸地方の沿岸漁業者の漁労所得を改善し、水産業を継続可能な産業に転換させるための試みの一つとして、筆者らは

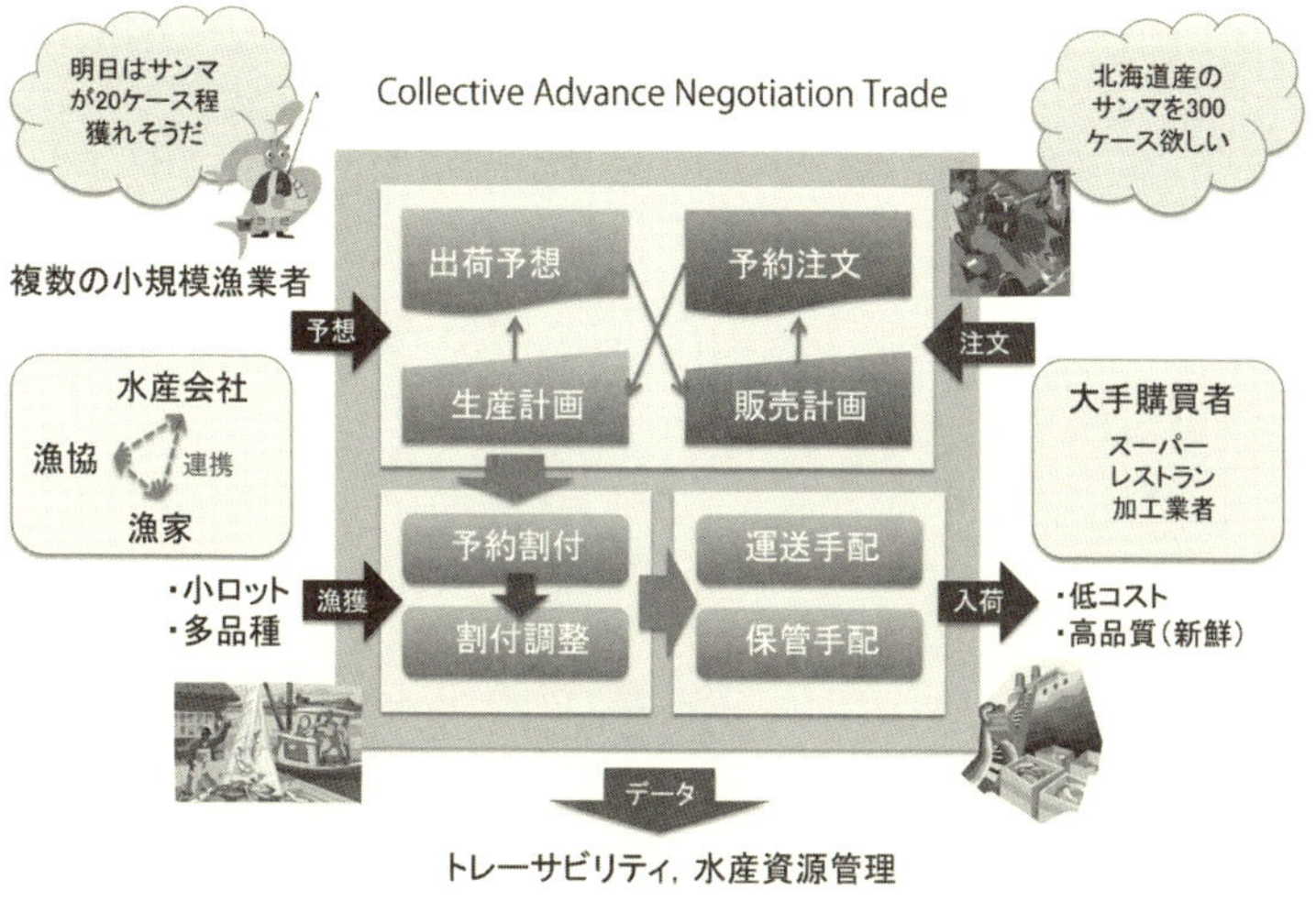

図７　水産物の集団的予約取引

平成二三年度経済産業省の「先端農商工連携実用化研究事業」による助成を受け、CANTアーキテクチャに基づく水産物電子商取引システムの開発に着手し、平成二四年末に実証実験を実施した。本事業においては、宮古、大船渡、女川、牡鹿、石巻などの地域の沿岸漁業者と、関東近県の飲食事業者、小売事業者間のBtoB取引をウェブアプリケーション上で実施し、安定した取引が可能であることを確認した。更に、平成二五年時点においては、宮城県のカキ養殖事業者や石巻市の水産加工会社などと協力し、本システムを活用した直接販売チャネルを構築中である。

図8は電子商取引システムにおける取引画面の一例を示す。日常の水産取引の場で使用されるためには、コンピュータの操作に不慣れな漁業者や飲食事業者らが使用するうえでの負担を軽減する必要がある。本システムでは、発注、出荷など取引実施に必須の項目を基本業務として切り出し、取引に必要なデータに関しては管理者側で事前に設定したうえで、取引集計や帳票管理などの付帯的な作業は補助業務とするなど、漁業者らがとりあえずシステムを使い始めることができるよう、実装上の配慮がなされている。

既存市場が存在するなか、新たに市場を構築し、継続的な取引を実現するためには、「市場の厚み」を確保する、すなわち市場参加者の数をある程度以上獲得し、維持することが最も重要である。そのためには、生産者や事業者に対して、新たな市場における収益最大化のメリットを訴えるだけではなく、運送、決済、クレーム処理など市場に求められる各種の機能に対する支援を拡充し、彼らが新たな市場に参加するうえでの障壁を取り除く作業を積み重ねていくことが必要である。

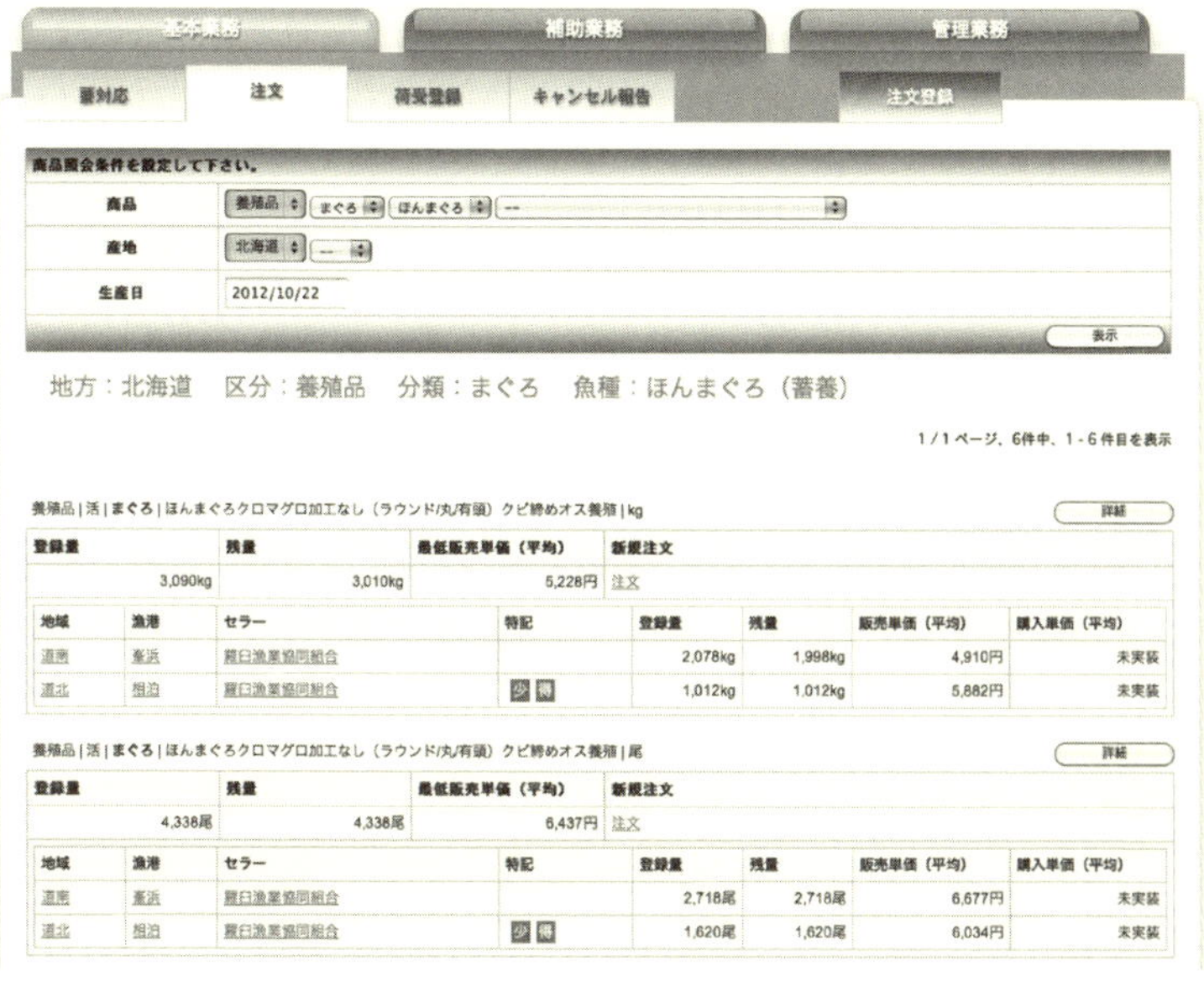

図8　水産物電子商取引システム（バイヤー画面）

第七章　都市交通におけるサービスと技術

第七章では、社会生活におけるサービスのうち、特に道路交通システムを効率化するサービスについて述べる。第一節では、多数の自動車がお互いの移動予定経路の情報を共有することにより、各自動車の移動時間の短縮と道路交通システム全体での自動車の移動をスムースにするための「協調カーナビ」システムについて述べる。さらに第二節では、乗客の移動希望（デマンド）に基づいてバスを動的に運転することにより、乗客の利便性を向上させ、またバスシステム全体の効率を向上させる「オンデマンドバス」について述べる。

第一節　協調カーナビ　～新しい交通流制御サービス～

——車谷浩一、山下倫央

これまでの交通情報システム

道路交通システムにおいて自動車での移動を円滑にするために、車両の現在位置を取得し、目的地までの経路を自動的に検索して運転者に提示するカーナビゲーションシステム（以下「カーナビ」と呼ぶ）が急速に普及している。現代のカーナビにおいては、ＶＩＣＳ（Vehicle Information and Communication System：道路交通情報通信システム）と呼ばれる渋滞や交通規制等の道路交通情報を、道路に設置された送信機や電波によって送信する情報通信システムからの情報を用いたものが主流である。ＶＩＣＳに代表されるような道路交通情報配信システムの発展により、より効果的なカーナビゲーションシステムを開発するために、配信される交通情報の種類と移動効率の関係を検証する研究が盛んに行われている。さらには、走行している自動車から車両速度や旅行時間を収集して、混雑状況を推定し配信するプローブ情報の利用に関するサービスも始まっている。しかし、配信される混雑情報にしたがって多くのドライバーが経路選択をした場合、混雑度の低い経路に車両が集中し、道路交通システム全体としての移動効率が下がり、ひいては各自動車にとっても移動時間の短縮が実現できないことがわかってきている。混雑情報を精緻化しても、このような問題は本質的に解消できず、かえって車両の集中を加速させてしまうことがある。

これまでのアプローチでは、過去の交通量の履歴やＶＩＣＳ情報を用いて交通量を予測し、混雑しないと予測された経路を選択する手法が取られている。しかし、過去の交通量の履歴に基づいた予測では、交通事故や工事等による交通規制といった過去の履歴情報がない状況が発生した場合には、交通量の的確な予測は困難である。また多くの運転者が混雑に関する同様の予測情報を用いて同様な経路選択をすると、現時点で空いている道路にかえって多くの車両が殺到し、混雑が悪化し旅行時間が伸びてしまうということが起きる。ＶＩＣＳカーナビが急速に普及する一方で、渋滞緩和に対する効果的な道路交通全体での情報システムがない現状では、混雑情報の配信による車両の集中がさらに混雑状況を悪化させてしまう可能性もあり、混雑緩和に向けた道路交通全体での情報システムが求められている。また、混雑情報の配信によるユーザの集中は、道路交通システムのみならず、大規模テーマパークやイベントホールでも発生するため、汎用的な解決方法が強く求められている。

移動経路情報の共有

このような特定経路への車両の集中に対して、通過予定の経路情報の共有による経路の分散化の方法を私たちは提案している。混雑情報の配信による車両の集中の原因は、混雑情報（現在空いている経路）の配信時には実際にその経路は空いているため、多数の車両が一斉にその経路を選択してしまうことにある。そして、各車両の経路決定から混雑の発生までには時間が過ぎているため、混雑情報が配信された時点で広域的な車両運行状況だけを観測しても、近未来の混雑発生を検知するのは困難である。このような「現在は空いているが、その後車両が集中して混雑が発生する経路」は、各車両が「どこにいて、どこを通ってどこに向かっているのか」という経路情報を集約できれば、事前に予測可能である。そして、事前に予測された「現在は空いているが、その後車両が集中して混雑が発生する経路」を車両に配信すれば、一部の車両がその経路を変更して、車両の分散が期待できる。

実際、VICSカーナビは現在位置、目的地、現在位置から目的地までの経路といった経路情報を保持しているので、車両群で経路情報を共有できれば、さらに効率的なナビゲーションシステムを実現可能である。各車両が自ら経路を決定しつつも、特定の経路への集中を防ぎ、大域的に準最適な経路群を算出することができると思われる。私たちは、「協調カーナビ」と呼ばれる、各車両が経路情報を共有し、その共有情報に基づいて経路を算出するシステムを提案している（図1、2）。

協調カーナビシステムでは、各車両は経路情報を経路情報共有サーバに通知し、サーバは集めた経路情報を基に近未来の混雑状況を予測し、その情報を、協調カーナビを利用する各車両に配信する。各車両はサーバの配信した情報を基に経路を再び計算し、経路を変更する。このとき各車両は大域的な効率は考慮せず、サーバから配信された情報に基づいて自分自身の旅行時間を最短化する経路を選択する。そして、このプロセスが繰り返される。

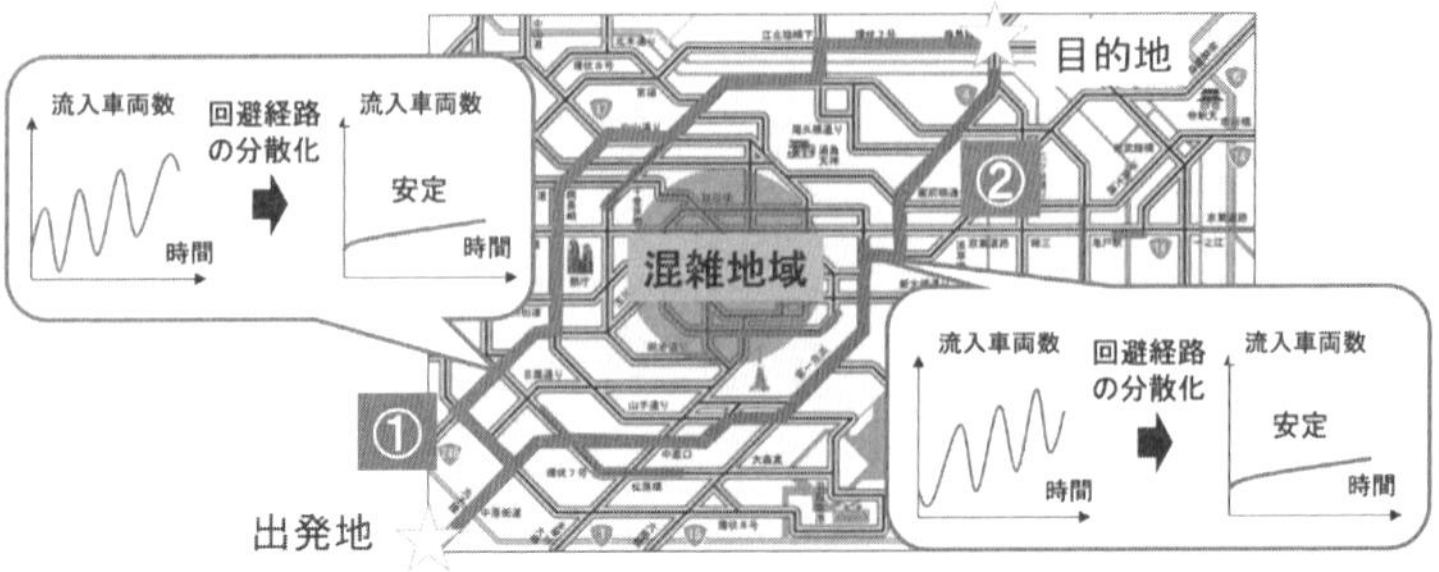

図1　協調カーナビ概念図（1）

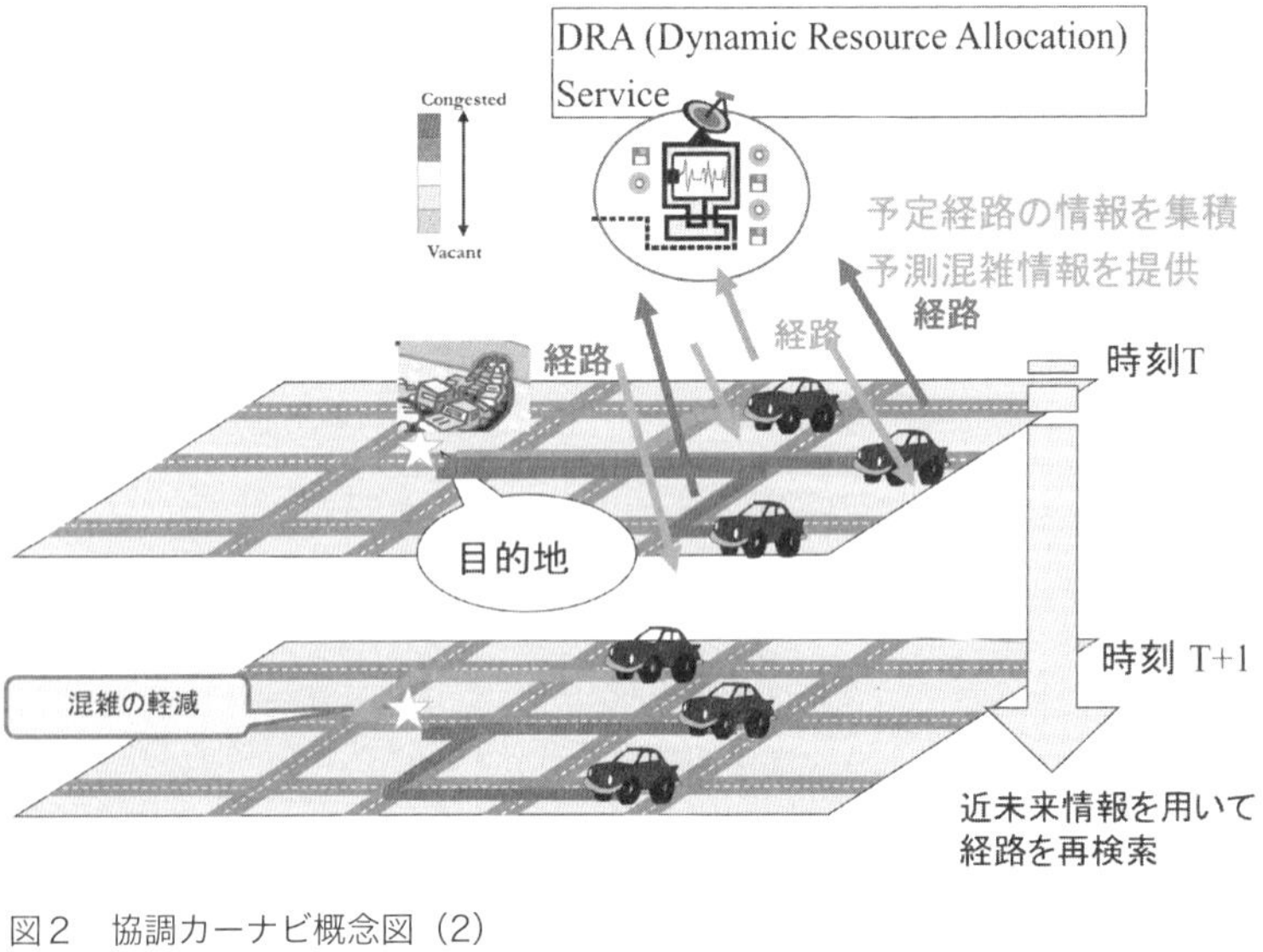

図2　協調カーナビ概念図（2）

協調カーナビのモデルとマルチエージェントシミュレーション

協調カーナビシステムの効果を、マルチエージェントシミュレーションで検証した結果を述べる。経路選択戦略、すなわち、運転者・カーナビがどのようにして出発地から目的地までの移動経路を決めるかの方法として、以下の三種類の経路選択戦略を想定する。

第一は、最短距離経路戦略（Shortest Distance Route：以下、SD）である。この戦略を用いるSDドライバーは、混雑情報等は一切考慮せず、出発地から目的地までの経路長を最短にする経路を選択する。SDドライバーは混雑情報を利用せず、地図情報のみを持って運転しているドライバーに相当する。

第二は、最短時間経路戦略（Shortest Time Route：以下、ST）である。この戦略を用いるSTドライバーは、道路交通情報センターが配信する期待通過時間（現在の混雑状況に基づいて経路を選択する。期待通過時間は現在の混雑状況から算出される通過時間である。STドライバーは、VICSセンターの配信する混雑情報を車載機を通じて取得し、経路を決定するカーナビドライバーに相当する。このシミュレーションでは、STドライバーは交差点に到達するたびに、目的地までの期待通過時間を最小化する経路を再計算し、経路を変更するものとする。

第三は、経路情報共有戦略（Route Information Sharing：以下、ＲＩＳ）である。この戦略は私たちの提案する協調カーナビを利用するドライバーに相当する。この戦略を用いるＲＩＳドライバー（協調カーナビを用いるドライバー）は経路情報共有サーバの算出する期待混雑度に基づいて経路を選択する。

経路情報共有サーバは期待混雑度を以下のように算出する。

①ＲＩＳドライバーは自らの通過予測時間を最小化する経路を選択し、その移動計画経路の情報を経路情報共有サーバに通知する。

②経路情報共有サーバはＲＩＳドライバーから集めた経路情報を用いて、各経路の近未来の混雑度を予測する。例えば、ある車両Aの移動計画経路を、経路1,2,3,…,nであるとすると、その各経路までの到達時間を考慮して、経路1,2,3,…,nの各経路の近未来（五分後、一〇分後、一五分後、…等）の混雑度のパラメータを増加させる。このパラメータ計算を協調カーナビを利用する全てのドライバーからの情報を用いて実行して集積し、各経路の近未来の混雑度を予測する。

このように経路情報共有サーバが予測した近未来の混雑情報を用いて、ＲＩＳドライバーは交差点に到達するたびに、目的地までの期待混雑度の総和を最小化する経路を再計算し、経路を変更する。

以下では、ＳＤ、ＳＴ、ＲＩＳの三つの経路決定戦略の比率と道路網の構造に着目しシミュレーションを実行した結果について述べる。経路決定戦略の比率に関して、SDドライバーの比率を二〇%で固定し、STドライバーとRISドライバーの比率を〇対八〇から八〇対〇まで一〇%刻みで変化させ、SDドライバー、STドライバー、RISドライバーの比率に関して、九通りの設定を利用する。カーナビゲーションシステムが十分に普及した状態でも、カーナビゲーションシステムを搭載しない車両や、カーナビゲーションを使わずに目的地まで移動する車両が、ある一定割合は常に存在し続けることが予想されるため、SDドライバーの比率を二〇%に固定してシミュレーション実験を実行した。

道路網の構造に関しては、格子状網、放射環状網、東京状網の三種類の道路網を用いる（図3）。東京状網は、皇居周辺八キロメートル四方の主要幹線道路のネットワーク構造を抽出したものである。各ドライバーの出発地、目的地は図中のリンク上のブロックにランダムに割り当てられる。最初のステップから一ステップごとに決められた数の車両が

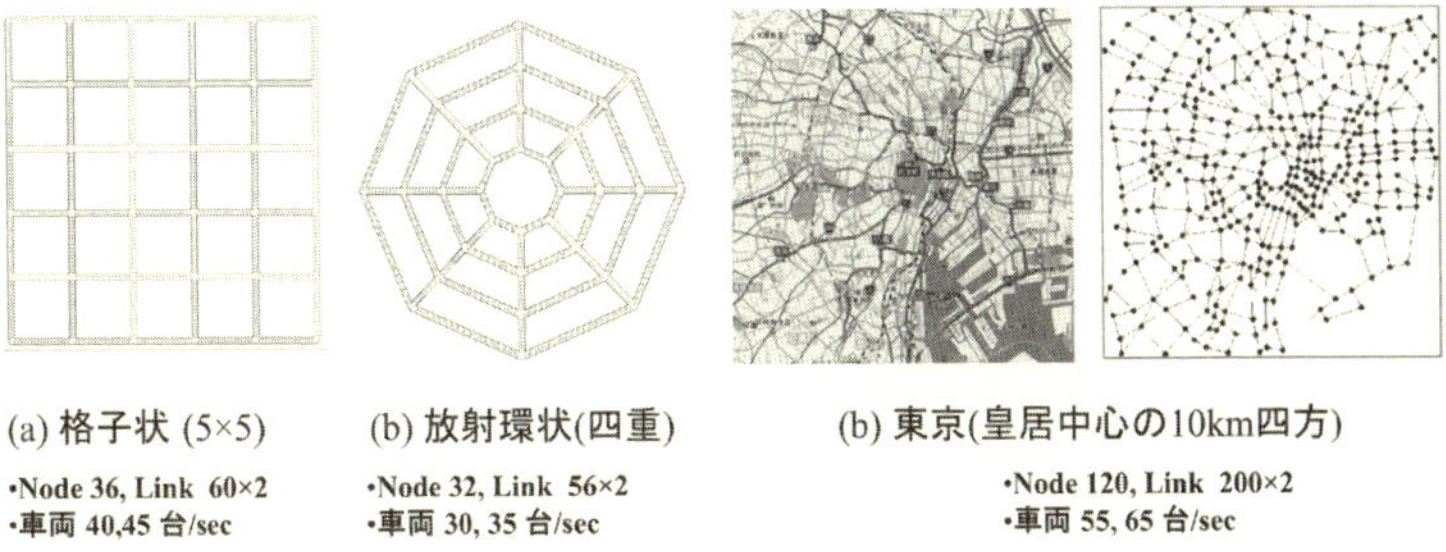

図3　協調カーナビの効果検証のためのシミュレーションの設定

二万五〇〇〇台になるまで追加され、目的地に到達した車両は道路網から取り除かれる。これら道路網において、全てのブロックは同じ交通容量を持っている。交通情報システムによる交通流の円滑化の効果は、一般的には道路交通システムの混雑状況に大きく影響を受けることが知られている。

出発地と目的地の割当をランダムとしてシミュレーションを行った結果、協調カーナビを用いた場合には、旅行時間を一七〜三五%程度短縮できる可能性があることがわかってきている。この短縮割合は道路網の種類によって違いがあり、格子状一七〜二五%、放射環状一八〜二六%、東京（皇居近辺）二〇〜三五%となっている。また、時間短縮の効果は協調カーナビドライバーだけではなく、他のSD、STドライバーにも時間短縮の効果をもたらすことがわかってきている。特にリアルな設定である東京状網においては、RISドライバーの割合が増加するにつれて、全タイプの平均旅行時間が減少する。

また、旅行時間短縮は、自然渋滞発生の直前の車両数においてもっとも効果があることもわかってきている。少々専門的な話ではあるが、これは一般システム論として、相転移を起こす臨界状態において効率向上がもっとも顕著と予想される理論的直感と一致する。

協調カーナビの実現方法

最後に、協調カーナビシステムの実現方法について述べる。ＲＩＳドライバーと経路情報共有サーバの間の通信には、携帯電話のような長距離通信を用いた直接的な通信の利用をまずは想定できる。しかし、首都圏等の主要都市圏全域を覆うような広大な道路網に対して協調カーナビを適用する場合、ＲＩＳドライバーとサーバの直接的な通信は膨大な通信負荷を生じるため携帯回線の利用は現実的ではない。そのため、交通信号機や路側機から経路情報を収集し、高速専用回線を使用して経路情報共有サーバへ伝えるという、路側機を中継器とした路車間通信を基本としたシステム構成が妥当であると考えている。ＲＩＳドライバーと路側機の間の通信手段に関しては、近距離双方向通信としてすでに開発されているＤＳＲＣ（Dedicated Short Range Communication）や赤外線ビーコンが利用可能である。また、交通信号システムと協調カーナビを連携させ、期待混雑度等の予測情報を信号機の広域系統制御に利用できれば、交通量が増加すると判断された経路の通過可能量を事前に増加させ、混雑の発生を回避するような動的な信号制御による道路交通システムの効率化も可能となる。さらに、道路交通システムに限らず、その他の交通システムや物流システムと連携ができれば、都市インフラの物理的な容量を増加させることが期待できる。また、本節で提案した情報共有による協調カーナビは、車両流だけでなく、人流制御や航空交通管制といったシステムにおいても混雑軽減に関して効果があると考えている。

本節では、経路情報共有サーバを用いて各車両の移動予定経路情報を共有し、各車両が共有した混雑予測情報に基づいて経路を算出するシステムを、協調カーナビとして提案した。協調カーナビの効果を検証するため、格子状網、放射環状網、東京状網においてシミュレーションを行い、その有効性を検証した。また、協調カーナビを現実の道路交通システムで実現する方法や他のシステムとの連携について論じた。

第二節　オンデマンドバス

――野田五十樹

本節では、計算機シミュレーションを活用して大規模な公共サービスをデザインする方法を紹介する。

公共サービスという視点で見た場合、都市の最大の機能は公共交通といえる。インターネットが発達した現代でも、都市を活性化させるのは人々の行き来であることには変わりない。また、今後のエネルギー問題や高齢化問題を考えると、この人々の行き来を支える公共交通の充実が、都市の活性化を支える基盤となっていくだろう。

しかし、都市や地域における公共交通は危機に瀕しているところも多い。例えばバスサービスは、都市域をくまなくカバーできるサービスだが、採算性の悪化によるサービス縮小と、サービス悪化による利用者減の負のスパイラルに陥っているところが少なくない。特に決まった路線を走る固定路線バス（以下、路線バス）では、路線の減少やバス本数の減少による利便性低下で、バス離れが深刻になってきている。

一方で、スマートフォン・携帯電話の普及は、レストランの推薦や乗り換え案内との連携活用など、さまざまな場面で柔軟なサービスを可能にしてきている。いつでもどこでもネット経由でサービスにつながることで、人々の振る舞いは以前では考えられないほど臨機応変になってきている。この柔軟さを公共交通に広げるのが、オンデマンドバスだ。

これまで、公共交通を利用する人は、その路線と時刻表に縛られて行動してきた。一日のスケジュールを決める際には、まず移動手段を決め、それを利用可能な時刻を決めてから他の用事の時刻を決めていく必要があった。しかし、もし自分の予定に合わせて路線や移動時刻を調整できれば、より有効な時間の使い方ができるようになる。他のサービスの活用を臨機応変にしてきた携帯通信機器の機能を利用すれば、人々の移動予定を集約することが可能になり、公共交通サービスをあたかもオーダーメードのように利用する道筋が見えてくる。

公共交通のような都市全域にわたる公共サービスをデザインする際に障害となるのが、本格的な事前評価の難しさだ。オンデマンドバスの導入が、必ずしもバラ色とは限らない。オンデマンドバスの研究や実証実験は、以前より取り組まれてきた。これらの導入事例でも、小規模な実験では好評であるものの、はたして利用者が増えても利便性を維持できるのか、あるいは台数を増やしても採算が取れるのか、ということはなかなかわからない。特にこれまでの取り組みの多くは、不採算バス路線の置き換えとして小規模に検討されてきた。そして、小規模であるがため、なかなか採算の取れる状況にはならずに試みレベルで終わり、規模拡大には結びついていない。

この、導入効果の評価が難しい状況を打開しようというのが、計算機シミュレーションによる都市全域でのバス運行評価手法だ。交通システムのような社会現象を、計算機上でシミュレーションにより分析する手法を社会シミュレーションと呼ぶ。社会で起きていることを計算機の中に再現することができれば、交通システムのような社会全体に根ざしたサービスなどが本当に効率がよいのか、改善の余地や非常時での機能維持の可能性を、幅広く網羅的に検証することができる。ここではこの中でも、個々の人々の行動や判断を計算機で模倣して社会を再現する、「マルチエージェント社会シミュレーション」を用いた手法を紹介する。

人々の判断を直接扱う「マルチエージェント社会シミュレーション」では、その判断を左右しかねない好みや考え方・気まぐれをどう扱っていくのか、あるいはそれらの影響をどうやってうまく回避するかを考えていく必要がある。ここでの主題となっているバスシステムの例でいえば、どれくらいの料金であれば人々はバスを利用しようと思うようになるのか、遅れに対してどれくらい許容してもらえるのか、ということが問題になる。ここからは、相対シミュレーションによる比較という手法を用いて、この問題を解決していく。

オンデマンドバス

オンデマンドバスというのはいくつか種類が考えられるが、ここでは次のようなものをオンデマンドバスと呼ぶことにする。

まず、利用希望者は、移動の予定が決まった時点でバスセンターに連絡し、現在地と目的地、到着希望時刻を伝える。バスセンターでは、その利用希望者の要求を満たすのに最適なバスとその運行ルートを決める。バスは、バスセンターの指示に従い利用者の希望場所を周り、利用者を乗降させる。この際、タクシーとは異なり、複数の利用者が乗り合わせることになり、他の利用者のために多少回り道をすることもある。

さらにここでは、オン・ザ・フライ方式、そして自由経路方式のオンデマンドバスを取り上げる。オン・ザ・フライ方式とは、バスを利用する直前までバス予約を受け付ける方式のことだ。これまでのオンデマンドバスの多くは、前日やある一定時間前に予約をして利用時間を決めておく必要があった。オン・ザ・フライ方式ではそのような制約を解消でき、利用の自由度が上がる。また、自由経路方式とは、ある区域の任意の道路をバスの経路として自由に利用できる方法だ。オンデマンドバスの中には、決められた経路にオプションで回り道を取ることができるだけのものもあり、利用者が希望の場所で乗降できるとは限らない。好きな場所で乗降できる自由経路方式の方が、利用者の利便性は高くなる。

シミュレーションによるバスシステム相対評価

前記の通り本節の目的は、オンデマンドバスの実用性をシミュレーションによって探ることだ。この分析の基準として、私たちは「利便性」と「採算性」に着目する。公共交通のようなサービスはいろいろな側面があり、他のさまざまなサービスと密接に結びついたオープンなシステムだ。このため、分析のための条件や評価軸は多岐にわたるが、それらをすべて考慮することは一筋縄ではいかない。そこで私たちは、できるだけ汎用的な視点で条件と評価軸を絞り込み、最終的に同じ「採算性」条件のもとで二つのバス運行方式を運用し、利用者にとっての「利便性」を評価軸として各運行方式の特徴の分析を行うことにした。複数の運行方式とは、一方が前記のオンデマンドバスの方式であり、もう一方は通常の路線バスとした。路線バスは現在広く運行されている方式であり、バス会社など運行者にとっては、その採算性を推定・評価することは容易なはずだ。したがって、同じ採算性でオンデマンドバスを運行できれば、バス会社にとっては移行のリスクは少ないと考えることができる。

「採算性」としては運行バス台数と利用者数を取り上げ、この二つについて同じ条件で路線バスとオンデマンドバスをシミュレーションする。運行バス台数はバス運行の支出を、利用者数は収入を決める因子となる。バス会社の経費の多くの占めるのは運転手の人件費であり、その人件費は運転手の延べ拘束時間、つまりバスの延べ運行時間に比例する。一方、利用者数はそのまま運賃を乗じて収入となる。よって、これらを揃えることで同じ採算性で複数のバス運行方式を比較できることになる。

評価軸となる「利便性」としては、できるだけ単純にとらえるために、利用者の出発地から目的地に到達する旅行時間を取り上げる。公共交通の利便性には、乗りやすさ乗り心地などいくつかの側面がある。しかし、交通の第一目的はやはり移動であり、多くの利用者は移動を目的として交通機関を利用する。同じ運賃を払って短い時間で目的地に到達できれば、まずは利用者にとってありがたいといえるだろう。ここで「乗車地」「降車地」ではなく「出発地」「目的地」と呼んでいることに注意してほしい。路線バスの場合、利用者の「出発地」「目的地」が必ずしも路線上にあるとは限らない。その場合、利用者は出発地より歩いて最寄りのバス停に行って乗車し、目的地近くのバス停で降車して目的地まで歩くことになる。一方、オンデマンドバスの場合は出発地と乗車地、目的地と降車地は一致させることができる。よって、これらの条件を揃えるために、「利便性」としては出発地から目的地までの旅行時間（バスの待ち時間を含む）を取り上げる。また、バスの利用にあたり、乗り換えは行わないことを条件とした。

実験条件とバス運行の最適化

ここからは、同じ「採算性」のもとで、オンデマンドバスと路線バスの「利便性」を比べていくことにする。そもそも方式の異なるバスを比べることになるので、いろいろとフェアな条件を整える必要がある。

まず、バスを運行させる舞台となる街を決める必要がある。街の形については、ここでは単純かつ一般的と思われる、図1に示すような碁盤目の街を取り上げる。また、バスの利用者は、この街に満遍なく存在し、その移動先も満遍なく散らばっているとする。つまり、バス利用者のデマンドの出発地および目的地は、街中に等確率で分布しているものとする。

次に、おのおののバスの運行方法の最適な運行を求める。交通機関の利便性は、運行の違いにかなり影響を受ける。例えば路線バスの場合、その路線配置がニーズと合っていなければ、使い勝手が悪いものになり利便性は

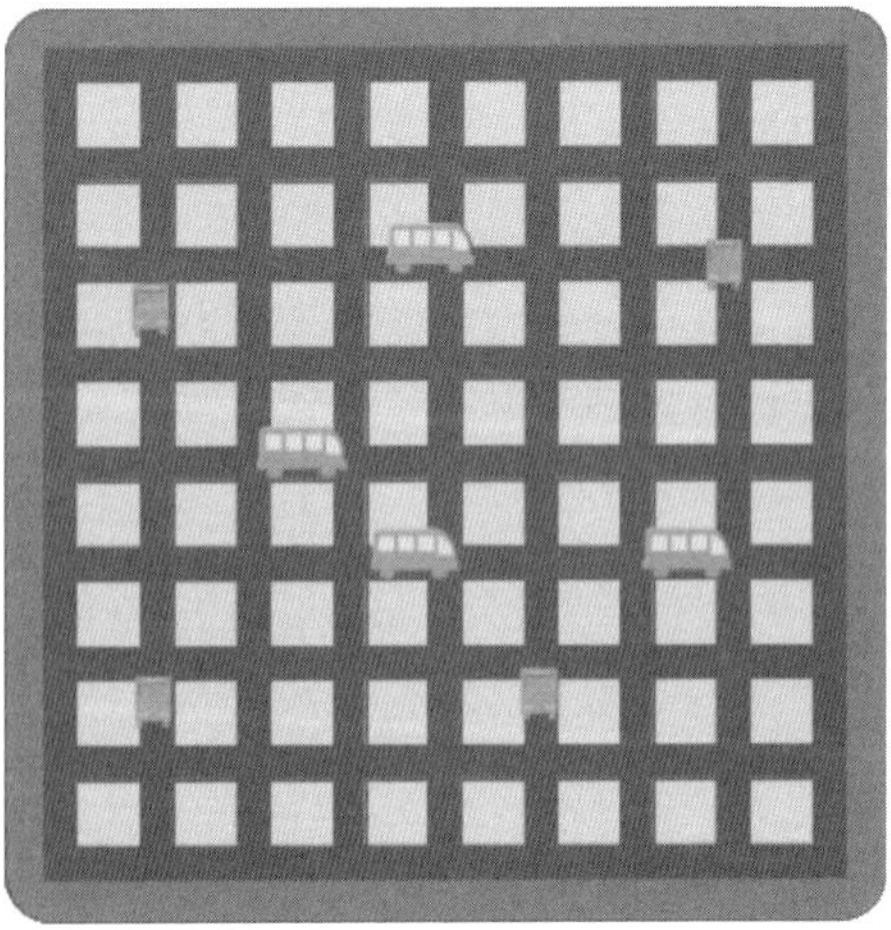

図1　評価で使った仮想的な碁盤目状の街

下がる。オンデマンドバスでも、配車の手際が悪いと特定のバスに利用者が集中し、不便さが目立つことになる。今回の実験は、路線バスとオンデマンドバスの方式としての優劣を比べたいわけなので、おのおの最適な運行を行って比べる必要がある。

そこで、本実験では、路線バスおよびオンデマンドバスそれぞれについて、最適化の手法を使って最適運行を求めることにする。まず路線バスについては、遺伝的アルゴリズム（Genetic Algorithm（以下、GA））という最適化手法で、準最適な路線配置を求める。GAとは、生物が世代交代をしながら進化して環境に適応していく方法を真似て、与えられた問題の最適解を探る方法で、路線バスの場合は、徐々に路線の配置を変えていきながら最適なものを探っていく。

一方、オンデマンドバスの場合には、オークションという方式を使った最適化手法を使って最適な配車を決めていく。具体的には、逐次最適挿入法という配車方式を取ることにする。この方式ではバスごとに、すでに配車が終わっているデマンドの乗車地・降車地の訪問順を変更せず、新しいデマンドの乗車地・降車地を入れた際に生じる時間的ロスをおのおの上げてもらい、ロスの最も少ないバスに新しいデマンドを配分する。

ここで使っている最適化の方式は、必ずしも本当の最適な方法を求めているわけではないが、最適に近い、準最適な方法を見つけることができる。実は、さまざまな街の条件のもとで厳密な真の最適解を求めることはかなり困難な問題で、なかなか解くことができない。ただ、今回の実験の目的は方式としての優劣を比べることなので、真の最適ではなく、準最適な状況での比較でも、その傾向を見ることができる。そのため、今回のような準最適な手法での解法が有効に使えることになる。

バス台数を固定した時の利便性の変化

まず、最初の実験としては、バスの台数を三台に固定し、利用者の数を徐々に増やしていって、利便性がどのように変化するかを求めてみた。その結果が、図2だ。このグラフの横軸は、利用者の数、縦軸は平均旅行時間になっている。つまり、このグラフで下に行くほど利便性が良く、上ほど悪いということになる。

この結果で、路線バスについては、先に述べたGAによる最適化で三台の場合の最適路線を求め、その路線で運行した場合の平均旅行時間を求める。ここでは、渋滞が起きないという仮定のもと、利用者の多寡にかかわらず路線バスでは定時運行ができるとして計算している。このため、利用者が増えても利便性は変わらず、横一線のグラフになる。

一方、オンデマンドバスの場合は、利用者が少ない場合にはほとんどタクシーのような使い勝手となり、非常に利便性が高く（グラフの左のほうでは、旅行時間がかなり短い）、固定路線バスにくらべ優れた結果になる。しかし、利用者が多くなるといろいろな目的地に向かう人が同じバスに乗り合わせるため、寄り道が多くなり、旅行時間は長くなっていく。このためグラフは右に行くにしたがって急速に旅行時間が上がっていき、路線バスに比べて劣った利便性となる。

つまり、バス台数を固定した場合には、オンデマンドバスは多数の利用者の要求に応えられないことを示している。これはバス会社にとっても利用者にとっても、あまりうれしくない結果だ。バス会社としては、できるだけ多くの利用者を獲得して収入を高めたいわけだが、利便性が悪ければ利用者を増やすことは難しくなる。利用者にとっても、使えば使うほど不便になっていくわけだ。

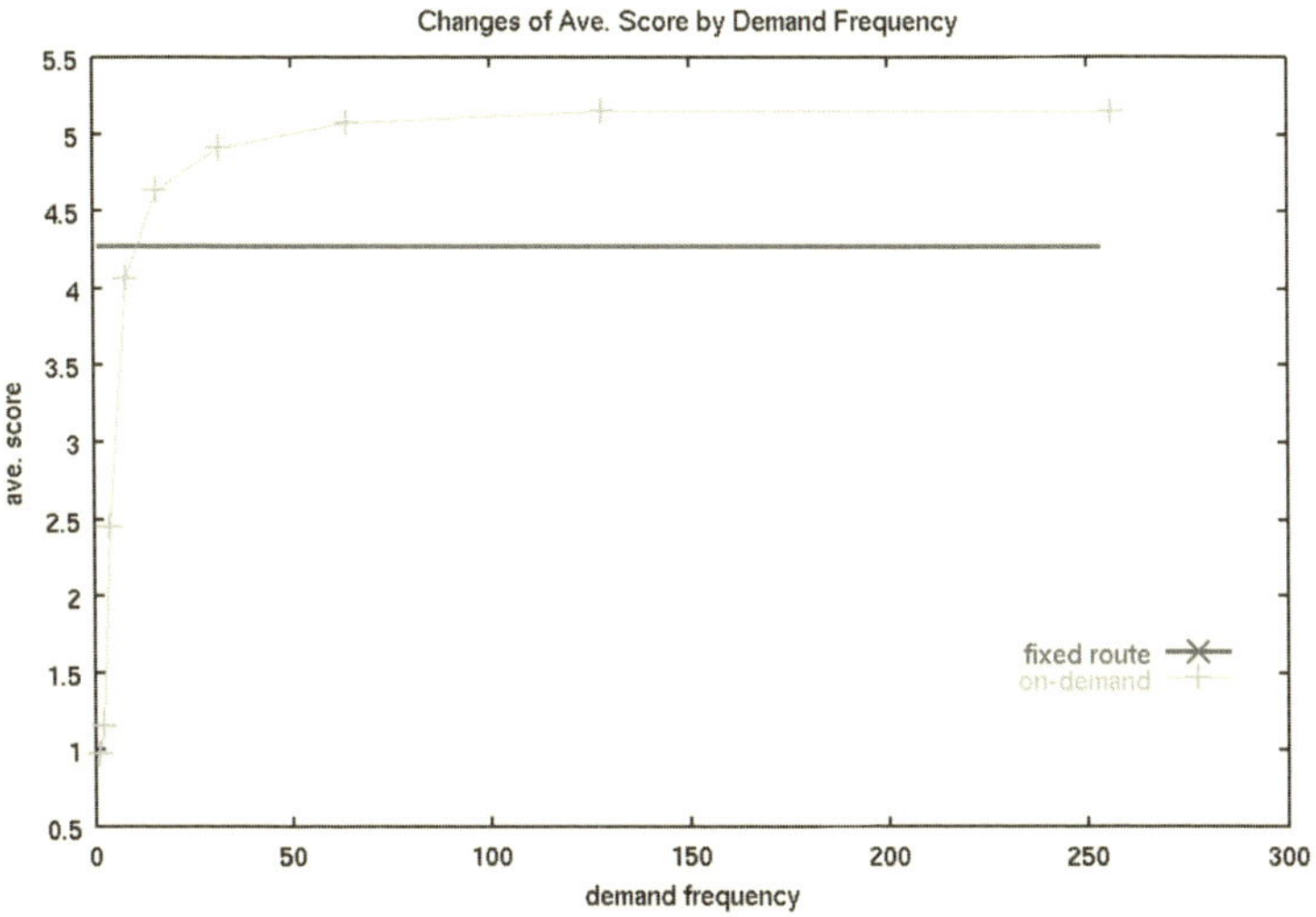

図2　バス台数を固定した場合の利用者数増加に対する利便性の変化

採算性を固定した時の利便性の変化

次の実験として、採算性を固定した時に、利便性がどう変化するかを調べてみる。バス会社にとっては、利用者が十分いれば、その分、バス台数を投入しても採算が取れるはずだ。そこで、一台あたりの利用者数を固定し、利用者が増えればバス台数を増やしていく、という条件で、利用者数と利便性の変化をみてみる。ただし、路線バスと同条件で比較するために、利用者数ではなく、バス台数を変化させる形で利便性を調べていく。これは、路線バスで運行遅延が生じないという条件では、利用者数の変化が利便性の変化に結びつかない一方、バス台数が増えれば、路線の自由度が増えて利便性を高められるためだ。つまり、バス台数を同じにすることで、路線バスとオンデマンドバスを同条件で比較できるようになる。

実験の結果を示したのが図3になる。このグラフでは、横軸がバス台数、縦軸が利便性（平均旅行時間の長さ）になっている。また、グラフでは、路線バスの結果が太い曲線（fixed route）で示されており、オンデマンドバスは複数の細い曲線で表されている。オンデマンドバスが複数あるのは、一台あたりの利用者数を何人に設定するかで異なる利便性になるためだ。

図3のグラフでは、全体的傾向として、バス台数が増えれば、オンデマンドバス・路線バスともに旅行時間が短くなり、利便性が改善していく。しかしその改善のスピードをみると、

オンデマンドバスのほうが良いことが分かる。このため、利用者が多く見込め、バス台数を十分投入することができれば、オンデマンドバスは必ず路線バスより利便性を向上させることができる、ということがわかる。ただし、オンデマンドバスが路線バスを利便性で上回るのに必要なバス台数は、バス一台あたりの利用者数によって変化する。もし少ない利用者、例えば利用者二人あたり一台バスを投入できるのであれば、オンデマンドバスは一台運行でも路線バスより便利になるが、もし一台あたり一六人の利用者が必要であれば、一〇台以上運行する場合でないと、路線バスを超えることはできない。ただ、いずれにしても十分な運行規模を確保できれば、路線バスよりオンデマンドバスの方が利便性が高くなる、

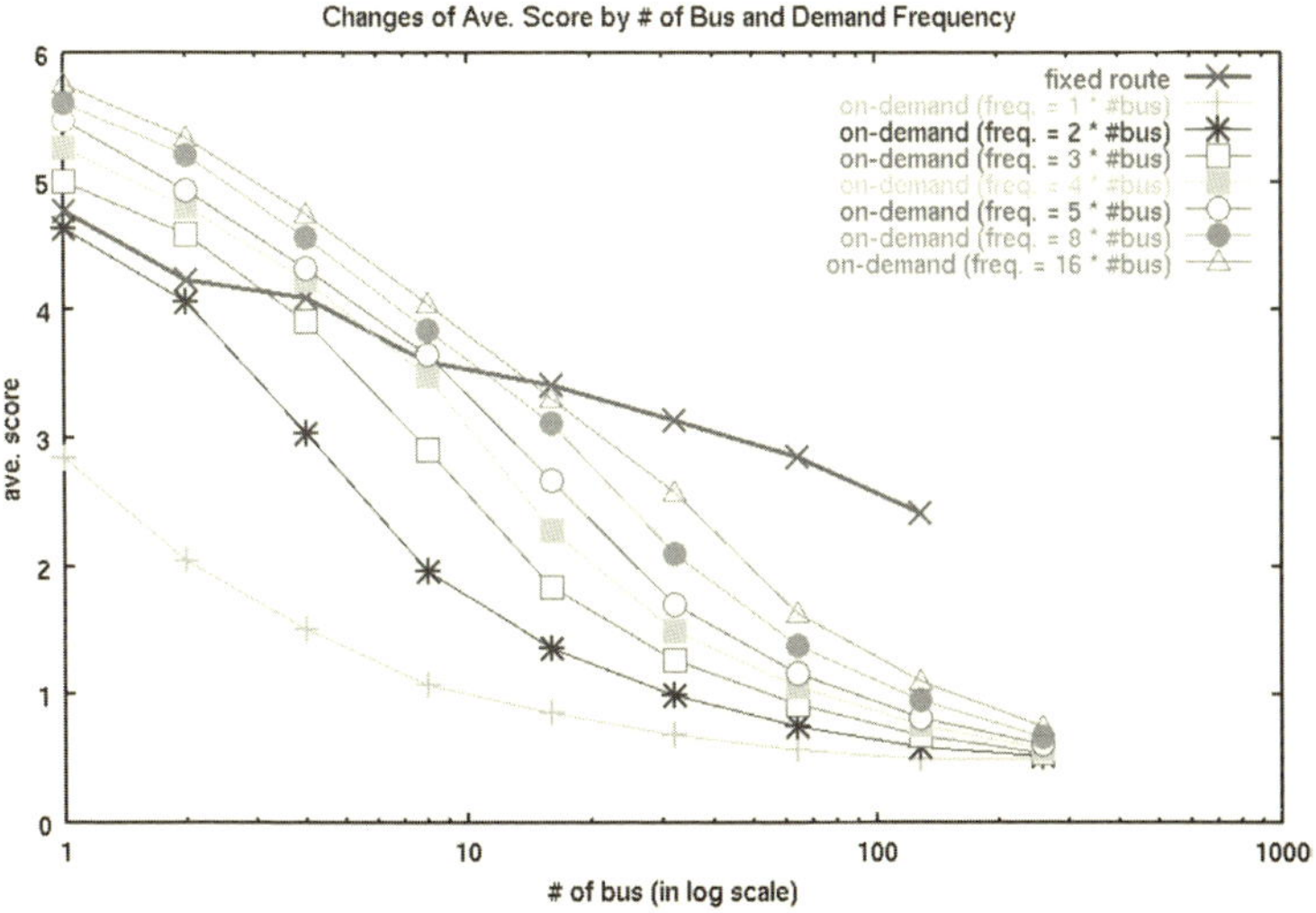

図３　利便性を一定にした場合のバス台数増強に対する利便性の変化

ということが、このグラフから読み取れる。

利用者に偏りがある場合

これまでの実験設定では、利用者やその目的地は街中に満遍なく散らばっているという仮定を置いていたが、普通の街には、鉄道駅やショッピングセンターなど、利用者が集中する場所がある。そこで、街の一カ所あるいは二カ所に利用者が集中するという設定で実験を行なってみる。

まず、利用者が街の中心一カ所に集中する場合を考える。ここでは、利用者の出発地あるいは目的地のどちらかが街の中心になる割合を考え、その割合が〇％（これまでの実験設定と同じ）から徐々に増やして、これまでと同様の実験を行い、運行バス台数と利便性の変化を調べる。その実験の結果を示したのが図4に示した四つのグラフだ。この図では、街の中心に利用者が集中する割合を五〇％、七〇％、九〇％、九九％に変えた時の、路線バスおよびオンデマンドバスの利便性の変化を示している。ただし、路線バスについては、おのおのの集中度とバス台数に応じて別々にGAで最適路線配置を求めている。これらのグラフは、基本的な傾向としては前記の図3と同じ傾向を示している。また、利用者の集中の割合が大きくなるにしたがい、グラフの曲線全体が少しずつ下にずれていくことも分かる。つま

(a) 50%の利用者が集中する場合

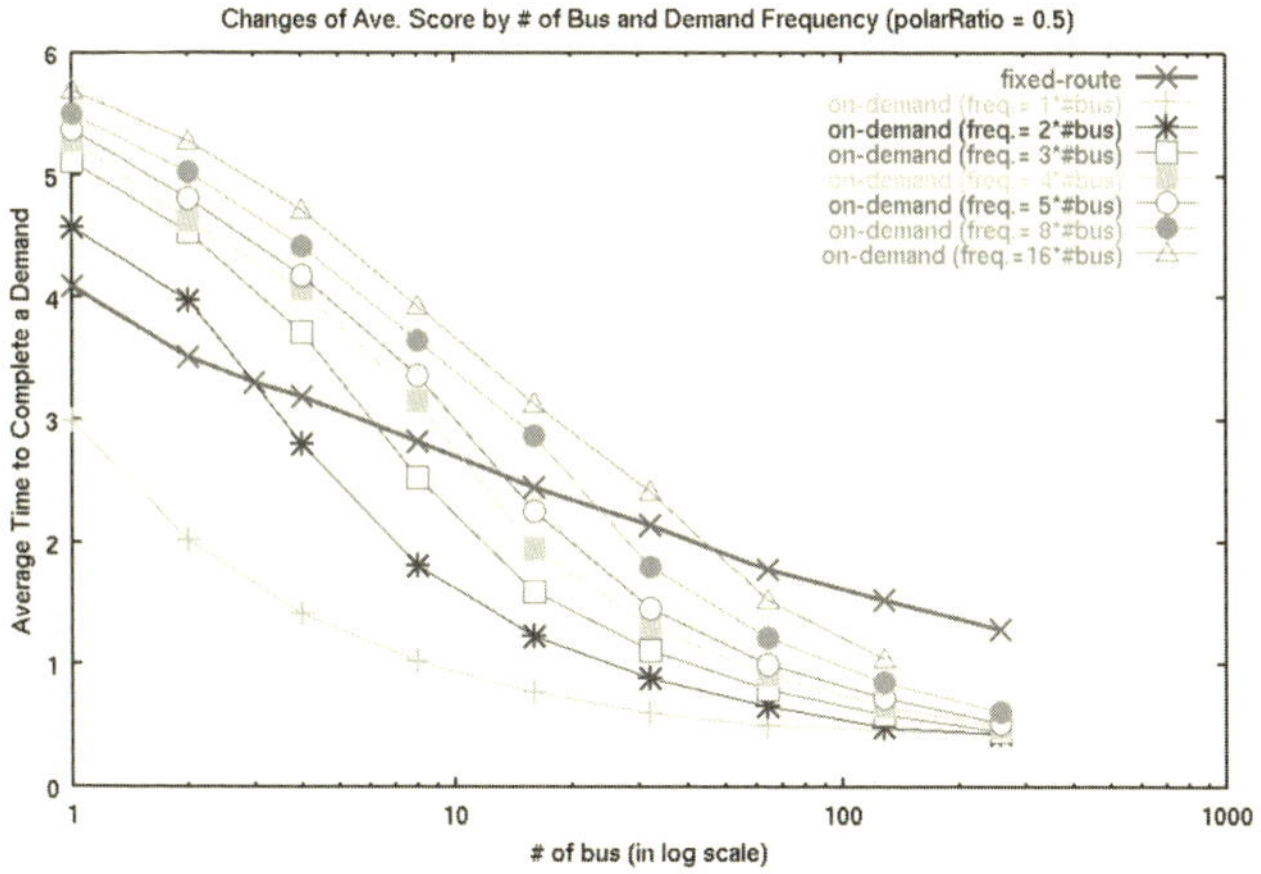

(b) 70%の利用者が集中する場合

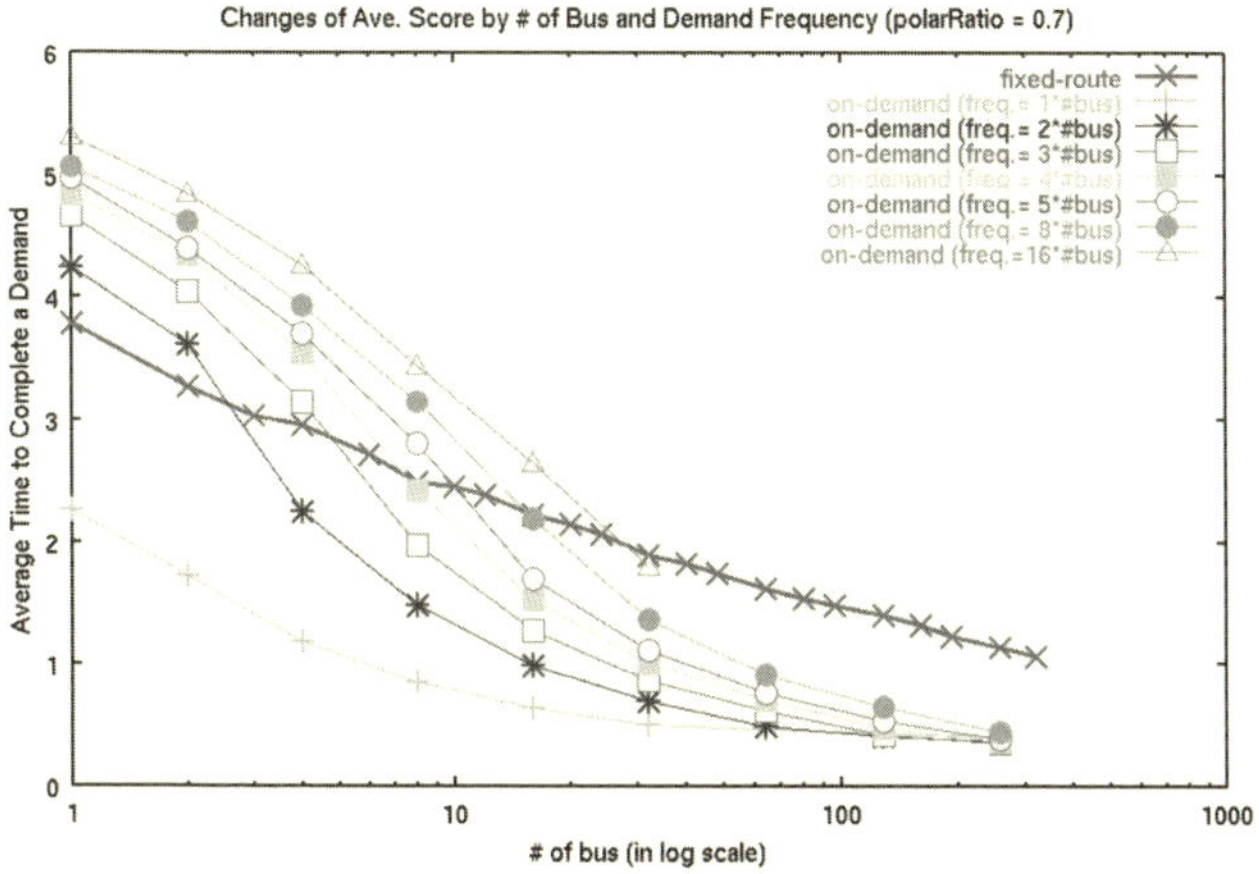

図4-1　利用者が街の中心に集中する場合の、その集中の度合いと利便性の変化

(c) 90%の利用者が集中する場合

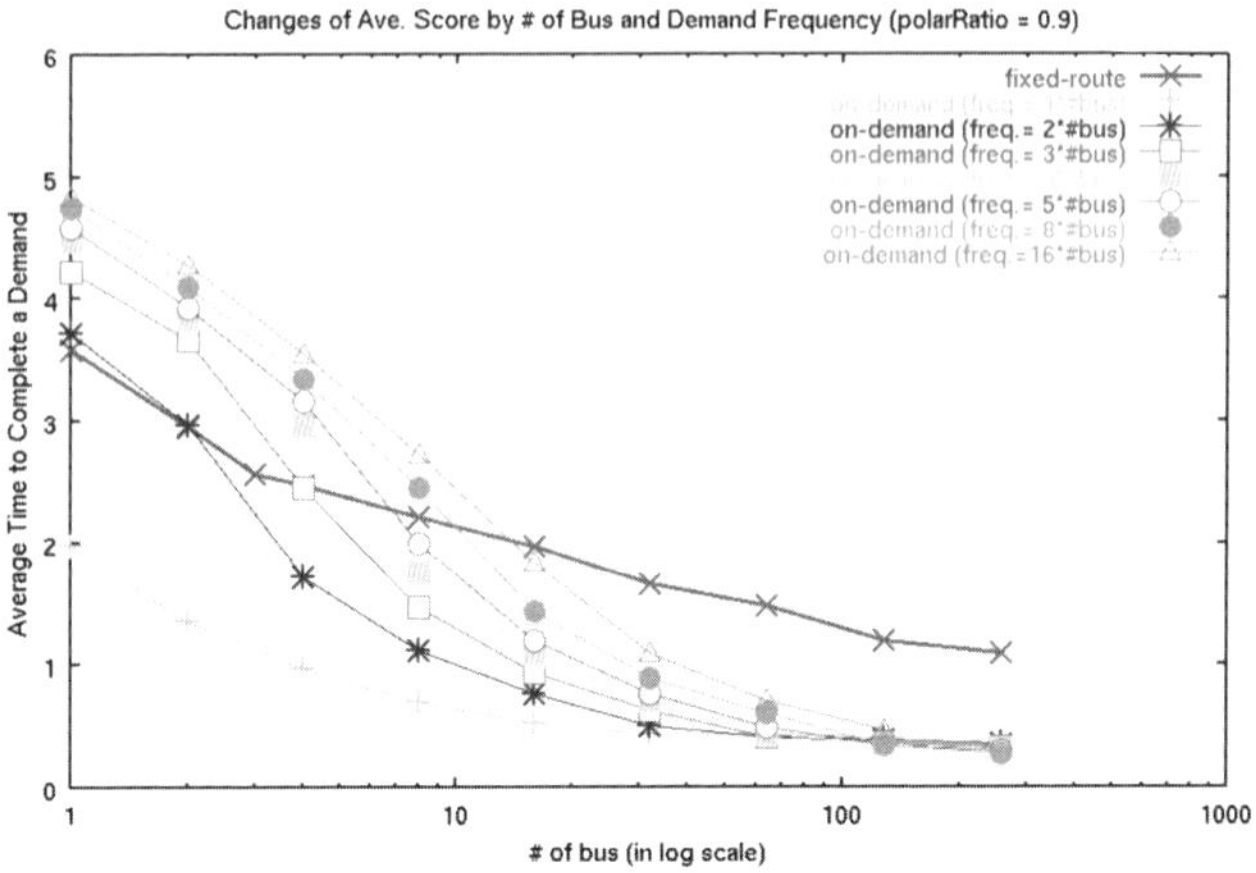

(d) 99%の利用者が集中する場合

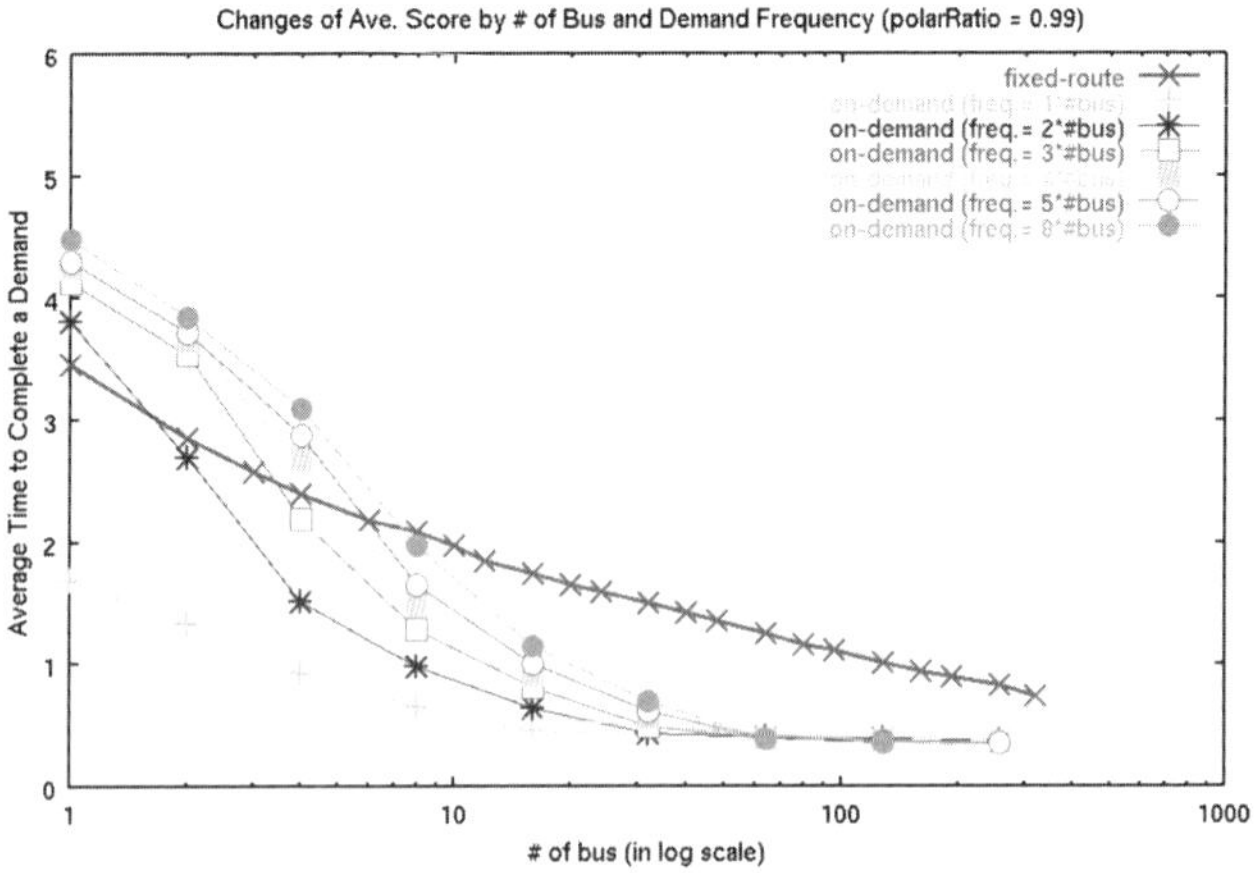

図4-2　利用者が街の中心に集中する場合の、その集中の度合いと利便性の変化

り、路線バス・オンデマンドバスともに、利用者の一カ所への集中が起こるほど、利便性は高まっていくことがわかる。一方、オンデマンドバスと路線バスの違いに目を向けると、利用者の集中の割合が増えるにしたがい、オンデマンドバスのグラフのほうがより多く下に移動しており、利便性の向上がより顕著であることがわかる。このため、どのような採算性（一台のバスあたりの利用者数）でも、利用者の集中が高いほど少ないバス台数で、オンデマンドバスが路線バスの利便性を上回るようになる。

つまり、街の中心に利用者が集中するような街は、よりオンデマンドバスに向いているということが、この実験結果から読み取れる。

では、この傾向は、利用者が集中する箇所が増えても同じになるだろうか？そこで今度は、利用者の出発地・目的地のうち五〇％が街の二カ所に集中する場合を考える。この時の結果が図5になる。全体的な傾向はこれまでどおり、バス台数が増えると利便性が改善し、オンデマンドの方がより速く改善することがわかる。ただ、同じ条件の一カ所集中の場合（図4の(a)）と見比べると、集中による路線バスとオンデマンドバスの改善の度合いでは、二カ所集中では路線バスのほうがより大きな改善が見られることがわかる。つまり、利用の集中があればいつでもオンデマンドバスが有利というわけではなく、条件によって有利に働く運行方式が異なることが、この実験からわかる。

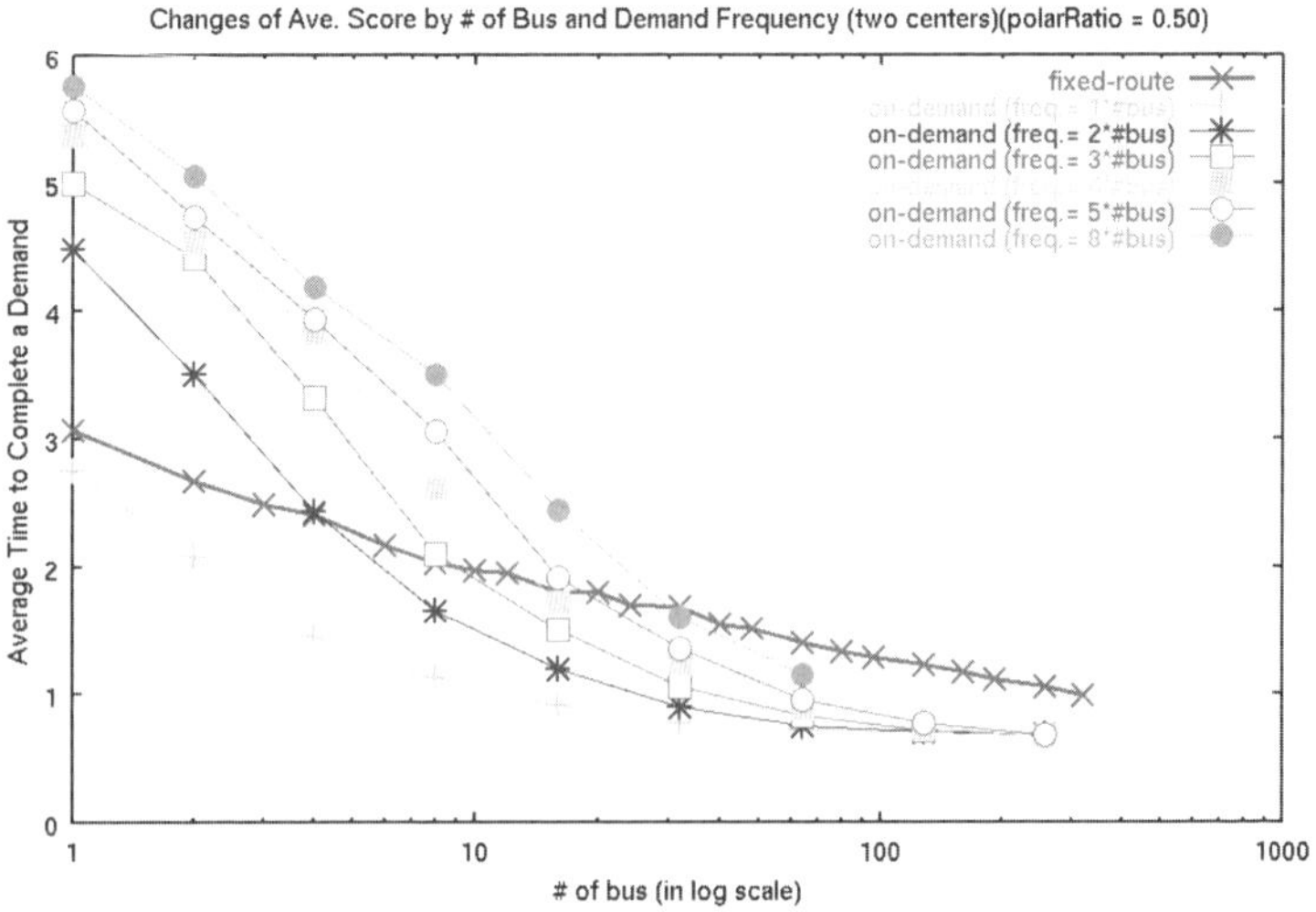

図5　利用者の50%が街の2箇所に集中する場合の、その集中の度合いと利便性の変化

まとめ

以上のようにここでは、計算機シミュレーションを使って、オンデマンドバスという新しい公共交通サービスの可能性を評価することを行った。公共交通サービスのような街規模・都市規模のサービスでは、容易には新しい試みを実地で評価することができない。しかし計算機を使えば、膨大な試行錯誤を行うことができ、運行規模や利用者の集中度合いなどさまざまなケースでのオンデマンドバスの有利不利を評価できる。もちろん、実際の街を取り上げる場合には、より詳細な条件や、背景交通による渋滞を考慮していく必要がある。これらについては、街の実体を把握する詳細なデータ（例えば詳細な道路地図や各道路の交通量・人々の移動要求等）を必要とするが、今後はビッグデータの活用などにより、比較的容易にこれらのデータを得ることができるようになると期待できる。また、詳細なデータがなくとも、今回のような抽象的な条件で全体傾向を調べることで、規模拡大の見込みや、新方式の導入の見切り・動的な切り替えなどの判断基準を示すことができる。今後は、このような社会・公共サービス設計において、計算機シミュレーションによる工学的なアプローチが広まっていくことが期待されている。

おわりに

二〇一三年一〇月一六日、関東に大型台風が上陸して午前中は都内の移動もままならなかったその日に、サービス学会の第一回国際会議「ICServ2013」が、お台場の産総研臨海副都心センターでスタート時間を午後に繰り下げて開催された。参加した研究者は一一カ国から一二六名で、発表件数は五九件。全く新しい分野として、わが国で誕生したばかりの学会の第一回目の国際会議がこれだけの規模で開催されたことに、関係者の多くが驚きを隠さなかった。このことが日本だけではなく、海外においてもサービス研究への期待と今後の発展を予感させたことに間違いはない。そしてほぼ時を同じくして、本書が世にでることになったのである。

思えば、現在では誰もがその存在を当たり前に感じている情報技術（ＩＴ）やコンピュータ技術にも、時代を数十年も遡ればやはりこの世に誕生した瞬間があり、その後しばらくは未知の技術に対する底知れぬ期待と、いくらかの不安と混乱を伴った急激な関心の高まりがあったのではないだろうか。サービスに対する工学や技術もまた、こうした誕生したばかりの分野特有の期待と混乱の入り混じった、何かこれからの大きな動きを予感させる流れの中にあると言える。

本書は「サービス工学」という、まだ確立しているとは言えない研究分野に立ち向かう研究者たちの最前線の取り組みを、その外側にいる読者にもできるだけわかりやすく伝わるように意図して企画された、世界にも例のない書籍である。

サービスは送り手と受け手の相互作用、「共創」によって価値が生じる。受け手である皆さんは本書の内容を受けて、どのような価値を創出するだろうか。その価値がまた新たな価値を生むうねりとなって、社会を循環することこそが、執筆者一同が望む本書を通じた「サービス」の意義なのである。

著者紹介（第一部のインタビューイを含む）

第一部

板橋弘道（いたばし・ひろみち）　ライター＆エディター。（資）エースラッシュ所属。千葉大学教育学部卒業。主にＩＣＴ関連雑誌・書籍等の執筆・編集を経て現職。

第一章

村上輝康（むらかみ・てるやす）　産業戦略研究所代表、ＮＴＴドコモ取締役（社外）。京都大学大学院情報学研究科修了、情報学博士。専門は知識サービスマネジメント、サービステクノロジー、ＩＣＴ戦略、産業戦略に関する研究。

中島秀之（なかしま・ひでゆき）　公立はこだて未来大学 学長。東京大学大学院情報工学専門課程博士課程修了、工学博士。専門は人工知能、情報学に関する研究。

第二章

第一節

北島宗雄（きたじま・むねお）　長岡技術科学大学　経営情報系教授。東京工業大学理工学研究科物理学専攻修士課程修了、工学博士。専門はヒューマンコンピュータインタラクションにおける認知モデリングの研究、日常の行動選択の研究等。

蔵田武志（くらた・たけし）　産業技術総合研究所　サービス工学研究センター　行動観測・提示技術研究チーム長。筑波大学大学院情報システム工学研究科修了、博士（工学）。専門は複合現実、サービス工学、特に屋内外測位、サービスプロセスリエンジニアリングに関する研究開発。

第二節（第二部第二章も同）
本村陽一（もとむら・よういち）　産業技術総合研究所　サービス工学研究センター　副研究センター長、大規模データモデリング研究チーム長兼務。電気通信大学大学院電子情報学専攻修了、博士（工学）。専門は知能情報学、機械学習、サービス工学、行動計量学、ヒューマンモデリングなどに関する研究。

第三節
渡辺健太郎（わたなべ・けんたろう）　産業技術総合研究所　サービス工学研究センター　サー

ビスプロセスモデリング研究チーム研究員。首都大学東京大学院システムデザイン研究科博士後期課程修了、博士（工学）。専門はサービス工学、設計工学。特にサービスプロセス分析と現場主導のサービス設計の方法論、およびその支援技術に関する研究。

第二部

第一章

持丸正明（もちまる・まさあき）　産業技術総合研究所 デジタルヒューマン工学研究センター長、サービス工学研究センター長兼務。慶應義塾大学大学院理工学研究科生体医工学専攻後期博士課程修了、博士（工学）。専門は人間工学、バイオメカニクスに関する研究。

第三章

大場光太郎（おおば・こうたろう）　産業技術総合研究所 知能システム研究部門 副研究部門長。東北大学大学院工学研究科博士課程修了、博士（工学）。専門は人間生活環境下で実際に使えるロボットを目指した、ユビキタス・ロボット、ディペンダブル・システムなどの研究。

第四章

佐藤洋（さとう・ひろし）　産業技術総合研究所 ヒューマンライフテクノロジー研究部門アクセシブルデザイン研究グループ主任研究員。東北大学大学院工学研究科都市・建築学専攻修了、博士（工学）。専門は人間工学、室内環境工学、医療福祉工学、特に聴覚情報とコミュニケーションに関する研究。

大山潤爾（おおやま・じゅんじ）　産業技術総合研究所 ヒューマンライフテクノロジー研究部門 アクセシブルデザイン研究グループ研究員。東京大学大学院工学系研究科先端学際工学専攻修了、博士（学術）。専門は認知科学、特に視覚に関する注意と記憶の心理学的研究と支援技術への応用。

松本武浩（まつもと・たけひろ）　長崎大学病院医療情報部副部長、長崎大学大学院・医歯（薬）学総合研究科准教授。長崎大学大学院医学研究科修了、医学博士。専門は消化器内科（肝疾患）、医療情報システムによる医療安全の向上と地域医療連携に関する研究。

岡田みずほ（おかだ・みずほ）　長崎大学病院看護部医療情報部看護師長。長崎県立シーボルト大学（現長崎県立大学）大学院人間健康科学研究科看護学専攻修了、看護学修士。専門は看護管理、特に看護情報管理とクリニカルパスに関する研究。

第五章

西村拓一（にしむら・たくいち）　産業技術総合研究所　サービス工学研究センター　サービスプロセスモデリング研究チーム長。東京大学工学系大学院修士（計測工学）課程修了、博士（工学）。専門は情報工学、介護・看護サービス支援に関する研究。

第六章

第一節

山本吉伸（やまもと・よしのぶ）　産業技術総合研究所　サービス工学研究センター　サービスプロセスモデリング研究チーム主任研究員。慶應義塾大学理工学研究科後期博士課程計算機科学専攻修了、博士(工学)。専門は認知科学・ヒューマンインタフェースの立場からのサービス工学研究。特に地域活性化技術の研究に従事。

第二節

宮下和雄（みやした・かずお）　産業技術総合研究所　サービス工学研究センター　サービス設計支援技術研究チーム主任研究員。東京大学大学院精密機械工学専攻修了、博士（工学）。専門は資源割当に関するアルゴリズムの研究、特にスケジューリング、オークション、予約などへの適用。

第七章

第一節

車谷浩一（くるまたに・こういち）　産業技術総合研究所　サービス工学研究センター　都市空間サービス基盤技術研究チーム長。東京大学大学院工学系研究科精密機械工学専攻博士課程修了、工学博士。専門はセンサー情報統合解析、ユビキタスコンピューティング、センサーネットワークに関する研究。

山下倫央（やました・ともひさ）　産業技術総合研究所　サービス工学研究センター　サービス設計支援技術研究チーム主任研究員。北海道大学大学院工学研究科システム情報工学専攻修了、博士（工学）。専門はマルチエージェント、特に社会システムシミュレーションの研究。

第二節

野田五十樹（のだ・いつき）　産業技術総合研究所　サービス工学研究センター　サービス設計支援技術研究チーム長。京都大学大学院工学研究科修了、博士（工学）。専門はマルチエージェント社会シミュレーション、災害情報システム、機械学習の研究。

第7章

第1節

山下倫央，車谷浩一，中島秀之，“交通流の円滑化に向けた協調カーナビの提案”，情報処理学会論文誌，Vol.49, No.1, pp.177-188, (2008.1).

Tomohisa Yamashita, Kiyoshi Izumi, Koichi Kurumatani, and Hideyuki Nakashima, “Smooth Traffic Flow with a Cooperative Car Navigation System”, in the Proc. of Forth International Joint Conference on Autonomous Agents and Multi Agent Systems(AAMAS-05, Utrecht, Netherlands), pp.478-485, (2005.7).

第2節

Itsuki NODA, Masayuki OHTA, Yuichiro KUMADA, and Hideyuki NAKASHIMA, “Usability of Dial-a-Ride Systems”, Proc. of AAMAS-2005, (p-726), (2005.7).

野田五十樹，篠田孝祐，太田正幸，中島秀之，“シミュレーションによるデマンドバス利便性の評価”，情報処理学会論文誌，Vol.49, No.1, pp.242-252, (2008.1).

SWO-A1001-07 人工知能学会（2010）.

第6章

第1節

内藤耕（編），サービス工学入門，東京大学出版（2008）.
オープンサービスフィールドにおけるPOSシステム：山本吉伸，観光情報学会第2回研究発表会論文集，pp.19-24，(2010).
「サービスによるサービス調査手法(SSS)」の提案：山本吉伸，中村嘉志，北島宗雄，第26回ファジィシステムシンポジウム講演論文集，pp.800-805，(2010).
山本吉伸，北島宗雄，オープンサービスフィールド型POSの提案 –観光地のサービス向上への適用–，地域活性学会論文誌，89-97（2011）.
地域全体で使うPOSシステム -城崎温泉での実証実験-：山本吉伸，日本行動計量学会第39回大会抄録集，pp.129-132，(2011).
小川進，イノベーションの発生論理，千倉書房（2000）.
山本吉伸，観光地の集客施策に対する効果測定の試み，構成学，Vol.5，No.3，pp.179 - 189，(2012).
城崎温泉「ゆめぱ」，http://www.kinosaki-spa.gr.jp/yumepa/
国土交通省，平成22年版観光白書，(2010).
Open Service Field-Point of Service: A Method to Continuously Observe Tourist Behavior in Sightseeing Areas, Yoshinobu Yamamoto, International Journal of Service Science, Management, Engineering, and Technology(IJSSMET), Volume 3,Issue 3., pp.86-98，(2012).
山本吉伸，かけがえのない機械 -- 擬人化技術の一検討 --，信学技報CNR2012-2，pp.5-10，(2012).
山本吉伸，機械への倫理的行動，日本認知科学会第29回大会論文集，pp. 414-419，(2012).

第2節

奥野正寛，「ミクロ経済学」，東京大学出版会（2008）.
Niu, Jinzhong and Parsons, Simon., “Maximizing Matching in Double-sided Auctions”, arXiv:1304.3135（2013）.
Roth, Alvin E., The Art of Designing Markets, Harvard Business Review, Vol.85, No.10, pp.118—126（2007）.

Junji Ohyama, Takehiro Matsumoto, Mizuho Okada, Yoichi Motomura, Hiroshi Sato, “Co-creation of the nursing assist system with nurses in practice by a workflow evaluation method, ”15th International Conference on Human-Computer Interaction 2013, Mirage Hotel, Las Vegas, Nevada, USA, (2013.7).

関久根, “ITシステムサービスのシステム化と品質向上”, IBM/ProVISION No.57, 69-75 (2008).

厚生労働省, “医療分野の「雇用の質」向上プロジェクトチーム報告” (2013). http://www.mhlw.go.jp/stf/houdou/2r9852000002uzu7-att/2r9852000002v08a.pdf

第5章

厚生労働省, 平成22年度介護保険事業状況報告(年報) (2012). http://www.mhlw.go.jp/topics/kaigo/osirase/jigyo/10/ (accessed 2013-06-26)

三輪洋靖, 渡辺健太郎, 福原知宏, 中島正人, 西村拓一, “介護サービスの設計におけるサービスプロセスの可視化”, 2013年度サービス学会第1回国内大会講演論文集, pp.7-10, (2013.4).

Hiroyasu Miwa, Tomohiro Fukuhara, Takuichi Nishimura, “Service process visualization in nursing-care service using state transition model”, Advances in the Human Side of Service Engineering, CRC Press, pp. 3-12, (2012.7).

三輪洋靖, 福原知宏, 中島正人, 西村拓一, “介護サービスにおける現場参画型のサービスプロセスの設計”, 日本機械学会2012年度年次大会論文集, W121003, (2012.9).

西村拓一, 福原知宏, 山田クリス孝介, 濱崎雅弘, 中島正人, 三輪洋靖, 本村陽一, 現場共有知による看護・介護サービスにおける記録支援, 第95回知識ベースシステム研究会(SIG-KBS)論文集, pp.31–36 (2012).

中島正人, 福原知宏, 三輪洋靖, 西村拓一, 介護サービスにおける申し送り支援システムの開発, モバイル’12シンポジウム論文集, pp.27–33 (2012).

Watanabe, K., Fukuhara, T., Miwa, H., and Nishimura, T., 2013, “A Unified Approach for Systematic and Participatory Design, ”In Proceedings of the 19th International Conference on Engineering Design(ICED13), Seoul, Korea.

福原知宏, 中島正人, 三輪洋靖, 濱崎雅弘, 西村拓一, 情報推薦を用いた高齢者介護施設向け申し送り業務支援システム, 人工知能学会論文誌,採択決定 (2013).

濱崎雅弘:サジェスト機能によるゆるやかなオントロジー構築を可能にするシステムの提案, 第22回セマンティックウェブとオントロジー研究会予稿集, No.SIG-

本村陽一，西村拓一，西田佳史，佐藤洋，大山潤爾，介護・医療における現場参加型アプローチの課題と展望〜持続的・自律的サービスシステムの実現に向けて〜，人工知能学会誌，vol.28, no.6,（2013）.

Ueda, K. and Takenaka, T., Classification of service model and value creation, 9th IEEE Int. Conf. on E-Commerce Technology, pp.497-498,（2007）.

上田完次，共創的意思決定とシステムインテグレーション，計測と制御，vol.44, no.1,pp.64-67,（2005）.

第4章

平成10年度「工学における教育プログラムに関する検討委員会」〜8大学工学部長懇談会への報告〜平成11年3月　工学における教育プログラムに関する検討委員会(委員長：名古屋大学大学院工学研究科山本尚教授)（1999.3）.

http://www.eng.hokudai.ac.jp/jeep/08-10/pdf/10hokoku.pdf

JABEE，「JABEEにおけるエンジニアリング・デザイン教育への対応 基本方針」（2010.4）.

http://www.jabee.org/public_doc/download/?docid=85，2010.4

小宮山宏，EAJ Activities Report 2012/2013，日本工学アカデミー（2013.5）.

医薬品医療機器総合機構，PMDA医療安全情報No.21「輸液ポンプの流量設定時の注意について」，（2011.1）.

http://www.info.pmda.go.jp/anzen_pmda/file/iryo_anzen21.pdf

日本医療機能評価機構，医療事故情報収集等事業データベースhttp://www.med-safe.jp/mpsearch/SearchReport.action

笠原聡子，石井豊恵，沼崎穂高，浦梨枝子，馬醫世志子，輪湖史子，横内光子，鈴木珠水，大野ゆう子，“タイムスタディとはその背景と特徴”，看護研究37(4)，297-308（2004）.

Matsumoto, T., Okada, M., Nishimura, T., Motomura, Y., Nursing process optimization using Analysis of Time Variance method with Electronic Medical Record System, Proceedings of 2012AFFE international, San Francisco, Vol.7, 21-25（2012.7）.

岡田みずほ，小渕美樹子，貞方三枝子，江藤栄子，岡田純也，大山潤爾，佐藤洋，本村陽一，松本武浩，“看護業務の可視化に向けた取り組み-モバイル端末を活用した参加観察型タイムスタディ調査の評価-”，第33回医療情報学連合大会，2-J1-3-3（2013.11）.

日本看護協会編，“看護業務基準集”，日本看護業会出版会（2005）.

日本医療機能評価機構医療事故防止事業部，“医療事故情報収集等事業平成24年年報”（2013）.

参考文献

第2部

第1章

吉川弘之, "サービス工学序説", Synthesiology, Vol.1, No.2, pp.111-122, (2008).

S. L. Vargo, and R. F. Lusch, "Evolving to a New Dominant Logic for Marketing," Journal of Marketing, Vol. 68, No.1, pp.1-17, (2004).

持丸正明, "本格研究による人起点のサービス工学基盤技術開発事業の概要", 電子情報通信学会 ソフトウェアインタプライズモデリング研究会 SWIM2011-11, pp. 1-6. (2011).

上田完次, 淺間一, 竹中毅, "人工物の価値とサービス研究", 人工知能学会誌, Vol.23, No. 6, pp.728-734, (2008).

S. E. Sampson, C. M. Froehle, "Foundations and Implications of a Proposed Unified Services Theory," Production and Operations Management, Vol. 15, No.2, pp.329-343, (2006).

第2章

本村陽一, 竹中毅, 石垣司, サービス工学の技術〜ビッグデータの活用と実践〜, 東京電機大学出版局 (2012).

Spohrer, J., Maglio, p., Bailey, J., Gruhl, D., Steps toward a science of service systems, Computer, vol.40, no.1, pp.71-77, (2007).

本村陽一, 大規模データからの日常生活行動予測モデリング〜実サービスを通じたベイジアンネットワークの学習と推論〜, シンセシオロジー, vol.2,no.1,pp.1-11, (2009).

本村陽一, 岩崎弘利, ベイジアンネットワーク技術〜ユーザ・顧客のモデル化と不確実性推論, 東京電機大学出版局, (2006).

西村拓一, 福原知宏, 山田クリス孝介, 濱崎雅弘, 中島正人, 三輪洋靖, 本村陽一, 現場参画型開発による行動時点記録を目指して, 人工知能学会第26回全国大会講演集, vol.1F1-NFC, no.5-1, (2012).

Matsumoto, T., Okada, M., Nishimura, T., and Motomura, Y., Nursing Process optimization using analysis of time variance method with electronic medical record system, proc. of 4th Int. Conf. on. Applied Human Factors and Ergonomics, vol.1, no.1, pp.7403-7413, (2012).

Ohyama, J., Matsumoto, T., Okada, M., Motomura, Y., and Sato, H., Co-creation of the nursing assist system with nurses in practice by a workflow evaluation method, Human Computer Interaction International 2013(HCI 2013), LasVegas, (2013).

社会の中で社会のための
サービス工学
～モノ・コト・ヒトづくりのための研究最前線～

2014年2月15日〔初版第1刷発行〕

著　者　　独立行政法人　産業技術総合研究所
発行人　　佐々木　紀行
発行所　　株式会社カナリア書房
〒141-0031　東京都品川区西五反田6-2-7
ウエストサイド五反田ビル3F
TEL　03-5436-9701　FAX　03-3491-9699
http://www.canaria-book.com

印刷所　　石川特殊特急製本株式会社
装　丁　　新藤　昇

ISBN978-4-7782-0258-3　C3050